TEATRO
DE FAMILIA

Protagonistas de una vida sin dramas ni papelones

ALEJANDRO LORENTE

Teatro de Familia
Protagonistas de una vida sin dramas ni papelones
Alejandro Lorente

1a edición: mayo de 2016

Ilustraciones:
© Diana Toledo / dianatoledo.com
Cubiertas, ilustración y diseño:
dianatoledo.com
Corrección lingüística:
Asun López
Maquetación:
joanteixido.net
Impresión: Cofas, S.A.

Distribuido por Editorial EDAF
ISBN: 978-84-414-3642-8
D. L.: M-9965-2016

FSC
www.fsc.org
MIXTO
Papel procedente de fuentes responsables
FSC® C004370

ÍNDICE

Comprender todo es perdonar todo.
Anónimo

Cada cual es hijo de sus obras.
Cervantes

A mi abuelo Joaquín

A todos mis ancestros, coguionistas de mi presente.

Agradecimientos

Son muchas las personas a las que debo que este libro haya adquirido la forma actual. Unas, como Isabel Sánchez Llamas, me han acompañado de principio a fin. Más de tres años de inspiración. El agradecimiento hacia ella es, por tanto, enorme. Debo mencionar también a María Jesús Gil Valdés y a Isabel Romero, así como a Aurèlia Carulla y Cristina Bellido, por sus atentas lecturas del manuscrito. En las conversaciones con Luis Fayad he obtenido igualmente inspiración y amistad. Quiero mostrar aquí también mi agradecimiento a Gustavo López Behar, que en Marruecos me abrió ventanas del conocimiento que están plasmadas en el libro. Laura Serra y Juanjo González, matrimonio amoroso donde los haya, me han apoyado no solo dándome ánimos y amistad, sino demostrándome que la familia sana es posible, una familia abierta al mundo. Juan Carlos Larisch y Andoni Ramos han sido dos puntales en la fase final del libro en Tailandia. A Dolors Rocafull le agradezco sobremanera el apoyo incondicional que me ha brindado desde la edición de mi primer libro, *La vuelta al cuerpo en 40 puntos*, hace ya siete años. Los ánimos de Carmen Chacón han sido pura vida durante todas las fases de escritura, al igual que los de mi querida *tiamiga* Concha García-Mauriño.

En lo que se refiere a la ejecución final de la obra, me quito el sombrero ante el trabajo impecable de diseño de las ilustraciones y la portada de mi querida Diana Toledo. Gracias también al maquetador, Joan Teixidó.

El lector debe saber que hay otra mano silenciosa fundamental a la hora de dar una estructura coherente a *Teatro de familia*. Me refiero a la lectora Emma Infante. Qué digo lectora, Emma es una maga con una capacidad e inteligencia insondables. Sin ella este libro sería indudablemente más pobre. Muchas gracias, Emma. Gracias también a la correctora, Asun López.

Para finalizar, *last but not least*, quiero dar las gracias a todos mis ancestros, en especial a mis padres y hermanos, por el aprendizaje que me han brindado en el teatro de la infancia. Gracias a mi querido hijo Gabriel, por ser un maravilloso hilo de vida. Gracias a mis pacientes, en especial a los que salpican las historias que aquí se ofrecen. Gracias a ti también, querido lector, por brindarme tu atención.

Se abre el telón

Son muchos los pacientes que he tratado a lo largo de los países y de los años. Al principio no veía tanta relación aparente entre dolencias de orden físico y cuestiones familiares. Con el tiempo he ido constatando que las dinámicas familiares y los resortes activados durante la infancia son piezas claves a la hora de recomponer el puzle de la salud de las personas. Este libro busca ofrecer claridad al lector, para que éste tenga un mayor acceso a la felicidad y a la energía vital.

Junto a las explicaciones teóricas que nos ayudarán a entender estas dinámicas familiares, también encontraremos estrategias que nos permitirán modificar internamente aquellos elementos que nos resultan hostiles y enfermizos. La familia nociva puede, de este modo, convertirse en fuente de autoconocimiento y de riqueza vital. Somos un hardware, pero también un software, y los códigos de este último pueden modificarse sin grandes tormentos, gracias a la increíble plasticidad de nuestro nivel inconsciente.

El objetivo de esta obra es informar y dar instrumentos de poder a las familias y a los que quieren dejar de sufrir los imperativos marcados por la familia tóxica. Darnos herramientas para enfrentarnos a las tesituras familiares, y para que podamos dárselas a nuestros hijos. Y es que, como bien sabemos, lo que más odiamos de nuestros padres es lo que más tendemos a repetir con nuestros vástagos. Más allá del orden familiar, el germen de nuestra infancia brinda una sombra imperecedera sobre todos los órdenes de nuestra vida: la pareja, el trabajo, los amigos. Por eso, no solo se trata de un libro sobre la familia, sino sobre la vida en general, que en todos sus órdenes se ve influenciada por ese germen familiar en el que nos criamos.

El lector podrá comprenderse mejor, y también conocer mejor a las personas que lo rodean. Muchas veces he visto en consulta cómo un paciente sufría lo indecible al no poder entender la conducta de un ser allegado, ya fuera su padre, su madre, o su pareja. Buscaban y buscaban, insistiendo en recorrer un callejón sin salida llamado confusión. El conocimiento de los papelones propios y ajenos, de los mensajes enviados por remotas palomas (todo ello quedará suficientemente explicado a lo largo del libro), dando lugar a una espesa red de interferencias, de juegos nocivos, es muy útil porque nos sirve para saber mejor de dónde venimos, dónde nos encontramos y hacia dónde queremos dirigirnos.

Como decía Krishnamurti:

La verdad es la que libera, no el esfuerzo por ser libres

El mundo ha cambiado mucho en los últimos 70 años, desde el final de la Segunda Guerra Mundial, y la familia es el eslabón de la cadena que más ha sufrido e impulsado este paradigmático cambio. En una realimentación sin fin, la familia cambiante cambia al mundo y el mundo a la familia.

Es fácil acusar a los políticos (a los que, sinceramente, no tengo en demasiada estima) y a los tiburones financieros (¿qué puedo añadir que no se haya dicho de esos gánsteres con guante blanco que han arrasado con la riqueza de medio mundo?). Podemos quejarnos igualmente de las hipotecas abusivas, que en países como España al menos durante mucho tiempo no concedieron ni el beneficio de la dación en pago.

Es fácil, pues, recurrir al lastimero recurso de la queja continua, señalando con un índice hipertrófico a propios y extraños. Es fácil, digo, ver la paja en el ojo ajeno, pero cuando decidimos mirar las vigas de nuestro interior, otear los paisajes de nuestra conciencia, surgen, inesperadamente, recursos no imaginados. Centrarse en imponderables políticos o financieros nos deja inermes ante el abismo. Esta sentencia no debe ser coartada para la inacción exangüe de corderos degollados. Pero cuando miramos al interior de nuestros propios abismos, una vez pasado el susto primero, se aclara la mirada, las cataratas que cubren nuestras pupilas desaparecen y nace un poder interior que nos da alas para emprender nuevos vuelos. Asumir nuestro margen de responsabilidad nos devuelve el poder para cambiar la realidad. O al menos para hacerla más llevadera y sana.

De ahí que en este libro vayamos a dar tanta importancia al hecho familiar. Como raíz de la crisis existencial que vivimos, pero también como fuente de soluciones. No entraremos a discutir con quien quiera convencernos de que los factores extra-familiares son los principales. Aunque les pediremos amablemente que nos dejen proseguir con el relato. Es éste un cuento en el que no se acusará a nadie, pues como veremos a lo largo de las siguientes páginas, en el teatro familiar no hay buenos ni malos, sino un simple reparto neurótico de papeles (de papelones, diremos). En este libro veremos que es posible liberarse de estos papelones, terminar con los juegos nocivos de nuestra vida, decretando un *game over* de los resortes enfermizos que tan enferma ponen a tanta gente.

Siguiendo la sentencia de Tolstoi, de que todas las familias felices lo son de manera similar y las infelices cada una en su particular modo, nos centraremos en la familia de algún modo enferma o averiada, que complica la evolución de sus miembros. Dejaremos de lado *La casa de la pradera* y los cuentos de hadas, a no ser que éstos rompan el hilo de vida.

En *Los tres pilares de la salud* (Edaf) abundé en el campo de la Salutogénesis y en el Sentido de Coherencia (SOC). Este SOC, que es un concepto bastante más amplio que el concepto de resiliencia, influye en gran medida en la salud subjetiva de las personas. Esta salud subjetiva, a su vez, es clave a la hora de mejorar los parámetros objetivos de salud. De ahí que el contexto familiar y la interpretación de la infancia sean tan importantes para nuestra salud presentes.

Repasaremos diferentes aspectos de nuestra vida familiar que nos hacen actuar de determinada manera, y todo ello estará salpicado por ejemplos reales de personas que acariciarán nuestro propio caleidoscopio emocional. Algo especialmente espinoso en tiempos de crisis como los que vivimos, en los que la familia, como ningún otro estamento de la sociedad, se antoja a la par como problema y como solución. Aunque no queda todo en familia: todos disponemos de una fuerza intrínseca, individual, que nos puede hacer cambiar el rumbo. Nadie está condenado al *status quo*, a sucumbir a la zona de confort, que al final tan inconfortable resulta. Tenga paciencia, pues, el lector, pues nada de lo humano que bañará estas líneas le será del todo ajeno.

El trabajo terapéutico es parecido al de un detective. Conviene regresar por momentos a ciertos espacios y lugares del pasado, pues en cualquier esquinita nos puede sorprender una pista que nos lleva al asesino.

Las páginas que siguen estarán apuntaladas por breves historias de personajes de carne y hueso, hombres y mujeres, que mostrarán la manera en que sus familias influyeron en su peregrinar. Historias relatadas por mis consultantes, que servirán para que el lector se refleje en ellas. Siempre quedará incólume la identidad de los protagonistas, por eso de que se dice el pecado, pero no el pecador.

La lectura de este libro es muy personal, como personal es la biografía de cada ser humano. Dado que las relaciones humanas son un amasijo de diferentes juegos, y como muchos de ellos nacen en el teatro familiar, veremos la manera de cambiar los juegos enfermizos por otros más nutricios y sanos. La profundidad teatral de la vida nos brinda ocasiones de duelo, pero también de regocijo y alegría. Si conseguimos que el humor sea el hilo conductor de esta gran tragicomedia, el viaje se nos hará sin duda más llevadero y agradable.

Escena Primera

El teatro familiar

Nadie que obra contra su voluntad obra bien, aun siendo bueno lo que hace
San Agustín

Es curioso que usemos el verbo "actuar", tan teatral, en los diferentes actos de nuestra vida, como si se sucediera una escenificación tras otra: una actuación policial, los actores del crimen, la actuación de la justicia. También hablamos del importante papel que juega tal o cual persona, abundando en la diversión, en el juego y en los diferentes papeles que nos toca jugar en el teatro existencial. Otro verbo habitual en nuestra lengua es "obrar", conscientes de que siempre cumplimos un papel en la obra teatral de nuestras vidas.

Los griegos comprendieron esto a la perfección, e inventaron el teatro tal y como lo entendemos hoy en día: como representación de representaciones. Un espejo de espejos que nos permite liberar la tensión de tantas escenas peliagudas que nos toca jugar: escenas de violencia, de miedo, de tristeza o de amor no correspondido. Mediante la catarsis, que es como una especie de liberación temporal de los demonios, el hombre acepta sus papeles y por unos instantes no duda del sentido de la existencia, gozando de pedacitos de felicidad. Perdió los papeles, se dice, como si el actor que es cada uno de nosotros hubiera olvidado por completo el libreto de su representación teatral.

El teatro es una gran terapia, como lo son todos los actos chamánicos que ha conocido el hombre, auténticas escenificaciones teatrales. Más tarde, mucho más tarde, el cine empezó a llenar las plazas de los pueblos (el ágora moderna) y esa magia de las sensaciones y las emociones congeló la vida azarosa por unos instantes, para acercar a todos todas las posibles emociones, embotelladas en un reducido espacio y en un breve tiempo. El espectador del cine y el del teatro empatizan (*phatos*), sufren con unos protagonistas y gozan con otros, conocen la vergüenza ajena, que la hacen propia, la rabia la sienten como suya, porque en ellos también habita, lo mismo que la alegría, el miedo o la angustia por no terminar de encontrar el sentido último a la existencia.

"No seas teatrero", decimos cuando alguien sobreactúa, porque actuar, lo que se dice actuar, lo hacemos siempre y en todo lugar, también cuando nos recreamos en nuestros propios monólogos.

Los rituales teatrales de las religiones siempre resultan extraños para los no creyentes. Quien ha sentido devoción por algo tiene una gran ventaja sobre los que no lo han hecho. La devoción puede dar mucho sentido a la vida, lo mismo que la compasión. No tiene por qué ser una devoción religiosa o espiritual; muchas personas han sentido devoción auténtica por el anarquista Durruti, o por el Ché Guevara, o incluso por el mismísimo Hitler, quienes a su vez se dejaron llevar por la devoción hacia sus propias convicciones, o por su propia locura, que siempre tiene algo de devota. El Nobel de Literatura Günter Grass llegó a reconocer poco antes de morir hasta qué punto le había hipnotizado de joven la figura del *Führer*.

A un católico practicante le resultarán chocantes los rituales hinduistas, como chocantes les resultarán a todos los practicantes de todas las religiones los ritos de las otras. Un católico difícilmente comprenderá la gimnasia de los cinco rezos musulmanes (con ciertas similitudes con el saludo al sol yóguico) y un musulmán encontrará extraños los rituales cristianos, con tanta imaginería, o al menos gran parte de los mismos.

Las modas, tan cambiantes, son un buen botón de muestra del *homo teatralis*. Los tatuajes, por ejemplo, pasaron de simbolizar, en las sociedades primitivas, la conexión del hombre con Dios (y por tanto ausente de ellos toda rebeldía) a ser símbolos de marineros y truhanes, de feroces piratas y de gente más bien catalogada como asocial. Su giro teatral fue, por tanto, radical. Y desde no hace mucho observamos cómo cada vez más jóvenes de más países recurren al tatuaje como muestra de pseudo-rebeldía. Podríamos decir que pronto lo no convencional para un joven del mundo desarrollado será no llevar tatuajes. Los demás jóvenes dirán que no es *cool*, que no es moderno, en resumen, que es un inadaptado.

Los tatuajes, el maquillaje, los *piercings* y los pendientes, los pantalones salidos rotos de fábrica, el cabello teñido, las rastas o las pelucas, ¿no forma todo ello parte de esa gran obra de teatro que es el mundo? Lo que hoy se ve como algo a la moda puede pasar dentro de unos años a resultar patético, y a la inversa. "Persona" significa, etimológicamente, "para sonar", y los personajes de la tragedia griega llevaban una máscara que por un lado escondía todo aquello que no fuera el personaje y por otro amplificaba la voz del mismo a modo de altavoz.

Lo mismo ocurre con todas las otras costumbres y creaciones sociales. En cada esfera de la vida, la sociedad espera una serie de comportamientos, y estos comportamientos nos son transmitidos por nuestras familias. Es como si nuestro núcleo duro familiar fuera una escuela de teatro que nos prepara para cumplir con los requisitos posteriores de las obras de teatro, dramas o comedias en las que actuaremos con las diferentes compañías de nuestra vida. A uno le harán ateo, otro decidirá serlo por rebeldía, un tercero será religioso por oposición a su padre anticlerical. En una familia formarán a sus vástagos para que ejerzan papeles de ingeniero, médico o arquitecto, mientras que otras creerán conveniente, aunque no lo expliciten, que sus hijos sean buenos buscavidas. Y para ser un buscavidas es necesario dominar ciertos papelones, como el de Parásito, del que hablaremos más adelante.

Un actor puede sentirse identificado con su papel, o percibir que éste no tiene nada que ver con su forma de pensar o sentir. Hay actores muy versátiles, como

David Niven, que lo mismo te hacen de gentleman inglés aceptando estoicamente la inevitable muerte en el desierto con su smoking y una solemne taza de té a las cinco de la tarde, como de brahmán anclado más allá del bien y del mal en *Pasaje a la India*. Otros actores o actrices pueden ser igual de geniales, aunque están adscritos a una tesitura fija, a un arquetipo inflexible.

Ha habido grandes actores, como aquel monstruo del teatro francés llamado Molière, que queriendo ser trágico, siempre terminaba siendo cómico. De hecho, murió trágicamente mientras representaba su obra cumbre, *El enfermo imaginario*. El público presente en su última representación debió de quedar asombrado al observar los cambios en el color de su piel, de un tono amarillento a otro verdoso. El hipocondríaco más famoso de todos los tiempos murió representándose a sí mismo, unas horas después de acabada la función, que se convirtió en una de-función.

Moría tragicómicamente aquel hombre que nunca se tomó en serio su lado cómico, y a quien nunca nadie, ni reyes ni plebeyos, tomó en serio sus anhelos dramáticos. De hecho, en más de una ocasión quiso representar un papel dramáticamente serio en la Corte francesa, y en vez de conseguir que el insigne público presente se ahogara en su desconsuelo, lograba que se desternillaran sin control ante su divertida actuación. Cuanto más *pathos* ponía nuestro héroe, menos en serio se lo tomaban.

La desgracia de Molière no fue, por tanto, no haber logrado el éxito como actor dramático, sino el hecho de que no aceptó reconocerse como el gigante cómico que era. No gozar de su propia genialidad.

En el teatro familiar ocurre algo parecido. Y conviene tenerlo muy en cuenta, ya que el papel que nos adjudiquen desde pequeñitos (o que por ende terminemos endosándonos a nosotros mismos) determinará de manera fundamental los demás aspectos de nuestra existencia. Marcará nuestro modo de encarar las relaciones de pareja, las amistades, las cuestiones laborales, los conflictos más diversos, y casi todas las situaciones de crecimiento que nos brinde la vida, pudiendo llegar a tener un carácter inhabilitante.

Cuando nacemos es como si nuestra familia fuera una compañía teatral, con director, actores y público. Nuestra disposición innata tendrá su peso, aunque también juegan su papel otros factores a la hora de que se nos otorgue nuestro papel, como la calidad de los demás actores, la cantidad de puestos vacantes en la obra de teatro en cuestión, etc.

Por ejemplo, un recién nacido que llegue a una obra de teatro repleta de protagonistas y actores secundarios y de reparto, no lo tendrá fácil para encontrar su rol. En cambio, a un hijo único le intentarán dar varios papeles; en cada acto de la obra tendrá que cambiarse la vestimenta para cumplir con ellos. Pensemos en el estrés de los cientos de millones de hijos únicos chinos, obligados a serlo por los imponderables estatales. Por no hablar de los muchos millones que no tienen ni identidad, pues su nacimiento estaba prohibido.

Si estos papeles tienen carácter enfermizo o patético, no los llamaremos roles o papeles, sino papelones.

La decisión es, por supuesto, consensuada, aunque no lo sepamos. El inconsciente familiar se pone a trabajar para lograr, y en algunos casos perpetrar, el oportuno reparto. En un lenguaje marcadamente no verbal, cuando el bebé ni tan siquiera ha aprendido todavía a hablar, los gestos, el tono de la voz y los movimientos de los progenitores van dirigiendo al hijo a asumir un rol determinado. Una vez aceptado de manera inconsciente el rol, resultará muy complicado salirse de él. Es como un contrato prácticamente vitalicio con una compañía teatral.

El papelón que nos toca jugar busca un equilibrio homeostático en el seno de la familia. Una familia sana buscará un equilibrio sano, una familia neurótica tratará de compensar unas neurosis con otras, en un balanceo sin fin. El papelón no tiene por qué ser únicamente negativo, triste o patético. Puede que sea el impulso que uno necesita en una vocación. Una mujer con el papelón de Salvadora, por ejemplo, será fácil que se haga médica, enfermera o misionera. Y de hecho no tenemos nada contra los médicos, los enfermeros o los misioneros. Aunque es muy diferente actuar ayudando a los demás desde la libertad, que hacerlo desde el yugo del papelón. Por eso, una vez lo detectamos, podremos quedarnos con la parte vocacional y desechar, en gran medida, la parte neurótica y compulsiva, que es la que convierte al papel en un superlativo papelón.

Lo más difícil, de entrada, es reconocer que uno juega ese papelón. Éste tiene algo de cliché, de lugar común, de arquetipo y de simplificación ramplona. Pero no deja de tener mucho de verdad. A veces lo ramplón, lo simple, nos marca la vida, determina nuestra felicidad o infelicidad en mucha mayor medida que lo excelso y sublime.

Cuando una persona descubre cuál es el papelón que le fue otorgado, con o sin su consentimiento, tiene en sus manos una herramienta poderosa para librarse de él.

Todos hemos vivido, en algún momento, una situación propia o extraña en la que hemos dicho *"¡Vaya papelón!"* La otra expresión antes mencionada de *perder los papeles* también sabe a papelón.

¿Papelón o papeleta?

No hay que confundir papelón con papeleta.
Preguntémosle al diccionario de la RAE:

Papelón: 4. m. coloq. Actuación deslucida o ridícula de alguien.

Papeleta. f. coloq. Asunto difícil de resolver.

Una papeleta es una situación difícil o complicada en general, que le puede pasar a cualquiera. Lo malo es que alguien con un papelón muy destacado tenderá a verse involucrado en numerosas papeletas. Luego se extraña de que siempre le pase lo mismo, como si fuera la marioneta de un destino hostil. Para que el lector lo entienda mejor, redefiniremos el concepto del término "Papelón":

Papelón: Papel recurrente de una persona, que la conduce a obrar contra sus propios intereses, complicando sin querer su propia vida y la de su entorno.

De los papelones vamos a hablar más adelante largo y tendido, en la cuarta escena de la obra.

Ver la vida como un festival teatral tiene grandes ventajas. La principal es que nada de lo que hacemos nos resultará tan importante y trascendental como para creernos imprescindibles (cuando un actor se va, ponen a otro). Y sin embargo, podemos reajustar nuestros papeles, de modo que, al menos, nos sintamos a gusto en nuestra propia piel. Reconocer a los demás en sus papelones nos hará ser menos duros en nuestros juicios. Nada de lo humano nos resultará ajeno, como le ocurría a Terencio. Seremos conscientes de que si nos hubieran cambiado las circunstancias, quizás nosotros también habríamos ejercido determinados papelones. Aquí encontraremos el germen de una verdadera compasión.

En cuanto empecemos a descubrir e identificar nuestros propios papelones y los papelones de las personas que queremos y sufrimos, sentiremos cómo éstos empiezan a pesar menos en nuestra vida, incluso nos ocasionarán más risa. De pronto no sentiremos la misma atracción que antes por personas y relaciones nocivas. Tampoco nosotros atraeremos a personas, relaciones, ni situaciones tan dramáticas y tóxicas como antes. Si conocemos las leyes teatrales de la vida, no nos libraremos del todo de ellas, pero sí sufriremos menos sus imponderables.

Nota: Cuando hablemos de papelones, el término aparecerá en mayúscula. El papelón de Víctima irá en mayúscula, pero una víctima, de un terremoto, por ejemplo, en minúscula.

Escena Segunda

La familia como guionista

Una mujer en el psiquiatra.
- ¿Algún familiar sufre de enfermedades mentales?
-No, todos parecen disfrutarlas.

La familia sigue siendo, por muchos cambios que se estén produciendo en la especie humana, el pilar fundamental de la sociedad. En ella se asientan las bases de todos los entramados sociales. Sin familia no hay sociedad, y sin sociedad no hay familia. A menos a día de hoy, la familia alimenta las conductas sociales y cada sociedad prefija el comportamiento considerado normal para las familias. Lo mismo ocurre con el trabajo, ese otro importante hilo conductor de las actividades humanas. Nuestra familia será determinante en la manera en que enfoquemos nuestra trayectoria laboral, por exceso o por defecto. Trabajamos en algo por nuestra familia, contra ella o a pesar de ella. Y no pocas veces nos casamos con nuestros progenitores o contra ellos. O sea, con su bendición o con su rechazo.

El amor es lo que mantiene con vida a la familia. El término "amor" viene de *a-mors*, o sea, la ausencia de muerte. Para que surja la vida basta con un instinto primigenio, que es el sexual, aunque para mantenerla, casi todas las especies recurren al amor en cualquiera de sus formas.

El coito da origen al ser, independientemente del amor, pero cuando falta el manto del amor, la persona no puede sobrevivir. Por eso, hasta las familias más complejas y enrevesadas tienen el soporte de un andamiaje de amor. Aunque sea de un amor amorfo y destructivo. De ahí la necesidad imperiosa que todos parecemos tener de amar a nuestra familia, por muy difícil que nos lo pongan. El castigo del desamor, tan usado en tantas familias, es especialmente duro, pues destruye la cinta multicolor del amor incondicional, que va transitando de una generación a otra. Este castigo se traduce en enfermedad y en infelicidad, dos fieles compañeras. Cuando el pilar familiar se asienta sobre cimientos sólidos la vida cobra mayor sentido, adquiere más fuerza.

En el tratamiento de innumerables problemas de salud, muchos de ellos relacionados con trastornos psico-vegetativos, llega el paciente a mi consulta por un asunto aparentemente ajeno a sus cuestiones más personales de índole familiar. Tras la anamnesis de rigor (el catálogo de preguntas que inicia un tratamiento) es fácil ver que la familia subyace en muchas de las dolencias. Ese dicho de *mi familia me mata* cobra recurrente relevancia. El desorden del clan, la concepción que del mismo tiene la persona, son definitivos a la hora de sacar al paciente de los derroteros de la enfermedad y guiarle por los de la salud. Las emociones tienen mucho de familiar y mucho de salud.

Una familia amorosa y ordenada ayudará, en principio, a la hora de sentar las bases de un alto sentido de coherencia de la persona. La familia enfermiza se antoja como ese resorte que parece condenarnos a repetir patrones, a pisar siempre la misma piedra, con el mismo pie, y de la misma manera. Aunque la plasticidad de nuestro cerebro, singular receptáculo de experiencias, es pasmosa. De ahí que convenga transformar las sinapsis familiares que nos hacen ver y sufrir el mundo de una determinada manera. Y, ya que estamos en materia, cambiarlas por otras más gratificantes y sanas.

Como decía el hipnoterapeuta Milton Erikson:

Nunca es tarde para tener una infancia feliz

Podemos, como la cigarra, mudar ese caparazón asfixiante de las creencias familiares que no nos convienen, sin dejar de formar parte de nuestra familia. Los intentos de *matar* la familia en nuestro interior suelen estar condenados a un estrepitoso fracaso. El muerto resucita cada noche y nos roba el sueño con sus cuitas y desdenes. Haya pues paz familiar, aunque sea a costa de una prudencial distancia de seguridad.

He tratado a personas que presumían de una infancia feliz y a otras tantas que aseguraban que los entresijos de su niñez parecían salidos de una película de terror. Aunque más importante que los hechos reales suele serlo la interpretación de los mismos.

Las estrategias, útiles o desastrosas, que aprendemos de la familia suelen luego repetirse y reproducirse como deformantes espejos cóncavos en cada faceta y ámbito de la vida. Tanto en el trabajo como en nuestras relaciones amorosas y sociales tendemos a retomar ese hilo invisible de lealtad al clan, que nos lleva a hacer no pocas veces daño a los demás y a nosotros mismos, en un juego que parece no tener fin. Una vez detectados estos presuntos imponderables, nos vemos más en condiciones de cambiar nuestra realidad, nuestro destino. Si conocemos las reglas gramaticales de nuestra conducta, la sintaxis de nuestro ser y la ortografía de nuestras actuaciones, cometeremos menos errores, sobre todo menos errores graves, menos erratas, en ese gigantesco examen de Lengua que es nuestra vida. Nuestra caligrafía existencial se hará menos enrevesada, más diáfana y cristalina.

Conócete a ti mismo. Conoce a tu familia

Esta máxima délfica supone uno de los grandes retos del ser humano. Podría decirse que quien se conoce a sí mismo, domina el mundo. O por lo menos su propio orbe interior. La familia es, probablemente, lo más suyo de cada persona. Podemos cambiar nuestra concepción de la familia, el efecto de esta familia sobre nuestra evolución. Pero la familia seguirá hasta el final. Incluso la influencia de nuestros padres es muchas veces mayor después de muertos. Seguimos en conexión y en diálogo interno con ellos en un debate sin tregua, que a veces no es sino un monólogo de nuestros progenitores.

Y, en este sentido, sería acertado asegurar que quien conoce sus orígenes, y las dinámicas que fraguaron sus propias pautas de conducta, tiene ganado en cierto modo el cielo de la libertad.

Saber cómo son nuestros padres, cómo fue nuestra infancia. Este conocimiento nos permitirá evitar repetir esquemas mentales y sociales, y crear nuevas pautas de conducta. Quien sabe de dónde viene, lo tendrá más fácil a la hora de saber a dónde quiere ir.

Estructuras familiares: La familia a lo largo de la historia

Vamos a hacer un singular recorrido por la historia de la familia Gómez. Empezaremos mucho antes de que existiesen los registros civiles, mucho antes de que las iglesias dieran fe de los nacimientos, mucho antes de que existieran los caminos transitados por los vehículos de ruedas, antes incluso de que se inventara la rueda.

Los Gómez vivían en una cueva paleolítica. Eran entonces la familia Pómez, como la piedra. No sabían todavía que los hijos de los hijos de sus hijos llegarían a llamarse Gómez, como la goma. No tenían que pagar impuestos, luchaban cada día por la supervivencia, eran depredadores temerosos de ser depredados. Los Pómez apenas emitían sonidos, se entendían por señas y probablemente se comunicaran también, como los lobos, telepáticamente.

Los Pómez, que eran nómadas, recorrían largas distancias para conseguir alimentos. Eran tiempos duros, y todo el clan hacía piña para conseguir piñas y piñones, bayas y piezas de carne. El señor Pómez, lo mismo que la señora Pómez, no era muy dado a las ñoñerías. Nada de decir *"te quiero mi piedra amada, sin ti no puedo vivir"*. Se vivía, y punto. El carácter rudo de muchos padres y madres actuales (sobre todo de los de más edad) les viene, parece, de esa época tan lejana. Su lenguaje no verbal transmitía mensajes del tipo: *a quien se hace de miel, se lo comen las moscas*, y otras lindezas similares.

Los Pómez empezaron relativamente pronto a honrar a sus muertos. De hecho, el hombre primigenio aprendió pronto a honrar a los vencedores y a los poderosos, pero más bien tarde a honrar a su propia estirpe viva. Lo de *el muerto al hoyo y el vivo al bollo* era repudiado por el respeto al más allá.

Se fueron sucediendo las generaciones. Los Pómez dejaron atrás los tiempos inmemoriales para adentrarse en los últimos recodos de la memoria humana. Pasaron de ser nómadas a sedentarios, empezaron a gozar de ciertas comodidades, basadas en la previsión más que en el *Dios proveerá*. Poco a poco se permitieron ciertos excesos, como fiestas familiares. Aunque todavía faltan unos milenios hasta que lleguemos a los desbarajustes de bodas, bautizos y comuniones, en los que la gente tira por la ventana una casa hipotecada.

Poco a poco se convirtieron en los Gómez, una familia española bien arraigada, castellanos viejos, hijosdalgo, conscientes de su pasado, con valores inamovibles, con un cabeza de familia bien claro, bajito y con bigote, dispuesto a cortar la cabeza a cualquier miembro del clan que se rebelara al orden preestablecido en el origen de los tiempos, y dispuesto también a bajar la cabeza ante cualquier poderoso adscrito a jerarquías superiores.

Era costumbre de don Pedro Gómez propinar abundantes palizas a sus vástagos, como se las habían propinado a él y a su padre y a su abuelo, y así a todos los miembros de su estirpe. *"Quiérelos"*, le decían sus amigos, *"pero que no lo sepan. Y si les pegas duro, no pensarán que en el fondo los quieres y mucho. Mejor así"*.

Don Pedro consiguió que su primogénito, Pedrito, siguiera sus pasos sin rechistar, hiciera la misma carrera, Derecho, y pensara de la misma manera que él. Estaba contento. El hijo algo menos, pero no se lo mostraba.

Aunque un buen día, la desgracia cayó sobre don Pedro Gómez Ridruejo: el orden preestablecido dejó paso al caos. Un dictador murió cómodamente en su cama, como metáfora de que aquel orden también había muerto, exhalando un último suspiro sin grandes aspavientos, como la lluvia que cae inopinadamente.

A don Pedro Gómez su hijo Luisito, el tercero, le salió rana, como tantos otros hijos de otros tantos padres. Llegó una época realmente extraña. Todo cambió, como pensaron, generación tras generación, todos los padres de la Historia que suspiraban con tiempos pasados, con tiempos mejores. Solo que esta vez algo sí que había cambiado, ¡y cómo!

Luisito se negó, por vez primera en la historia familiar, a hacer lo que le ordenaba el padre. Por primera vez decidió un vástago de los Gómez no seguir las vicisitudes de la procreación temprana. Las drogas dejaron paso al libertinaje, y el libertinaje al desorden sexual, y éste a la homosexualidad. Ya nada sería como antes, se dijo don Pedro. Y lo único que cambiaba esta vez, por vez primera en la genealogía de la estirpe, es que el cambio era verdadero y definitivo: ya nada sería igual.

Aurora, la hija, apuntaló la desgracia dándole un nieto como solterona. Lo tuvo a los 40 años. Era feminista, y ya de niña apuntaba maneras, pues no estaba dispuesta a recoger sola los platos, con su madre, mientras sus hermanos permanecían impertérritos sin mover un dedo. La primera vez que se rebeló tenía 11 años, y su madre le dio una bofetada, la última.

Ambos progenitores, asustados, exclamaron en la intimidad de la alcoba que sin duda cualquier tiempo pasado fue mejor.

La familia y el clan

El ser humano, desde que nace hasta que muere, tiene una serie de necesidades básicas. Las necesidades primarias de un bebé son el agua, el alimento, el calor y el cariño. Si faltara una de ellas en suficiente medida, su vida correría serio peligro. Luego ese bebé va creciendo, se convierte en un niño, y llegada la adolescencia se encuentra con una necesidad nueva que es la sexual. Una necesidad que irá creciendo, creciendo, hasta ocupar gran parte de su actividad cerebral. Un sinnúmero de hombres y mujeres dedican gran parte de su energía vital a atraer sexualmente a las personas que les atraen. Estadísticamente, sólo un 1% de las personas son asexuales.

Se da la circunstancia de que ninguna entidad humana se encarga tanto de cubrir estas necesidades primarias de la persona como la familia. Ya de adultos, el trabajo nos da también de comer y beber, nos permite permitirnos el cobijo de una morada, y a veces incluso encontramos en él, como ocurre a tantos millones de personas en el mundo, a nuestra pareja. Pero todo ello tiene lugar de manera mediata, relativa, sustituible. Un trabajo puede terminar y aparecer otro. La cobertura por desempleo puede cubrirnos también todas esas necesidades, también con carácter mediato, indirecto, sin corazón ni afecto. En el caso de la familia, y sobre todo en los primeros años de nuestro desarrollo, no se trata de algo mediato, sino inmediato, vital, fundamental e imprescindible. Nuestra integridad existencial depende de ello, y esto es algo que nos marca hasta el último suspiro.

Cuando siendo niños no se cubre de manera suficiente una de esas necesidades inmediatas, el hilo conductor de nuestra vida es probable que muestre oscilaciones renqueantes. Aunque no se trata de realidades objetivas, sino más bien de sensaciones subjetivas. Si alguien que ha sufrido la carestía se siente pleno, pleno estará, mientras que muchas personas que han tenido aparentemente todo lo necesario y mucho más se sienten vacías.

La familia, en sus orígenes, era una entidad primaria de supervivencia. Hoy en día, es en muchos casos un edulcorante de la autorrealización. Bien diferente era antes, cuando los hijos (la prole) eran el combustible de la vida, las manos que forzosamente tenían que encargarse de los aperos de labranza, los seres indefensos que se dejaban acarrear por los progenitores para terminar acarreando con ellos, apuntalando ese enjambre de supervivencia cuyo único sentido era la mera supervivencia y la continuidad del clan. Hasta Sigmund Freud no se producirá un análisis profundo del subconsciente familiar, y no es casual que el propio Freud fuera un médico vienés acomodado y, por tanto, alejado de las sudorosas imposiciones que trae consigo la supervivencia. Sólo desde la comodidad se analizan ciertas cosas.

Nuestra familia conviene, como todo lo que sucede, y si no hagamos que convenga.

Tipos de familia, tipos de relaciones hacia la familia

Hay familias numerosas y reducidas, cálidas y frías, jóvenes y viejas, inteligentes e insulsas, dinámicas y apalancadas, familias biológicas y de adopción, familias de una pieza y familias ensambladas… Familias serias y familias divertidas, familias unidas y familias desapegadas, familias mafiosas y familias independientes, familias familiares y familias… Empresas familiares, países que conforman una familia, facciones o familias dentro de partidos políticos, el mundo es, o podría ser, una gran familia, aunque de momento por desgracia lo es mal allegada. Hay cientos de millones de familias en los cinco continentes, creando entre todas ellas una gran familia variopinta, abigarrada, llamada Humanidad, que en su conjunto no se lleva mucho peor que muchas familias individuales entre sí.

Podría decirse que hay tantas clases de familias como tipos de personas hay. Esto por un lado. Luego tenemos la relación que de manera consciente o inconsciente decidimos tener con nuestra familia: de sumisión o rebeldía, de blancos y negros o gozando de la escala de grises, de altibajos grandilocuentes o de serenas ondulaciones. La familia a veces lía, convirtiéndose en fami-lía.

Breve digresión sobre la crisis de la familia española

La familia española pertenece a la subespecie de la familia católica. El catolicismo no tanto pensado como religión, sino como mentalidad. Es curioso que los países más afectados por la actual crisis europea sean España, Italia, Portugal e Irlanda, todos ellos marcadamente católicos. A Francia, país igualmente católico, habría que darle de comer aparte. Está en medio, como el jueves, y ha encontrado una suerte de raro equilibrio familiar, ni muy frío, ni muy caliente.

A este club de los países católicos se suma Grecia, país cuya antonomasia está imbuida por la iglesia ortodoxa, con ciertos elementos que se antojan semejantes a la idiosincrasia católica. Como los católicos, tienen su Papa, al que llaman Pope, y si nos fijamos en los países ortodoxos, como Rusia, hay algo en su carácter que nos recuerda a los latinos.

Polonia es una excepción entre los países católicos, ya que aquí la familia se mantiene bastante intacta, cosa que no ocurre en las naciones mencionadas anteriormente, sumidas en profunda crisis familiar. Una crisis que ha calado hondo, desde hace más de 50 años, en todo el planeta.

Bien diferente es el sentir de los países protestantes, ya sean luteranos, como Alemania, o calvinistas como Suiza. En estos países también hay católicos, pero sin embargo las estructuras del Estado están henchidas de la idiosincrasia protestante.

No se trata aquí de hacer balance sobre las virtudes de las religiones, ni tampoco de airear la famosa leyenda negra que en el siglo XVI se levantó contra España y las atrocidades de la Inquisición. La diferencia entre España y los demás países en la época de la quema de brujas es que en España, junto con las piras crematorias se levantaban actas de las barbaridades, mientras que en otros países no se levantaba acta pero se cometían las mismas barbaridades.

Quizás el hecho de que España no haya vivido una verdadera revolución industrial (que comenzó en Gran Bretaña a mediados del siglo XVIII y se contagió a Occidente a principios del XIX) ha marcado nuestro concepto de lo que entendemos por familia, más centrado en el tener que en el ser o el hacer. Mientras el norte de Europa se concentraba en la producción, en el sur pensábamos en vivir de las rentas o de un puesto fijo en un ministerio.

Las personas se autodefinen según se centren más en el ser, en el hacer o en el tener. La Revolución Industrial supuso un giro copernicano en la mentalidad de los países del norte: pasaron del ser al hacer. Los ingleses, sin ir más lejos, ya llevaban cientos de años haciendo y deshaciendo el comercio mundial. La cosmovisión del hombre dirigido por Dios se centra en el ser, y esto es algo que ha ocurrido en España y otros países hasta tiempos recientes. Mientras que en el norte de Europa los bienes se conseguían a través del concepto vital del hacer, en España y Latinoamérica (de casta le viene al galgo) siempre primó más la idea de lo que uno era (cristiano, hijodalgo, etc.) por encima de lo que uno hacía. Unos eran ricos y otros eran pobres, pero más desde el ser que desde el hacer. Unos vivían de las rentas, y otros por mucho que hicieran no tenían acceso a la riqueza.

Con la muerte del franquismo murió también en España este concepto de lo que uno es, un concepto radical que bañaba todo el espectro social. Uno era de derechas o de izquierdas de manera irreversible, muchas veces heredada, como lo es uno de un equipo de fútbol.

Hace más de 40 años, la familia española pasó de centrarse en el ser, con todas sus ventajas e inconvenientes, a poner el acento en el tener, saltándose ese paso intermedio que es el hacer. Simplificando no poco, ya que en todas partes cuecen habas, podemos decir que en los países del norte los niños son educados en que para tener hay que hacer, mientras que en los países del sur la tendencia es la de sortear el paso del hacer. En España, mucha gente ha estudiado varias carreras para poseerlas, y no necesariamente para hacer algo con ellas.

La burbuja inmobiliaria española sería imposible si las personas que sucumbieron al remolino de las hipotecas baratas que tan caras salieron no hubieran sido educadas en la cultura del ladrillo, símbolo absoluto del tener, de la posesión material. Consigues un puesto fijo, te compras un pisito, y a vivir. O sea, que uno vive a partir de que tiene lo que necesita, y lo demás no es vivir. El recorrido, el camino, el giro y la quebrada no interesan tanto, sino centrarse en un *status quo* basado en la posesión de títulos, propiedades y derechos salariales conseguidos por la adquisición de un puesto laboral fijo.

Cuando todo un país cae en semejante vorágine es porque el tejido familiar está tocado. Los surrealistas españoles hicieron a principios del siglo XX una especie de *performance* donde vendían duros (5 pesetas) a 4 pesetas. Era una crítica inteligente al modelo social que ya predecían.

El amor de los padres les hizo avalar a sus hijos hipotecas desmesuradas en la cuantía y minúsculas en el tamaño de la letra pequeña. Una codicia similar a la que nos hizo creer, cinco siglos antes, que El Dorado nos daría por fin el bienestar eterno.

Los bancos actuaron de manera desleal, mintiendo a propios y extraños. Muchos directores de sucursal abusaron de ancianos que no solo habían depositado su dinero en esos bancos, sino con él también su confianza. Los políticos se auto-proclamaron protagonistas de aquel periodo rosado, para luego zafarse de toda responsabilidad. Hay personas más responsables que otras en aquel desbarajuste, aunque esa mentira no habría sido posible sin unos padres que avalaran el despropósito, dando a sus vástagos una serie de valores éticos y vitales: *"Hijo mío, ten, ten, que después vivirás plácidamente. Una casita, un puesto fijo ¡y a vivir!"*

Sin ese entramado familiar habría ocurrido como en otros muchos países. En Alemania, solo un tercio de la población tiene piso propio. En España, una mayoría absoluta lo tiene. O sea, cree que lo tiene, pues en muchos casos jamás podrá terminar de pagar la hipoteca. Tener piso o no tener piso no es en sí mejor o peor. Cualquier estudiante de Economía, y cualquier persona con dos dedos de frente, sabe que si la hipoteca es demasiado elevada puede ser mucho más interesante un alquiler que un piso en propiedad. Pero cuando una persona ha sido adoctrinada en el poseer podríamos decir que termina ella misma poseída, como si unos demonios hipotecarios tomaran las riendas de su ser. Más que un asesor financiero necesitan de un exorcista.

Como ya he apuntado, la crisis española es multifactorial, con un conglomerado de causas políticas y económicas, con una corrupción propia de *El padrino*, una banca que ha atado los perros con longanizas y un sistema financiero centrado en el colmo del materialismo, que es quitarle el valor al dinero.

La vida se ha convertido en muchos casos en un estanque con poca agua y una ausencia total de movimiento. Un agua estancada y maloliente, fuente de enfermedades y malestar, sí, aunque aparentemente sin peligro de ahogamiento, de naufragio. Y detrás de toda esta especulación: la herencia, *"algo me quedará"*.

Hace 50 años no era tan normal que una persona de 20 años siguiera viviendo en casa. Y si lo hacía, lo lógico era que participara de los gastos comunes. La familia era una entidad solidaria que ayudaba a la supervivencia. Había un orden y un concierto: *haces lo que te digo o te largas de casa*. Uno sabía a qué atenerse. Y la situación económica no era mejor que ahora, sino mucho peor. Infinitamente peor, de hecho. Conseguir un empleo era realmente difícil, por no hablar de una beca de estudios para el extranjero. Solo los ricos y los estudiantes excelsos tenían acceso a la universidad. Eran tiempos duros, en los que la familia era la tabla de salvación de todos los miembros.

Ahora, muchos jóvenes lo único que tienen es una plaza fija en casa, con cama, sopa boba y colada garantizadas por ley de sangre. Un sistema medieval en los tiempos modernos, donde los señores son los propios hijos, que convierten a los progenitores en sus incondicionales siervos.

Con la transición política, y la transición del orden rígido y conservador al actual desorden, (a la espera del equilibrio que aún tardará algún tiempo en llegar), nos encontramos con miles de familias españolas con unas Gallinas Cluecas, las madres, amamantando a hijos ancianos, convertidos en verdaderos Parásitos. Son demasiados los casos como para remitirnos a la casuística.

Cientos de miles de jóvenes no salieron a protestar a la calle durante años porque sus hogares eran auténticas zonas de confort. Les pagaban poco en sus empleos, pero como ya no tenían que ser solidarios con sus familias como era costumbre en el pasado, esos 600 euros empleados en salir el fin de semana y comprarse algo de ropa resultaban muy agradables. En casa, mamá haciendo la colada y la comida, y trabajando en muchos casos, y papá tres cuartos de lo mismo.

Dirá el lector que muchos casos no son así. Evidentemente, si todos los casos fueran así, el país no tendría remedio. Lo interesante es que haya tantos casos así. No soy sociólogo, pero sí que he tratado a cientos de madres españolas y latinoamericanas al borde del colapso por ceder ante el egoísmo parasitario de sus hijos. No son casos aislados, es una auténtica pandemia, que para mí está en el germen de la actual crisis económica y social.

Muchos de los jóvenes que han emigrado a Alemania y otros países lo han hecho exiliándose de sus familias asfixiantes. Soy testigo de ello. Muchos, no es menos cierto, acostumbrados al papelón de Parásitos adjudicado por sus madres Gallinas Cluecas, llegan a países como Alemania, y se ven incapaces de salir del sistema de ayuda social. Un sistema pensado para situaciones agudas, de apuro, y que en muchos casos se convierten en una realidad crónica (en la que están sumidas también millones de familias alemanas).

Familias que no se pueden separar por cuestiones patrimoniales son una realidad más frecuente de lo que uno podría imaginarse. Si los jóvenes no hubieran tenido el apoyo incondicional de sus familias, éstos habrían protestado mucho antes contra los abusos del sistema. Pero con comida, cama y playstation el sentido de la injusticia se vuelve más romo.

El hecho de que aquella burbuja haya pinchado hace algunos años es una buena noticia, ya que supone la quiebra del modelo del tener como *leit motiv*. El ser y el hacer conducen también al tener (todos necesitamos ciertas cosas para vivir), aunque son valores mucho más estables, ya que dependen más de nosotros. Las pertenencias pueden desaparecer en cualquier momento: nos quitan un trabajo, un terremoto destruye nuestra casa, nos roban en plena calle, pero nadie puede robarnos nuestras convicciones o nuestra fe en lo que sea. Alguien nos podrá impedir hacer algo, pero solo matándonos lograrán que dejemos de ser.

La buena noticia es que, por definición, la actual legión de Parásitos tendrá hijos (no muchos) a los que educará bajo el lema de *"hijo mío, tienes que mantenerme lo antes posible"*. Con un poco de suerte el cambio vendrá de esta nueva generación. El daño causado por los padres oferentes e hiper-nutricios a toda una generación de jóvenes es gravísimo. Sirva como metáfora Pablo Escobar, el jefe del cártel de Medellín, que ponía en la estufa un millón de dólares para que su hija no pasara frío mientras se escondían de sus persecutores.

Toda cara de la moneda tiene, eso sí, su reverso. Es sabido que el sentido de la amistad y la solidaridad familiar cobran mucha más fuerza en tiempos de crisis. En cualquier enfermedad, si queremos una solución, se hace necesario un diagnóstico correcto. Pero una vez sabemos cuáles podrían ser las causas del mal de nuestro hermano o amigo, de poco sirve fustigarle con increpaciones de culpabilidad. Lo que hace un buen amigo o un buen hermano o un buen hijo o padre es ayudar. Y esto es precisamente lo que se está viendo en muchas familias: hemos vuelto a conceptos vitales anteriores a la gran burbuja. Y esto es algo de lo que podemos congratularnos. Sobre todo si unos y otros somos capaces de liberarnos de nuestros tediosos papelones.

¿QUIÉN PERTENECE REALMENTE A MI FAMILIA? EL NÚCLEO DURO

Yo nací en Buenos Aires, lo que significa que soy argentino
por parte de mi madre e italiano por parte de un amigo de mi padre.
Alberto Favero, pianista de Nacha Guevara

Si no eres mi padre, ¿quién soy yo?

El sentido de pertenencia es el que define a una familia. Se han realizado diferentes estudios para intentar dilucidar qué porcentaje de los hijos son ilegítimos. Las cifras varían considerablemente, desde un 30% en algunos casos, o el 1% en otros, hasta unos porcentajes más realistas, como los que se obtuvieron en el estudio realizado por el hospital de Sant Pau, en Barcelona, cuyo interés no era comprobar el porcentaje de paternidades fraudulentas, sino analizar la transmisión de la hemofilia, que como se sabe es una enfermedad hereditaria. Los investigadores quedaron sorprendidos al comprobar que el 7% de los niños estudiados no eran hijos biológicos de sus padres legales. Según otro estudio de la Universidad de Stirling, uno de cada 10 hijos no es en rigor hijo de su padre. Los detectives privados llegan a detectar hasta un 25% de infidelidades, aunque si tenemos en cuenta que solo un hombre despechado o con la mosca detrás de la oreja pagará sus servicios, podemos afirmar que se trata de un porcentaje irreal para el conjunto de la sociedad. El último estudio publicado por la Universidad Católica de Lovaina, Bélgica, asegura que el porcentaje de hijos ilegítimos no supera el 1%.

Mi abuelo Joaquín, que era muy jocoso, solía decir: *"Los hijos de las mis hijas, son los mis nietos"*. Aunque la verdad es que esa frase, en rigor, solo la habría podido decir con total impunidad mi abuela.

Suponiendo que el 10% de los hijos no sean legítimos, nos encontramos con que más de 4 millones de españoles podrían no ser hijos de su padre; más otro tanto por ciento de chilenos, argentinos, bolivianos, venezolanos, estadounidenses...

Si el lector descubriera que no es hijo de su padre, quédese tranquilo. De no haberse dado aquel acto socialmente reprobado llamado adulterio, no existiría como persona. Es hijo o hija, como todos los hijos e hijas, de la fortuna, de esa casuística fenomenal que permite que uno entre millones de espermatozoides de uno de entre los miles de millones de hombres que pueblan el planeta riegue la semilla de su vida. Y si piensa en que tampoco existiría si un asteroide no hubiera chocado contra la Tierra desatando la existencia de la Luna, pues más tranquilo se quedará. Somos el producto de una casuística impactante. ¡Vivimos porque nos ha tocado el premio gordo de la lotería 100 veces seguidas!

Cuando nació mi hijo, como tenía poco pelo, muchos amigos de la madre bromeaban diciendo que se parecía mucho a uno de sus mejores amigos, que era bastante calvo (en el fondo puede que envidiaran mi tremenda mata de pelo). Como veía que no podía librarme de aquella bromita, zanjé el tema diciendo: *"Bueno, por lo menos parece que ella es la madre"*.

En cierta ocasión traté a Matthias, un hombre alemán que tenía un hijo. De vez en cuando me hablaba de los problemas con su esposa, que era rusa. Un día vi al hijo, y no salí de mi asombro, pues era mulato. Falta apuntar que tanto la madre como el padre eran blancos, y que el hijo no era un niño adoptado. Si se conocen la reglas básicas de Mendel había, por tanto, gato encerrado. Matthias me dijo, al sospechar mi extrañeza, que cuando nació aquel niño mulato su mujer le aseguró que su abuelo era negro, cubano, y que había llegado a tierras rusas hacía bastantes años. Las cuentas seguían sin salirme, pero no quise arrojar más leña al fuego. Mantuve la máxima de la discreción, y no dije nada, hasta que un día, cuando el niño ya tenía 4 años, Matthias, me espetó: *"Tenía sospechas de que no era mi hijo y al final me decidí por hacer el test de paternidad. Llevé muestras de cabello de los dos a un laboratorio y pudieron demostrar con total certeza que no era mi hijo"*. Yo pensé que era una barbaridad hacer el test después de 4 años conviviendo y amando cada vez más al niño (que es lo que suele ocurrir, pues como se sabe el roce hace el cariño), pero así actúan las personas cuando el desamor las invade. Quería a su hijo con locura, era lo que más quería en el mundo, y ahora iba y perdía a ese hijo. El abuelo, que era un hombre muy católico (y como buen alemán también muy pragmático), le dio una buena lección al hijo: *"Con este nieto que me has dado (o que en rigor me ha dado la vida) podré practicar por fin el amor al prójimo de manera incondicional, tomándolo como nieto legítimo"*. Era su único nieto. Creo que al final terminó separándose de la mujer. Sin embargo el hijo no biológico siguió viviendo con él. Ojalá tenga herramientas para salir bien de ese entuerto en el que lo han metido.

MATRIMONIO: ¿NO SERÁ MEJOR LLAMARLO PATRIMONIO?

La familia de conveniencia-Las convenciones familiares
Matrimonio de conveniencia patrimonial

La mujer que yo quiero no necesita
Bañarse cada noche en agua bendita
Tiene muchos defectos, dice mi padre
Y demasiados huesos, dice mi madre
Joan Manuel Serrat

El matrimonio siempre se ha ajustado a las necesidades sociales y no va a serlo menos hoy en día, por mucho que la presión social sea de otra índole. Quizás sería mejor cambiarle el nombre, ya que tantos conflictos genera. Hay quien tiene problemas con que dos gays se casen (el termino "casarse" viene de compartir casa) y más aún con que a su unión la llamen "matrimonio", que viene de madre, aunque lo que sí comparten con los demás matrimonios son las conveniencias del patrimonio. Según este punto de vista, que a nivel filológico no deja de tener sus briznas de razón, a los matrimonios sin hijos deberían también cambiarles el nombre, ya que no hay madres en la costa.

"Casamiento", en cualquier caso, parece, hoy por hoy, más correcto que matrimonio, en unos y otros casos, a no ser que uno decida sumarse a la costumbre cada vez más habitual de que cada cual esté en su casa y Dios en la de todos los que crean en él.

Yo sugiero que, como son dos personas, ya sea una pareja hombre-mujer, o hombre-hombre, o mujer-mujer (incluyendo también a los transexuales, con todas las demás variantes posibles), optemos por llamarlo "binomio". Así, una pareja podría ser algo más temporal, y un binomio una relación más estable. No es de extrañar que a veces las parejas se sientan encarceladas (par-reja).

En Colombia y otros lugares de América Latina, donde es frecuente una vertiente de la bigamia en la que el hombre desayuna con la familia oficial y cena y duerme en casa de la segunda familia, se da la circunstancia de que este hombre diferencia a las dos parejas llamándola a una su mujer (a la amante) y a la oficial, su esposa (que es la que oficialmente le tiene tomado por las esposas o grilletes).

A lo largo de la historia de la Humanidad, digamos que hasta hace bien poco, los progenitores tenían un peso definitivo en las elecciones conyugales de los hijos. De hecho, la costumbre de casarse por amor es reciente, y se da sobre todo en los países occidentales, que juntos suponen solo una parte limitada de nuestro planeta. En países como la India o China, que juntos ya suponen casi la tercera parte de la población mundial, un segmento importante de la población se ajusta a los deseos paternos a la hora de decidirse por una u otra persona para casarse. Temas como la homosexualidad siguen siendo un tabú absoluto, pues rompen con los protocolos sociales más inamovibles, en especial con el protocolo de la procreación. Es reciente, y mucho, que dos hombres o dos mujeres puedan casarse, o que a un niño se le reconozca su derecho a decidir si quiere llamarse Alberto o Alberta.

En la China clásica los padres del varón negociaban con mucha antelación el matrimonio de su vástagos con los progenitores de la muchacha (costumbre esta todavía actual en muchas aldeas del gigante asiático). Los intereses familiares estaban (están) en juego (la dote, estatus social, el qué dirán), como ha ocurrido en todos los países durante casi todos los tiempos de la Historia. El conocimiento de los *Cinco Elementos*, las vicisitudes del *yin* y el *yang*, y otras tantas joyas de la Medicina China las aplicaban a la hora de ver, más allá del mero y ramplón interés económico y social, si esas dos personas estaban o no abocadas a entenderse. Los valores, las preferencias, las vicisitudes anatómicas, todo era importante. En China se tiene incluso en cuenta el tamaño y la forma de los genitales, para que "encajen" correctamente, así como otros muchos factores: culturales, biográficos, gustos e intereses, edad, etc. Todo ello deja el terreno sembrado para matrimonios nacidos de la conveniencia, pero que muchas veces tienen como fruto, aparte de la obligada prole, no pocas dosis de amor y entendimiento.

Los occidentales suelen echarse las manos a la cabeza cuando oyen hablar de bodas apañadas. Suena a medieval, a denigrante, a inhumano y contrario al amor. Más allá de China, las bodas apañadas son comunes en muchos países de Asia y África y están adscritas a las necesidades de muchas culturas. En Europa lo fueron hasta hace no tanto tiempo. Las monarquías se basaron siempre en las bodas por conveniencia, y no hace tanto que se ha abierto la puerta a los plebeyos en las casas reales. En Occidente suele pensarse que se trata de una aberración el que dos personas que se aborrecen sean obligadas a casarse sin opción a réplica. Es cierto que esto ocurre en algunos casos, sobre todo cuando obligan a niñas a casarse con viejos y cosas semejantes. Aunque lo normal es que haya un mediador, por lo general alguien de la familia, que busca a la pareja ideal para un sobrino, o bien a un profesional casamentero. Y si no se gustan, siempre pueden poner objeciones. En el fondo no es muy diferente a lo que hacen las agencias matrimoniales por internet. En el caso de las familias casadas en bodas apañadas el índice de divorcios es menor, aunque esto no quiere decir gran cosa, ya que se trata de culturas donde el divorcio es muchas veces inasumible y la mujer opta por mantenerse *con la pata quebrada, y en casa.*

Otra arista oscura de esta costumbre inveterada de las bodas apañadas es que ha roto con el amor consagrado por millones de parejas, enamoradas por pura química osmótica, como ocurrió en el drama de Romeo y Julieta, de Shakespeare. Recuerdo con emoción el relato de mi buen amigo Ahmed, guía bereber del Atlas, quien comentaba con gran pena en el corazón cómo su gran amor fue obligada a casarse con otro hombre. Y eso que era un amor correspondido. Desde su casa escuchó todo el festejo nupcial y desde ese día decidió que el amor había muerto para él. Sus padres habían desaprobado igualmente el enlace de su hijo con la mujer y él no tuvo más remedio que aceptar la condena. Cuando lo conocí, habían pasado más de cinco años, la mujer ya tenía dos hijos y no se habían vuelto a ver. Sin embargo, el dolor seguía presente. Y lo peor es que él había decidido mantenerse fiel a esa infelicidad. Hasta la muerte. Eso sí, lo llevaba con no poca dignidad.

La gente antes se casaba por conveniencia y muchas veces surgía de ahí el amor, mientras que hoy en día, en el mundo autodenominado civilizado, la mayoría de la gente se casa por amor y al final con frecuencia termina separándose por conveniencia (o por inconveniencia, que viene a ser lo mismo).

En nuestras latitudes, dos personas se conocen, surge el flechazo, o el dardo, dependiendo de la intensidad emocional, y al cabo de un año no pocas veces descubren con asombro que sus objetivos no se parecen lo más mínimo. En las bodas apañadas los objetivos son prácticamente idénticos, y además los casamenteros o casamenteras ya se encargan de buscar a dos personas con similitudes en cosas importantes a la hora de mantener una vida conyugal más o menos equilibrada. Parece que, a fin de cuentas, los objetivos comunes cuentan más que los gustos comunes. Si coinciden ambos será mucho más fácil encontrar mayores dosis de estabilidad y felicidad.

Personalmente, creo que si dos personas, una vez pasa el enamoramiento ciego, tuvieran en cuenta y se tomaran en serio su jerarquía de valores, habría muchas menos separaciones (también muchas menos parejas, la gente se lo pensaría mucho más a la hora de compartir su vida con alguien). Por ejemplo, si para una mujer lo más importante es la ternura y se casa con un hombre que solo quiere sexo, al final lo normal es que sientan una distancia infranqueable, salpicada por incesantes reproches. La jerarquía de valores de las parejas cobra más importancia con el paso del tiempo.

El romanticismo ha hecho mucho daño a nuestra sociedad, pues se basa en una expectativa férrea de cómo deben ser las cosas, y no en la realidad. El hecho romántico es motor de infelicidad. Creo, eso sí, en la magia, también en la magia del amor. Pero la magia es mucho más salvaje e indomable que el romanticismo, que también plasman las novelas cursilonas de Corín Tellado. No tengo nada en contra de las novelas melifluas, siempre y cuando reduzcan su influjo al mero pasatiempo. El problema es que estas novelas y folletines antiguos, al igual que los culebrones modernos, son como una piedra firme donde lavar y estrujar cerebros para abocarlos a conceptos peligrosos, como el de la media naranja.

El romanticismo abunda en una expectativa desmesurada e irreal: uno espera que surja un amor cortado por un patrón inalcanzable. Es aburrido porque exige que las cosas ocurran de una determinada manera y no de otra. Y luego, para colmo de males, encima las cosas no ocurren así. La magia, bien al contrario, es la madre de la sorpresa. El amor es irracional, afortunadamente, y necesita buenas dosis de magia.

Me caso con mi padre o contra mi padre

Acabamos de tratar el espinoso asunto de las bodas apañadas. Miremos ahora a nuestro alrededor, donde en teoría somos libres y no nos dejamos arrastrar por los imperativos sociales o familiares. ¿Qué nos mueve a nosotros a la hora de elegir a un hombre o a una mujer determinados? Esto sobre todo es importante en el caso de la mujer, que suele ser la que decide: *el hombre propone, y la mujer dispone*.

Son muchos los hombres y mujeres que buscan a un hombre o mujer que les recuerde a su padre o a su madre. Se trata, cómo no, de un proceso inconsciente, del que muchas veces no llegan a tener noción.

Una amiga me comentaba hace no mucho: *"Mi padre me ha hecho polvo. Era tan maravilloso, que sigo buscando a mis 40 años un hombre que se le acerque, y no hay manera"*. Labor imposible, pues está condenada al baile de los peros: *"Me gusta Luis, pero…, me gusta Adriano, pero.."*. Pero como mi papá, nadie. Si un buen día conoce a un hombre maravilloso, su inconsciente buscará indicios, atisbos, intuiciones, pequeñas señales de que, efectivamente, está muy lejos de las cumbres de papá.

No pocas mujeres buscan en su marido al papá maltratador. Como Gloria, una mujer colombiana que había sido violada y maltratada en numerosas ocasiones. Cuando un niño, o en este caso una niña, recibe un trato vejatorio desde la más temprana edad, algo le dice que ese trato es el que se merece. Por una inercia irracional, puede que busque este esquema que corrobora sus sospechas, que le hace ver que aquellas sospechas estaban fundadas, que tenía razón. He visitado a muchas mujeres que salpican sus vidas con parejas abominables, hombres monstruosos que se ceban en sus carencias emocionales. Hombres con carencias emocionales probablemente similares, para los que el maltrato de la mujer se convierte en un extraño bálsamo en el que lamerse sus propias heridas.

El caso contrario, el de la mujer que busca alguien que no se parezca en absoluto al padre, se da con bastante frecuencia. Si tenemos en cuenta que un diálogo más o menos fluido entre padres e hijos es más cosa del presente que del pasado, no es de extrañar que muchas mujeres nacidas en una sociedad machista y poco dialogante hayan buscado el modelo de pareja que se encuentre en las antípodas del padre. Es una manera muy peculiar de dedicar la vida a ese padre al que tanto se detesta, pues probablemente el marido elegido sea tan el contrario del padre que, de algún modo, también constituya una naturaleza excesiva.

Esto le ocurría a Adriana, cuyo padre había sido un revolucionario clásico, que desatendió a sus hijos en pos de ideales más elevados, como salvar a la Humanidad. Bueno, eso es lo que al menos él pensaba. Al final, Adriana se casó con un hombre casero, pero tan falto de ideales, que la vida marital se convirtió para ella en una suerte de galleta seca. Estimaba en su marido la concreción, el hecho de que estuviera bien arraigado a las cosas comunes: trabajo, casa, familia, y sin embargo, en lo más recóndito de su ser anhelaba ciertas tendencias que ella misma compartía con su padre, como el afán por la libertad.

Su marido impuso su propio orden en casa: era tacaño, según Adriana, que al final también acabó por serlo. Su parte quijotesca se convirtió al *sanchopancismo* absoluto, lo que le generó una gran infelicidad. Trabajaba desde hacía muchos años en un puesto que no le satisfacía lo más mínimo, y al final fue desarrollando una serie de conductas obsesivas con las que su inconsciente intentaba liberarla del secarral en el que se había convertido su existencia. Una fórmula de vida en la que mataba al duende juguetón que había heredado de su padre.

LA LEALTAD AL CLAN

Novio: Calla. Estoy seguro de encontrármelos aquí. ¿Ves este brazo? Pues no es mi brazo. Es el brazo de mi hermano y el de mi padre y el de toda mi familia que está muerta. Y tiene tanto poderío, que puede arrancar este árbol de raíz si quiere. Y vamos pronto, que siento los dientes de todos los míos clavados aquí de una manera que se me hace imposible respirar tranquilo.

Federico García-Lorca, *Bodas de Sangre*

Los muertos del clan claman venganza, como muestran tantas obras maestras de la literatura universal. Lorca captó con su pluma penetrante la idiosincrasia de aquella Andalucía inveterada, tan bella y tan terrible. Aunque lo más terrible es la veracidad de lo narrado, el concepto primitivo de la lealtad al clan. A nosotros, personas presuntamente civilizadas, nos resulta muy lejano aquel escenario, por mucho que no esté tan alejado ni en el espacio ni en el tiempo. Creemos estar inmunizados contra semejantes estructuras tribales. Hay una sociedad civil y una justicia que prohíben los actos de venganza, los duelos, la libre resolución de los conflictos por la vía de la sangre. Y sin embargo la lealtad al clan sigue marcando nuestra vida como un rayo incesante que no nos da tregua. Quizás dejemos para los más salvajes de nuestros congéneres la administración de la venganza, puede que la inmensa mayoría de los lectores de este libro jamás recurran a este primitivismo de la venganza. En *El río y la muerte*, una película de la etapa americana de Buñuel, por lo demás bastante realista, en un pueblo mexicano se sucedían las venganzas. *Tú matas a mi padre, yo te mato a ti y cruzo el río*. Ello venía ocurriendo desde tiempos inmemoriales, hasta que un doctor que fue de muy joven a la capital se convierte en el primero que rompe con ese absurdo atavismo.

Pero la lealtad al clan cobra hoy en día formas mucho más refinadas y, por tanto, más peligrosas. Es la misma lealtad a las creencias de nuestros padres, nutridas por los suyos y por los padres de sus padres, solo que ahora se trata de una lealtad más camuflada. Lealtad a unas creencias relacionadas con todos los aspectos de la vida, que quizá nuestra mente consciente deseche por antiguas y absurdas, pero que se recrean en lo más íntimo de nuestro ser, para mostrarse en nuestra conducta cotidiana. Es como si estuviéramos inducidos por un eco antiguo que nos impele a la locura. Solo que esta locura no es locura de sangre, sino un reguero menos patético, pero que no deja de estorbar nuestra vida y nuestra felicidad.

En la próxima escena de este *Teatro de Familia* abundaremos en los mensajes de la paloma, en esos mensajes que recibimos desde pequeños y que nos marcan durante toda la vida. Ahora veremos cómo estos mensajes, que tanto nos pueden llegar a complicar la vida, se mantienen gracias a esa banda, invisible pero imperecedera, de la lealtad al clan.

La lealtad adquiere formas camaleónicas. Sus manifestaciones pueden ser innumerables. Pasemos a mostrar algunas de las más comunes.

La cadena intermitente

En mi amada Andalucía estoy con una familia amiga, una de esas familias que te adoptan y que uno adopta como propia. La madre, Carmen, me relata que las mujeres de su familia, su madre, su abuela y probablemente su bisabuela y demás madres de madres eran mujeres castrantes. Su abuela machacó sistemáticamente a su madre y su madre le anuló a ella la infancia. Le entregó mensajes de ninguneo y le negó cualquier tipo de elogio. Fue una Cenicienta a la que la madre le hacía limpiar, con 8 años, la casa entera. Cuando volvía, si veía cualquier mancha se la hacía volver a limpiar otra vez. No la mancha, sino la casa entera. Carmen ya está jubilada, tiene nietos y su madre, ya enferma y anciana, sigue echándole la culpa de todo. En el tratamiento improvisado surge la imagen de una cadena que se transmitieron estas mujeres de generación en generación. Carmen fue la primera en romper, en teoría, con esa cadena. Al menos ella trató a todos sus hijos con verdadero amor, independientemente del sexo. Su madre y su abuela solo habían tratado de maravilla a sus hijos varones, algo bastante habitual en la sociedad machista que les tocó vivir. El odio era de madres a hijas, como si castigaran a la hija por haber nacido con el mismo sexo maldito con el que ellas vinieron a la vida. No hay que olvidar que se trata de la Andalucía trágica, que tan bien describió Azorín.

Carmen rompió con la cadena del maltrato femenino, pero una de sus hijas la mantuvo con su hija. Lo hizo desde una versión más amorosa, como amorosa fue la educación que recibió de su madre. Con mucho cariño, pero con constantes insultos: que si estás gorda, que si no comas tanto que pareces un cerdo cebón, que si esto, que si aquello. Hay una frase especialmente dura impregnada en el inconsciente de la niña: "*Tienes el cuerpo de un cochino*".

Una tarde llega casualmente la hija amorosa y castrante, la versión 2.0 de las mujeres de la familia. En un aparte me pregunta qué se puede hacer para que su hija de14 años adelgace. Por su forma de hablar percibo enseguida que ella, la madre, es la principal causante, no de que engorde, sino de que no adelgace. Es un remolino de estrés. Un goteo de cortisol llega por vía intravenosa a su hija, con un marcado sobrepeso emocional. El cortisol, segregado en exceso, aumenta los niveles de azúcar en sangre. Provoca una mayor respuesta insulínica y los depósitos de grasa se acrecientan con la tacañería propia del tío Gilito. Le pregunto si consigue algún resultado con la estrategia actual. Ella dice que no, pero que no puede evitarlo. Está actuando con la misma energía castrante de su abuela. Le cuesta reconocerlo, pero al final asiente. Quizás no sea demasiado tarde...

Acepta cortar con esos mensajes fatídicos y enfrentar un mes de vacaciones de sí misma. Durante un mes seguido no se permitirá ningún comentario vejatorio hacia la hija (el marido, presente, está feliz, pues él es también víctima de su carácter, ella lo reconoce, insoportable). Además, deberá emitir *contra mensajes*: *te quiero como eres, eres maravillosa*, etc.

De no hacerlo, la niña lo va a tener difícil en la vida. Atraerá, probablemente, a hombres maltratadores, tenderá a sufrir trastornos alimenticios y muchas cosas más. Todo depende de la madre y por fin ella lo sabe.

El cuarto mandamiento

«Honra a tu padre y a tu madre, para que se prolonguen tus días sobre la tierra que el Señor, tu Dios, te va a dar» (Ex 20, 12).

El Señor Jesús recordó también la fuerza de este "mandamiento de Dios" (Mc 7, 8 -13). El apóstol enseña: "Hijos, obedeced a vuestros padres en el Señor; porque esto es justo. Honra a tu padre y a tu madre, tal es el primer mandamiento que lleva consigo una promesa: para que seas feliz y se prolongue tu vida sobre la tierra" (Ef 6, 1-3; cf Dt 5 16).

El Islam tampoco se queda atrás en la obligatoriedad de honrar a los progenitores:

"El Santo Profeta Mahoma dijo: "¡Que su rostro sea restregado en el fango! ¡Que su rostro sea restregado en el fango! ¡Que su rostro sea restregado en el fango!" Alguien preguntó: "¿De quién, Mensajero de Alá?" "De aquél que tiene padres en edad avanzada (uno, o ambos) y no entra en el paraíso (por no haberles servido)".

En casi todas las culturas, monoteístas o politeístas, quedó instaurada la figura de la honra a los padres. En África los ancianos todavía son venerados, cosa que ocurre cada vez menos en Occidente. Y como los padres algún día se convierten en ancianos, ello tiene su peso a la hora de honrarlos más o menos.

Lo curioso es que la honra es obligada del hijo al padre. No hay ningún mandamiento que exija a los progenitores honrar a sus vástagos. Los diez mandamientos son enseñanzas que pueden ser muy útiles como código moral para moverse en una determinada sociedad. Nada puede objetarse, por ejemplo, a la exhortación a no matar. También parece plausible eso de honrar a los padres de uno, pero, como decíamos más arriba, no hay ningún mandamiento que exija honrar también a los hijos. De este modo, los padres pueden conducirse como verdaderos energúmenos y a los hijos no les queda otra que honrarlos igual.

En el Antiguo Testamento, Dios le ordena a Abraham sacrificar a su vástago Isaac:

—Toma a Isaac, tu amado hijo único, ve a la tierra de Moria y ofrécelo como un sacrificio que debe quemarse completamente, en la montaña que yo te indicaré.

Cuando vio que Abraham estaba dispuesto a hacerlo y por tanto demostraba quererlo más a Él (al padre celestial) que a su hijo, al que no debía tanto respeto ni lealtad, Dios mandó un ángel y este le dijo a Abraham::

—*¡Detente! No le hagas daño al muchacho. No le hagas nada, porque ahora sé que tú respetas y obedeces a Dios. No le negaste* [a] *a tu único hijo.*

Por eso la lealtad adscrita a nuestro código cultural es de hijos a padres y no de padres a hijos.

Sin embargo, uno pensaría que la propensión de cualquier padre o madre a dar la vida por sus hijos sería una forma de lealtad. Quizás lo sea de lealtad biológica. Si doy la vida por mi hijo, algo nada anormal en nuestras sociedades, mantengo el hilo de vida del clan, perpetúo la existencia de mi código genético en mi descendencia. En este sentido, no es una lealtad incondicional, sino condicionada al mantenimiento de la subespecie que representa la rama de mi árbol genealógico: si me premuere mi hijo, al morir yo se acabará todo. De ahí que se den muchos más casos de trasplantes de órganos de padres a hijos que a la inversa.

Más difícil es que un hijo sano dé la vida por sus padres. Entre otras cosas, porque estamos programados únicamente para dar la vida por nuestros vástagos.

Relataba Elie Wiesel en *La noche* cómo fue testigo de la traición de un hijo a su padre, perdido en la hecatombe del campo de concentración. Hizo como que no lo veía cuando éste lo buscaba. La razón en aquella sinrazón era simple: sobrevivir a aquella muerte tan cierta era más fácil para un joven fornido en solitario que si tenía que intentarlo con el lastre de un hombre viejo y hambriento. El propio Wiesel contaba cómo él mismo traicionó a su padre, una traición que para el progenitor era ley de vida. De ahí que éste se mostrara tan comprensivo y no le asaltara con reproches. Ley de vida es que no premuera el hijo al padre. No es una cuestión de lealtad, sino de orden genealógico.

Cuando hablamos de lealtad al clan nos referimos a que el amor incondicional es algo que viven los niños y no los padres. Un padre muestra el amor a su vástago de manera condicionada: *si haces lo que te digo, te quiero, si no, no.* Muchas neurosis surgen de esta ruptura del hilo del amor incondicional. El hijo trata compulsivamente de restablecer la integridad de este hilo maltrecho. De ahí que, por muy rebelde que sea, intente satisfacer las exigencias paternas.

Honrarás mi nombre

Tengo en mis manos un libro de tapa dura, *Denn du trägst meinen Namen* (Pues tú llevas mi apellido). Dura como el tema que trata, el destino de los hijos de los prominentes líderes nazis. En la portada aparece una foto. En la foto se ve una escena familiar. Sentado en un butacón, a la derecha de la imagen, se encuentra Adolf Hitler. A su lado hay una mujer con un niño en brazos. Detrás de la imagen surgen una serie de personajes que se antojan como figurantes de una película de época. La foto es en blanco y negro, bueno, en realidad en negro con un punto blanco, el bebé. Si uno dudaba de que el blanco fuera el color de la inocencia, aquí queda más que manifiesto. El niño está en brazos de su madre y su padre también se encuentra en la escena: es hijo de Rudolf Hess, el lugarteniente de Hitler.

Hess se suicidó en 1987, a los 93 años, en la fantasmagórica cárcel aliada de Spandau, en Berlín Occidental, donde llevaba más de 40 años tras su condena en los juicios de Núremberg. Uno se pregunta si tiene mucho sentido suicidarse a los 93 años, pero sobre gustos no hay nada escrito. A lo largo de los años fue recibiendo contadas visitas, entre las que destacaron las de su hijo Wolf-Rüdiger ,quien, por cierto estaba convencido de que habían asesinado a su padre.

El libro tiene especial interés porque está escrito a cuatro manos, por dos periodistas, Norbert y Stephan Lebert, padre e hijo, y a lo largo de cuatro decenios. De ahí que sea un documento excepcional a la hora de bucear en el destino de los hijos de los principales condenados por el tribunal internacional de Núremberg. A nosotros nos sirve ahora para tratar el espinoso asunto de la lealtad a personas que en ningún caso la merecen, por mucho que sean nuestros padres.

Pues tú llevas mi apellido. ¿Qué hacer cuando el padre era el hombre de confianza del Führer, como en el caso de Wolf-Rüdiger Hess? ¿O cuando tu progenitor no era otro que Hans Frank y pasó a la historia como el carnicero de Polonia, sombrío honor obtenido tras ser responsable de la muerte de un millón de polacos? Éste es el caso de Niklas Frank, único descendiente directo de líderes nazis que alzó la voz contra los crímenes de su progenitor, con la otra honrosa excepción del hijo del secretario de Hitler, Martin Bormann.

En estos tres hombres, el hijo de Hess, el hijo de Frank y el hijo de Bormann, se perciben tres formas básicas de reacción ante un padre monstruoso: el primero opta por la lealtad a ciegas, el segundo por el repudio absoluto del padre y el tercero decide amar al padre y condenar al hombre.

Wolf-Rüdiger Hess siguió el camino más común, el de la lealtad incólume, sin fisuras. El mismo camino que siguió la hija de Göring, aquel narcisista gordinflón, y la de tantos otros hijos de celebridades nazis. Wolf-Rüdiger no solo defendió a su padre hasta el final, no solo intentó hasta el último momento que su padre saliera por fin de la prisión, sino que después de muerto siguió defendiendo su honor. En el caso de Rudolf Hess era ciertamente más fácil, ya que el lugarteniente de Hitler se lanzó en paracaídas sobre territorio británico en una rocambolesca operación cuyo presunto objetivo era alcanzar la paz. Hess no dirigió ninguna operación de exterminio masivo y ésta fue la causa de que los aliados le perdonaran la vida (solo los soviéticos lo querían ahorcar).

Niklas Frank optó por condenar a su progenitor sin miramiento alguno. En un más que polémico artículo publicado en los años 60 en el semanario Stern (uno de los de mayor circulación en Alemania) llegó incluso a asegurar que se masturbaba frente a la imagen de su padre cada vez que se cumplía el aniversario de su ejecución.

Sin embargo, el hijo de Bormann eligió un camino intermedio, como ocurrió también con el primogénito de Pablo Escobar, del que nos ocuparemos en seguida. Mientras que el monstruo Frank buscó a Dios en sus últimos días y su hijo renegó del padre y de Dios, en el caso de Bormann será su hijo Martin el que se hace cura. Con una actitud de reconciliación recorrerá Alemania de punta a punta con un mensaje claro: *"Mi padre fue un monstruo, pero como padre lo quise y lo seguiré llevando en mi corazón"*.

Imagine el lector qué habría ocurrido si Hitler hubiera dejado descendencia. La carga emocional que habría supuesto para un hombre o mujer ser el vástago de una de las personalidades más abyectas que ha generado la Humanidad. ¿Qué hacer con esa carga? Si un hijo o hija de Hitler viniera a consulta buscaría la manera de que encontrara la paz, y para ello no quedaría más remedio que encontrar la paz con su padre. Nuestro esqueleto emocional se basa en la lealtad al clan, una lealtad sin la que no habría sido posible la supervivencia de la especie.

Vengaré los agravios que te hicieron- Historia del hijo de Pablo Escobar

El hijo de Pablo Escobar, el narcotraficante más temido de la historia, fundador del Cártel de Medellín, y en su tiempo uno de los 7 hombres más ricos del mundo, decidió romper la lealtad a la violencia de su padre, aunque sin renegar de él ni de su recuerdo como progenitor.

Exiliado en Argentina, con nuevo nombre (Sebastián Marroquín, aunque después recuperaría su nombre, Juan Pablo Escobar) para iniciar una nueva vida, escribió una misiva llena de amor y deseos de paz a los hijos de Rodrigo Lara Bonilla, ministro de Justicia colombiano asesinado por el Cártel de Medellín y a los de Luis Carlos Galán, candidato a la presidencia de Colombia, también ejecutado por orden de su padre:

Respetados Claudio, Juan Manuel, Carlos y Rodrigo:

¿Cómo le escribes a una familia a la que tu padre le causó tanto daño? ¿Qué le dices a unos jóvenes de tu misma edad y profundamente dolidos al respecto? ¿Cómo empezarías una conversación con alguien que lleva adentro un dolor tan legítimo? ¿Cómo puedes aún pedir perdón a una nación entera sin ofenderla? Además de pedirles perdón, en nombre de tu padre, y aún sabiéndote en la ignominia, ¿es eso acaso realmente suficiente?

Soy consciente del daño que mi padre con sus actos le ocasionó al país y a la Humanidad. Por una supuestamente lógica razón, yo debería ser el vengador de la muerte de mi padre. Y esa razón ha servido de alimento del odio contra mi persona y familia.

Diariamente despierto en busca de la paz, porque lo que aprendí justamente de esta historia es que no creo que la violencia sea el camino o la excusa para nadie. Sencillamente no concibo la idea de que venimos a este planeta a hacernos daño. Creo que hay razones más nobles para vivir y disfrutar de la vida. Comprendo que nací en un ambiente fértil para la violencia, pero el legado de nacer en un ambiente tan hostil no podía ser uno distinto de la búsqueda de la paz. No quiero repetir la historia. Mi padre, con su violencia, obligó a muchas familias a exiliarse, principalmente a la suya, ignorando que con ello se estaba también gestando subrepticiamente el exilio de sus seres más queridos. Los invito a liberarnos de toda atadura que nos frene a la hora de exteriorizar lo que reciben nuestros corazones, de poder hablar y poder escuchar, de comprender que si seguimos embarcados en este tobogán de odios, no habrá porvenir para nosotros ni para el país. Respetuosamente.

Sebastián Marroquín.

Esta carta dio origen a un documental sobre la reconciliación, *Los pecados de mi padre*, dirigido por el cineasta argentino Nicolás Entel.

Entel convocó para un encuentro al hijo del asesino y a los de las víctimas, que tuvieron la enorme valentía de romper con los vínculos del rencor, uno de los más poderosos en muchas familias, descrito magistralmente por Shakespeare en *Romeo y Julieta*.

La cultura de la *vendetta* deja en este caso paso a la cultura del amor. Para ello se hace imprescindible romper con los vínculos de lealtad al clan. El hijo de Escobar, que tenía 16 años cuando murió su padre, dijo ese mismo día en la radio colombiana que vengaría su muerte. En vez de hacerlo, rompió con la parte oscura de su padre, aunque sigue hablando hasta la fecha con cariño de su progenitor. No lo condena como padre, sino como hombre. Para este ejercicio tan noble hace falta mucha más energía que para seguir ese dicho tan antiguo y tan castellano de *mantenella y no enmendalla*. O sea, lealtad ciega, quien no está conmigo está contra mí, todo es blanco o negro.

La lealtad a los desleales

Hemos visto cómo la lealtad puede ser algo maravilloso, pero también un destructivo atavismo. La clave, probablemente, esté en cortar con la lealtad a los desleales. Un padre que ningunea a su hijo y le hace sentir pequeño y miserable, tendrá sus pulsiones inconscientes para hacerlo. Lo importante es ser capaz de mantener el agradecimiento por la vida. Cuando aprendemos a cortar los vínculos tóxicos hacia los desleales podemos vivir una forma de fidelidad más profunda, ya que la lealtad informe, como automatismo, genera mucha ansiedad. Es sabido que los mafiosos, esos grandes defensores del honor y la lealtad, son las personas menos honorables y leales. Dime de qué presumes…

Un caso que me llamó la atención es el de Rosa, a quien que su padre había abandonado como hija al casarse en segundas nupcias. Rosa le manda desde hace seis años mensajes por whatsapp, de los que no recibe contestación alguna. Sin embargo, sigue enviándoselos. Y él sigue leyéndolos, sin reaccionar a los mismos. El padre le había dicho que desde el momento en que se casara dejaría de tener contacto con los hijos del primer matrimonio, y lo cumplió. Su segunda esposa se encargó de velar por el cumplimiento de tan siniestra promesa.

Los mensajes de la lealtad insana pueden y deben ser sutilmente desalojados de nuestro engranaje emocional. Seremos leales, pero nunca más a las deslealtades.

Los adoptados, los expósitos y demás expuestos a la intemperie

Muchas personas se me han quejado en consulta de no tener padre o madre, y otras tantas de tenerlos. Un buen padre, una buena madre, es lo mejor que le puede pasar a una persona en la vida, lo mismo que sentir el amor puro de un hermano. No tener padre o madre, si se trataba de personas nocivas, puede ser toda una bendición. Muchas personas me han relatado a lo largo de los años lo felices que habrían sido en ausencia de sus progenitores enfermos del alma.

En principio, un expósito sale con desventaja en la carrera de la vida. Hay casos excepcionales, como el gran Erasmo de Rotterdam, sin duda uno de los hombres más influyentes del siglo XVI y de la Historia. Lo normal es que en aquel tiempo para salir de la miseria, si uno no venía de la clase pudiente, se formara con los curas.

El hijo del incluso

Su padre no quería tenerlo. Fue la única vez en que la madre se atrevió a llevar la contraria a aquel marido de violencia desenfrenada. Hasta aquel entonces, y después hasta la muerte, cumpliría con la etimología y se negaría a sí misma para ser la abnegada esposa de aquel hombre rudo y violento.

Wolfgang nació en Suiza, ese país civilizado donde los haya. Y neutral como ningún otro.

Wolfgang, nacido hacia 1970, era el segundo de dos hijos. El mayor le llevaba 6 años. Su padre le pegaba desde antes de que él tuviera uso de razón. El primer recuerdo que Wolfgang tiene de su padre es una escena en la habitación. El niño de 3 años, muerto de miedo, debajo de la cama, el padre gritando y dándole correazos sin parar.

Constantemente lo denigraba: *"No eres nada, no vales para nada, mejor habría sido que no nacieras, eres basura"*.

La comparación, esa odiosa costumbre, también se cebaba en su vástago: *"Tú no sabes lo que vale un peine, niño mimado que tiene de todo. Yo no tuve de nada, tú tienes de todo"*.

El padre hablaba con no pocas dosis de propiedad. Hasta los 40 años, Wolfgang no se dio cuenta de en qué medida su padre decía la verdad. Un día, escuchando la radio con su pareja, una mujer india que había sido adoptada por un matrimonio suizo, se quedó paralizado al escuchar un reportaje sobre los *Verdingte Kinder* o niños esclavos (literalmente: cosificados), uno de los capítulos más desconocidos y oscuros de la joven Historia helvética. Su padre nunca había ofrecido un relato congruente de su biografía. Sus imprecaciones e insultos solo dejaban entrever pequeñas piezas de un puzle vital que nunca se mostraba como imagen completa. Al escuchar los testimonios de algunas víctimas que por fin se atrevieron a hablar comprendió, al fin, por qué su padre había abusado de manera tan inhumana de él y de su madre.

El hermano de Wolfgang se libró relativamente pronto de la ira paterna. Asumió el papelón del Rebelde irreverente. Un papelón que le daría luego muchos problemas en la vida, pues su capacidad para decir "no" era tan antológica como su incapacidad para decir "sí", pero que le permitió mantenerse relativamente incólume de la esclavitud del padre esclavo.

Como el hermano mayor era el Rebelde, ese papelón ya estaba ocupado, y Wolfgang sucumbió a un papel igualmente habitual en bastantes familias, el de Chivo Expiatorio. En lo más profundo de su ser inconsciente decidió cargar con el pasado de su padre, en la esperanza de, por fin, ser querido y deseado por su progenitor. *Yo cargo con tu cáliz y así tú me quieres. Apártalo de ti, que yo me hago cargo.*

Es peligroso intentar compensar cosas que no tienen compensación posible. Si alguien, pongamos tu mejor amigo, no te prestó dinero cuando lo necesitabas a pesar de que a él le sobraba, de nada servirá que años después te ofrezca, para superar la mala conciencia, regalarte todo el oro del mundo. Si un padre no te ofreció siendo niño su amor paterno, jamás lo podrá compensar. Sin embargo, podrás crear con él una relación maravillosa de adulto. De ahí que no merezca la pena intentar recuperar lo que no te dio de niño, sino centrarse en el presente.

No crea el lector que con ello se pretende condenar a los que no nos dieron lo que necesitábamos, o a condenarnos a nosotros mismos por lo que no dimos que se nos requirió. Se trata, simplemente, de no tratar de rellenar un pozo sin fondo. Aceptar nuestras carencias es mucho más sano que intentar compensarlas compulsivamente. Un padre o una madre puede tener una relación maravillosa con su hijo adulto, a pesar de que no le hubiera brindado la infancia deseable o posible. La compensación, como mucho, podrá darse con los nietos. De ahí que haya visto en consulta a muchas hijas de madres despiadadas que, sin embargo, relatan que éstas son abuelas ejemplares.

Pero volvamos con Wolfgang, nuestro amigo suizo. Fue el Chivo Expiatorio del sufrimiento del padre. El problema de este papelón no es tanto que cargue con el peso o la culpa de otro, sino que nunca es suficiente. El peso de los otros siempre es insostenible. No así el de uno mismo, que por muy pesado que sea es más ligero de llevar. Wolfgang era el Chivo Expiatorio del padre y a este papelón se le sumó otro: el de Salvador de la madre Víctima. Si no abandonó a su padre era porque tenía miedo de que éste los matara a todos (un pensamiento por desgracia bastante acertado, como demuestran las historias de tantas mujeres asesinadas junto a sus hijos por maridos abandonados y despechados).

Decíamos que Wolfgang expió, o al menos lo intentó, el sufrimiento paterno. A ello se sumó algo todavía más pesado: quiso salvar a su madre del padre maltratador. La madre vivió toda su vida en el papelón de la Santa sufridora. Su madre era más Santa que Mártir, sobre todo porque esta última tiende a hacer a todos partícipes de su sufrimiento, mientras que la Santa suele ser santa precisamente porque calla sus cuitas.

Wolfgang pidió desde muy pequeño a la madre que abandonara al padre. Ella le decía siempre que si lo hacía los mataría a todos.

Al fin, murió el padre, que dejó una buena herencia. Poco antes de morir, Wolfgang quiso hablar con su padre sobre la vida en común, el sufrimiento, el origen de todo aquello. Fue a la casa familiar y el padre se puso a gritar, diciéndole que si seguía hablando del pasado mataría a su anciana madre. La buena señora era su escudo protector.

Hablar con un padre que no está dispuesto a escuchar es como gritar a un sordo y encima enfadarnos porque no nos escucha. Hablando se entiende la gente… que se entiende.

Cuando trato a Wolfgang, hace ya dos años que ha muerto el padre, pero sus mensajes siguen actuando dentro de él. Su madre ha encontrado un nuevo amor, está feliz, y parece que él por fin puede relajarse en su actividad salvadora de la madre. Sin embargo, siente un enorme vacío. Es el vacío del Salvador que se queda sin quién salvar. Un vacío parecido a un agujero negro que todo lo succiona.

El mensaje del padre es negro y pesado: *"No vales nada, absolutamente nada, no eres nada"*. Pero hay otros mensajes subliminales del padre. Dos años antes de su muerte amenazó con desheredar a los dos hijos (algo que el sistema suizo, como el español, no contempla salvo en casos de extrema gravedad en los que el heredero atente física o moralmente contra el progenitor), pero sí podría haberle negado la parte de libre disposición prevista por la ley helvética. Más adelante explicaremos detalladamente las posibilidades que ofrecen los diferentes sistemas hereditarios a la hora de ejercer poder sobre la descendencia. Aquélla fue otra de las amenazas incumplidas. Un hombre que pasó su infancia a la intemperie social, un *self made man* que irrumpe de la nada y alcanza un nivel de vida más que aceptable, difícilmente aceptará que todo lo logrado con el sudor de su frente pase a otras manos menos sufridas sin crear al menos algo de sufrimiento. *Si yo sufro, tú debes sufrir también.*

Lo que más trabajo cuesta a Wolfgang es soltar el mensaje de su madre: *"Sálvame, hijo mío, sin ti no podré sobrevivir"*. Al final lo consigue. Un hombre que prácticamente no ha llorado nunca queda desconsolado como un niño. Es duro terminar con una misión, con un sentido que te ha acompañado durante toda tu vida y que ha ocupado tu núcleo vital desde la más tierna infancia.

La vida nos da una de cal y otra de arena. La cal de Wolfgang, o sea lo malo, (aunque muchas veces lo malo es lo que más nos lleva a la bondad) es un padre maltratador porque también sufrió la cal del maltrato. La arena, su actual pareja, Ingrid, una suiza de origen indio, adoptada cuando tenía un año.

Ingrid es mi vínculo con Wolfgang. La traté varios años antes en Suiza. Es una pareja atípica, de las que piensan que la relación es algo que se construye día a día. Ingrid se sintió obligada a romper con sus padres adoptivos a los 40 años. No soporta lo que considera la gran mentira de su vida. Wolfgang vive con una mujer que comparte el destino de su padre, una hija adoptiva, una expósita, una expuesta a la lejanía del calor de la madre verdadera.

Los padres suizos adoptaron primero a un niño surcoreano y un par de años después a Ingrid, a la que sus padres biológicos habían llamado Indira. Su madre biológica murió cuando Indira tenía seis meses y el padre la dio en adopción. Al cambiarle el nombre, los padres adoptivos cometieron el grave error de querer borrar su pasado. Ella nunca se lo perdonó. Tampoco fueron nunca de viaje a la India ni a Corea del Sur. Se taparon los ojos para que no los vieran.

El hijo mayor se convirtió en un estafador, mientras que la hija buscó la manera de no depender en absoluto de sus padres. Le prestaron dinero para una formación y ella se lo devolvió nada más empezar a trabajar. No quería más deudas con ellos. La adopción la sentía como una pesada carga.

El mensaje que le dio su padre adoptivo era: *"Hija mía, tú eres mi elixir vital"*. El de la madre: *"Tú eres mi conexión con la tierra"*. La ventaja de ambos mensajes en la vida actual de Ingrid es que es una mujer que, como terapeuta, da mucha tierra y es el elixir de muchos pacientes. Solo que se trata de relaciones sanas y claras, sin papelones de Atlas, Salvador o Gallina Clueca. *Tú me pagas, yo te apoyo*. Es una mujer profunda, auténtica, que ha ido encontrando la ligereza de la vida al soltar las cadenas de los deseos insatisfechos de los padres adoptivos. Su pareja es su verdadera familia. No han tenido hijos, quizás porque tanto Wolfgang como Ingrid son plenamente conscientes de las consecuencias de tener un hijo a la ligera, o de adquirirlo a la ligera, pensando más en las necesidades y caprichos de uno que en los de la criatura que se adopta o tiene. Los padres de Ingrid no la adoptaron por hacerle un bien a ella, sino porque buscaban un elixir vital, una conexión con la tierra que les faltaba, así como una excusa para seguir juntos.

Ingrid-Indira es un ser humano pleno, a pesar de su pasado, a pesar de los errores de los padres adoptivos, o quizás gracias a todo ello.

Ingrid no se me quita de la cabeza durante mi estancia en India, varios años después de que la tratara. Visitando a una familia humilde, ponen en mis brazos, con todo su orgullo, a una niña de medio año. Emocionado pienso que era la edad que tenía Indira cuando murió su madre. Me imagino llevándomela conmigo a Alemania, cambiándole el nombre y borrando su pasado, bajo la excusa de que ese pasado era infinitamente más duro que su nuevo presente y su nuevo futuro. Me entra un escalofrío y me alegra ver a la tía del bebé, de trece años, de mirada inteligente y viva, que probablemente sabrá salir adelante en la nueva India, que a pesar de todo ofrece a la mujer perspectivas inalcanzables para todas las generaciones de mujeres de su familia.

LOS CONFLICTOS Y TABÚES EN EL SENO DE LA FAMILIA

–¿No le parece significativo que Caín sea acaso el nombre más conocido del mundo y, hasta donde alcanza mi conocimiento, sólo lo ha llevado un hombre?
–Tal vez por eso el nombre jamás ha perdido su fuerza –aventuró Lee.
John Steinbeck, *Al Este del Edén*

Las comparaciones son (muy) odiosas. Y más en familia.

El Génesis describe así la historia de la primera familia de la Creación:

[1] El hombre conoció a Eva, su mujer, la cual concibió y dio a luz a Caín. Entonces
ella dijo: "¡He adquirido un varón de parte de Jehovah!" [2] Después dio a luz a su her-
mano Abel. Y Abel fue pastor de ovejas, y Caín labrador de la tierra.

[3] Aconteció después de un tiempo que Caín trajo, del fruto de la tierra, una ofrenda
a Jehovah. [4] Abel también trajo una ofrenda de los primerizos de sus ovejas, lo mejor
de ellas. Y Jehovah miró con agrado a Abel y su ofrenda, [5] pero no miró con agrado a
Caín ni su ofrenda. Por eso Caín se enfureció mucho, y decayó su semblante. [6] Entonces
Jehovah dijo a Caín:

–¿Por qué te has enfurecido? ¿Por qué ha decaído tu semblante? [7] Si haces lo bueno,
¿no serás enaltecido? Pero si no haces lo bueno, el pecado está a la puerta y te seducirá;
pero tú debes enseñorearte de él.

[8] Caín habló con su hermano Abel. Y sucedió que estando juntos en el campo, Caín
se levantó contra su hermano Abel y lo mató. [9] Entonces Jehovah preguntó a Caín:

–¿Dónde está tu hermano Abel?

Y respondió:

–No sé. ¿Soy yo acaso el guarda de mi hermano?

[10] Le preguntó:

–¿Qué has hecho? La voz de la sangre de tu hermano clama a mí desde la tierra.
[11] Ahora pues, maldito seas tú, lejos de la tierra que abrió su boca para recibir de tu
mano la sangre de tu hermano. [12] Cuando trabajes la tierra, ella no te volverá a dar
su fuerza. Y serás errante y fugitivo en la tierra.

[13] Caín dijo a Jehovah:

–¡Grande es mi castigo para ser soportado! [14] He aquí que me echas hoy de la faz de
la tierra, y me esconderé de tu presencia. Seré errante y fugitivo en la tierra, y sucederá
que cualquiera que me halle me matará.

[15] *Jehovah le respondió:*

-No será así. Cualquiera que mate a Caín será castigado siete veces.

Entonces Jehovah puso una señal sobre Caín, para que no lo matase cualquiera que lo hallase. [16] *Así partió Caín de delante de Jehovah, y habitó en la tierra de Nod, al Oriente de Edén.*

La historia de Caín y Abel que aparece en el Génesis es la historia de la rivalidad entre hermanos por el amor de los padres (en este caso, por el amor del Padre Supremo). Está claro que Dios no es vegetariano, pues de lo contrario habría preferido la ofrenda de Caín. Por cierto, el castellano contempla las expresiones *Pasar las de Caín* o *Pasar más hambre que Caín.* Se sabe que Caín mata a Abel, lo que no se sabe es si de haber preferido Dios la ofrenda de Caín, no habría sido Abel el malo de la película de la Humanidad, matando a Caín lanzándole berenjenas o sandías. En cualquier caso, el Dios del Antiguo Testamento ejemplifica al padre o la madre típicos que caen en la tentación de la comparación, una de las cosas que más lastran las relaciones familiares, y por extensión, las relaciones humanas en general. El Nuevo Testamento da un giro radical en este sentido. Jesucristo dice cosas como "*que tire la primera piedra el que esté libre de pecado*". En el Antiguo Testamento hay buenos y malos, en el Nuevo no se salva nadie, lo que permite al final que todos tengan una vía de salvación.

Es curioso que dentro del texto bíblico se produzca una imagen de espejo: Abel sacrifica a uno de los corderos primerizos, o sea, metafóricamente al hermano mayor, lo que puede considerarse una indirecta de que mata a su hermano Caín, que también era el hijo mayor.

A Caín le queda vagar durante toda su vida por la tierra con una marca en la frente, sin hablar con nadie, y sin que nadie lo pueda matar. Quizás sea este último extremo el más duro de todos, pues se trata de un castigo sin descanso, como el de Prometeo y el águila que le comía cada noche el hígado, que volvía a crecer hasta la mañana siguiente.

Me pregunto cómo haría Caín para casarse y tener descendencia.

Esta historia de la disputa entre hermanos es arquetípica. Son numerosas en las diferentes culturas las historias que relatan el odio entre hermanos, como la de Alvargonzález, de la tradición castellana, transcrita por Antonio Machado y que profundiza en este tema. Es un buen ejemplo de cómo la codicia y la envidia destruyen muchas veces a las familias. Dos hermanos matan al favorito, que es el menos codicioso. No pueden soportar la envidia, pues están convencidos de que es el más valioso. La madre, al ver que sólo él puede encender el fuego del hogar, dice:

-Aunque último has nacido, tú eres el primero en mi corazón y el mejor de mi casta; porque tus manos hacen el fuego.

Un mensaje emponzoñado para los dos hermanos mayores, que lo odiarán para siempre por ello.

García Lorca también canta a la disputa entre hermanos:

En el café de Chinitas
dijo a Paquiro su hermano:
"Soy más valiente que tú
más torero y más gitano".

Y todo empezó…con una comparación.

Las comparaciones dentro de la familia hacen daño a todos: a los que resultan vencedores del agravio comparativo y, por supuesto, a los que resultan más agraviados. La típica frase de: *"Mira cómo lo hace tu hermanito, a ver si aprendes de él"* es veneno en estado puro para el alma infantil. Luego, con los años, uno siente que esa rivalidad sigue actuando en la vida de pareja, en el trabajo y en las relaciones de amistad. Una cierta competencia es muy útil para un niño. En la comparación vamos creando nuestro propio universo. Pero cuando la comparación se transforma en rivalidad acérrima, el odio termina por envenenar nuestra sangre.

En ambas historias, la de Caín y Abel, y la de Alvargonzález, se trata la historia de las comparaciones y de las rencillas entre hermanos. Lo mismo ocurre en la película *Al Este del Edén*, de Elia Kazan (cuyo nombre ya lo inclinó a tener un papel protagónico en la Caza de Brujas anticomunista de los 50 en Estados Unidos) donde James Dean hace el papel de rebelde, en una nueva versión actualizada de la historia bíblica. La novela original la escribió el Nobel de Literatura estadounidense John Steinbeck. El personaje encarnado por el inmortal Dean empieza siendo el Rebelde díscolo, el malo que tira piedras a una casa blanca, la de su madre mala, pero que al final termina siendo el bueno que cuida a su padre, enfermo por su culpa. Al final se ve que el padre no era tan bueno como se creía, ni la madre que lo abandonó tan mala, ni el hermano mayor tan santo. Es una obra maestra del cine precisamente porque pone en tela de juicio los arquetipos. Cada cual con su papelón, y Dios en el de todos.

¿Quieres el reconocimiento familiar? Pues espera, espera y espera

Nadie es profeta en su tierra, y menos aún en su familia. Hay familias que se ajustan más al modelo mafioso y que tienden a ensalzar todo lo suyo, en una encarnizada lucha por la supervivencia frente a las demás familias. Otras familias optan por condenar al ostracismo más cruel a sus miembros destacados. Cuando admiramos a alguien de verdad solemos marcar una distancia enorme con esa persona. Ese líder político, artístico o religioso, o en el orden que sea nos merece nuestros respetos, y lo hace a nivel interno, sobre todo por una circunstancia que a veces suele pasarse por alto: la inaccesibilidad. Hasta los líderes políticos o sociales más populistas y, por tanto, aparentemente más accesibles son, en el plano de lo concreto, absolutamente inaccesibles. Intente alguien hacer una llamada a ese hombre o mujer al que tanto le gustan los baños de multitudes, y verá que el más mínimo contacto se torna poco menos que imposible. Pruebe alguien a tomarse un café en el Vaticano con el Papa Francisco, y terminará criando malvas, por mucho que este Papa sea el más sinceramente accesible de la historia. Esta inaccesibilidad es la base del culto a la personalidad. Por eso, cuando alguien llega a destacar en cualquier campo, empezará a ser inaccesible a los demás. Y esto es así no únicamente por egos o sentimientos de superioridad, sino también por cuestiones más prácticas: si fueran accesibles a todo el mundo, entrarían en un bucle de hiperactividad que los dejaría exhaustos. Eso sí, para sus familiares más cercanos seguirán siendo el niño, el primo, el hermano, etc. O sea, el colmo de la accesibilidad. A ello se suma que, como en principio todos los miembros de una familia crecieron bajo condiciones similares, resulta un agravio comparativo que alguien destaque más. Cuando un amigo llega muy lejos (me refiero a nuestra conciencia de que ha llegado muy lejos, ya que se trata de una percepción subjetiva) siempre podemos pensar para nuestros adentros que claro, como sus padres eran esto o aquello, o le brindaron aquella oportunidad, etc., no tiene tanto mérito. En países donde la envidia es pecado o deporte nacional, como es el caso de España, la envidia familiar se ajusta a este hecho. Creo que por estas dos razones, la accesibilidad y el exceso de agravio comparativo, es difícil el reconocimiento sincero y generoso por parte de la propia familia. No es algo que ocurra en todas las familias, pero sí se trata de una dinámica demasiado recurrente como para obviarla.

Por estas razones, una de las claves de la infelicidad consiste en esperar reconocimiento de la propia familia. De hecho, cuando no esperamos esa valoración, es cuando más suele llegar. Y ya puestos a no esperar reconocimientos de nuestra familia, ¿no será mejor desdeñarlos en general?

La competencia entre padres e hijos

Puedes ser más que yo, menos que yo o igual que yo
Bert Hellinger

Esta frase libera a padres e hijos de la necesidad de competir entre sí. Por lo general, hay más padres (sobre todo hombres) que exigen implícita o explícitamente a sus hijos que sean más que ellos, que los que hacen lo posible por evitar que sus hijos los superen. De eso se encargan muchas veces los propios hijos, que entienden que su lealtad al clan les impide ser más que sus padres, ganar más que sus padres, tener mejores puestos o, simplemente, ser más felices que ellos (o vivir más años que ellos). Lo que se da menos, o al menos esa es la impresión que me queda tras observar un gran número de casos clínicos, es el padre o la madre que da luz verde a su vástago para que sea lo que pueda y quiera, sin injerencias, más allá de las básicas de una educación normal.

Grandes personajes de la Historia han llegado a ser lo que fueron gracias a sus padres, ya fuera por exceso de celo, o por falta absoluta del mismo. El Nobel español de Medicina Santiago Ramón y Cajal, por ejemplo, no lo habría llegado a ser sin el empeño de su padre, al que por otro lado odiaba por engañar a su madre. Su personalidad osciló siempre entre el amor y el odio al progenitor.

Esos abusos tan familiares

Las mujeres que tienden a relaciones recurrentes de abusos, por lo general han sufrido de niñas abusos en sus familias. Cualquier mujer puede entrar en contacto con un psicópata que al principio ofrece una imagen bien diferente a su áspera verdad. Al principio, el buen señor se presenta con disfraz de caballero, y pasado un tiempo éste termina mostrando su verdadera identidad. Es cierto que esta mujer puede llegar a perder progresivamente la autoestima, pero será difícil que en la próxima relación le vuelva a ocurrir, pues tendrá todas las antenas puestas para evitar que ello suceda, y someterá a cualquier pretendiente a un estricto periodo de carencia y control. Lo normal es que observe cada movimiento con un ojo hipertrófico.

En cambio, la mujer que ya conoció los horrores del maltrato siendo niña, muchas veces lo acepta como una forma de lealtad a su padre maltratador. De ahí que le resulte tan difícil salir de ese círculo vicioso. A nivel del córtex, en el plano racional, sabe que esa atracción que siente hacia los hombres "malos" no le hace ningún bien. Pero una y otra vez se engancha a este tipo de relaciones. Al aparecer un nuevo maltratador en su vida (que como veremos más adelante no suelen ir con el cartel de "Maltratador" puesto, sino que en la primera hora suelen ser personajes realmente encantadores) su papelón de Víctima propiciatoria conecta de inmediato con el papelón de Canalla del hombre. Todo el entorno de la mujer ve claramente lo que ella no quiere ver: que es un monstruo. Muchos casos de violencia de género terminan dramáticamente porque cuando la mujer dice basta ya es demasiado tarde.

Una mujer colombiana me relató cómo sus últimas cinco parejas eran todos maltratadores. A lo largo de la sesión vimos claro que había una sintaxis que hacía que todos los hombres que le atraían cumplieran con un patrón casi idéntico: apariencia de buenas personas, varoniles, inseguros en el fondo, cariñosos y alcohólicos. Todos ellos rasgos que compartían con su padre, que lo mismo la mimaba que abusaba de ella cuando era niña.

Los abusos dentro de la familia tienen tres grandes aliados: la vergüenza, la culpa y el silencio. En realidad, debería ser el abusador el que debería sentir culpa y vergüenza (algo que también ocurre en contadas ocasiones), pero al menos en este caso tanto la vergüenza como la culpa estarían justificadas: si haces algo eres culpable o al menos responsable de lo que hiciste, algo que no ocurre cuando no lo has hecho, sino que te lo han hecho. Esa instancia superior de autocontrol, propiciada por el sentimiento de culpa, es normal en una persona empática y sana, pero justo la ausencia de ello es lo que caracteriza a un psicópata.

Louise Hay, que sufrió abusos serios, tanto de su padre como de varias parejas, relata cómo tras padecer un cáncer de mama se hizo consciente de que ella atraía esas situaciones. Empezó a meditar y aprendió a contrarrestar a los victimarios que parecían acecharla. A partir de un determinado momento, quedó bastante sorprendida al ver que no tenía que enfrentarse a nadie, que esos hombres malos de antes ya no sólo dejaron de atraerle, sino que ellos tampoco se sentían atraídos por ella. No la veían. No existía para ellos. En su lugar, empezaron a aparecer hombres sanos, que no querían golpearla, ni abusar de ella, ni amargarle la vida.

A veces, los padres no abonan el terreno del maltrato futuro mediante abusos del tipo que sea, sino al hacer que sus hijas se sientan desasistidas. Veamos el caso de Pilar:

Iudicium interruptus

Pilar es una profesional bien considerada. No sufrió maltratos físicos ni tampoco abusos sexuales durante la infancia. Aunque su madre era una mujer débil que sí cargó sobre los hombros de la hija todo tipo de responsabilidades. Uno de los principales papelones de Pilar era el de Atlas. Otro el de Salvadora. Estos papelones le ayudaron también, en positivo, a asumir responsabilidades muy pronto, y a ejercer funciones directivas.

Su pareja era un Parásito clásico, que a partir de un determinado momento empezó a maltratarla. Hubo un juicio, en el que tenía que declarar el padre de Pilar. Éste, en vez de hacerlo a favor de su hija, exculpó a su yerno, aduciendo que no se podía saber a ciencia cierta si lo que decía la hija era verdad. En cuanto oyó las palabras del padre, Pilar salió corriendo de la sala, y decidió no volver a declarar nunca más, lo cual significó automáticamente la exculpación del marido.

Tras hablar con Pilar en consulta se me antojó que el padre no declaró en contra del yerno porque a un nivel inconsciente se reconocía en él. Era como declarar contra sí mismo. Si bien él no era un maltratador físico, como su yerno, sí que era, al igual que él, un maltratador psicológico y un chantajista pertinaz. Lo que conseguimos con Pilar fue que se liberara de la lealtad a su padre, pues fue aquella traición la que la hirió en lo más profundo de su corazón, más, mucho más incluso que el maltrato y los abusos de su ex. Afortunadamente, recuperó la confianza en la vida y sobre todo en los hombres, pues ya llevaba desde entonces, hacía más de 5 años, sintiendo una absoluta incapacidad de establecer relaciones amorosas. En este caso vimos que la experiencia concreta con el maltratador no era, por muy dura que ésta hubiera resultado, el gran escollo emocional, sino la traición del padre, al que ella, en el plano inconsciente, seguía vinculada por una lealtad no justificable desde el plano racional. Conviene ser leal a los leales, pero no a los desleales, que es lo que había sido su padre con ella desde la infancia. Al final del libro veremos cómo Pilar superó los mensajes de la lealtad a ultranza.

El juicio final

Bien diferente fue el caso de Esperanza, que siendo niña fue abusada por su hermano mayor durante años. Todo aquello lo mantuvo en secreto hasta que le sorprendió la noticia de que su sobrina de 16 años, hija de su hermano abusador, había denunciado ante el juez a su padre por abusos. Con la sobrina tenía una relación muy estrecha, por lo que no dudó en hablar con ella de los abusos que las unían. La cuñada le pidió que declarara contra su hermano, ya que eso supondría la estocada final de aquel monstruo. Pero ella habló con sus padres, y ellos le dijeron que ni se le ocurriera hacerlo, pues dejarían de considerarla como su hija.

Esperanza no tenía pareja, pues la sexualidad era para ella algo imposible después de sus experiencias infantiles y adolescentes. Todas sus relaciones morían en cuanto el hombre pedía más.

Cuando vino a consulta, Esperanza dijo que no se veía capaz de declarar en el juicio, pues todo aquello la removería de manera incontrolable. Aunque tras conectarla con su Yo Futuro (más adelante profundizaremos en esta idea) vio claro que no podía abandonar a su sobrina de la misma manera que sus padres la habían abandonado a ella. Al final, el hermano terminó en la cárcel, y Esperanza encontró su paz. Los padres no le perdonaron, al menos al principio, que declarara contra el hermano. Meses después de que se liberaran de sus vínculos de lealtad supe que ambas mujeres, Esperanza y Pilar, empezaron relaciones con hombres sanos. Sí, queridas lectoras, los hombres sanos también existen.

En busca del sentido. Los hijos como gran excusa

Para muchas parejas, tener un hijo es lo que realmente da sentido a la relación, y en cuanto lo tienen la relación deja de tener sentido. En el momento en que no se cumple esa ley básica de que los que están primero son más importantes que los que vienen detrás las familias tienden a sufrir las consecuencias. Los que están primero son, cómo no, los padres. El padre deja de sentirse deseado e importante; la madre se siente (y al principio lo es por fuerza mayor) el centro del universo de la criatura, y con frecuencia piensa que el varón no asume su parte del trato. El hijo, por su parte, se acostumbra a ser el centro de todo, todo gira alrededor de él, en especial la madre, y termina por disfrutar de una situación que es lo más parecido a un regalo envenenado. Los padres se ven obligados por una extraña inercia a hacer que el bebé sea el centro de sus vidas, hasta que llegado un punto no pueden más y se separan.

Si son personas congruentes lo harán con las menores dosis posibles de drama. Y si no lo son, el tirano jugará con ellos y ellos (o al menos uno de los dos padres) convertirán al pequeño en moneda de cambio.

¡He abandonado a mi hijo!

El abandono es una de las cosas que más marcan la vida de una persona. Bueno, de al menos tres personas: la abandonada, la que abandona y la que tiene que compensar la ausencia del que abandona. Si un hombre se va de casa (algo históricamente más habitual que el caso de la mujer que abandona a sus hijos) ello supondrá una pesada carga para la madre, tanto económica como emocional.

Muchas veces, o así lo he visto con relativa frecuencia en mi consulta, el que abandona culmina un patrón de lealtad con sus propios progenitores. Si yo abandono, mantengo la fidelidad a mi padre o a mi madre que me abandonó. Y, sobre todo, me permito entender una actitud que hasta entonces me resultaba inexplicable. Puede que el abandono que uno sufrió fuera un abandono incompleto, que es lo que ocurre por ejemplo cuando un padre o una madre está pero no está, porque sus obligaciones se lo impiden, por una depresión, o cualquier circunstancia más o menos inhabilitante. A veces es mejor para un niño soñar con lo hermoso que habría sido tener un padre o una madre que murieron que no sufrir el abandono en vida de sus progenitores.

La libertad es también la libertad de asumir o no un compromiso

Últimamente me he confrontado varias veces en consulta con el espinoso asunto del abandono activo. O sea, no de la persona abandonada pasivamente (algo de lo que es más fácil hablar al ser uno la víctima), sino de la que abandona de manera activa.

Roberto, un joven brasileño de 34 años, abandonó a su hija cuando ésta sólo contaba dos años. Desde entonces prácticamente no la ha visto. No tiene apenas contacto con su madre, y la mala conciencia ha quedado aparentemente en un segundo plano. En la primera sesión, Roberto muestra su lado más duro. Su padre también lo abandonó a él nada más nacer, con lo que justifica lo de su hija. Me habla de su deseo de huir al desierto, a un lugar donde nadie lo conozca, de huir de su familia, de todo el mundo. Dice que le faltan las agallas para hacerlo. Yo le comento que en la vida hacen falta agallas para todo: para irse y para quedarse. Como aquella canción que cantaba Mercedes Sosa:

Porque me duele si me quedo, pero me muero si me voy...

En la segunda sesión, Roberto, que vino aquejado de un tenaz dolor de espalda, se da cuenta de que la causa emocional de esos dolores puede venir provocada por esa sombra que la hija proyecta sobre su existencia. Es como si esta niña a la que no ve diera un timbre amargo a la voz de su conciencia. Al conectarlo con su Yo Futuro, éste le pide que se ocupe de su hija. La manera de hacerlo, el cómo, se presenta muchas veces cual gran excusa para no actuar en consecuencia. Los detalles los decide el sentido común, la ciencia de lo probable. Aunque si un padre decide conectarse con su hijo al que no ve hace mucho tiempo, el misterio de la comunicación inconsciente hace posibles cosas aparentemente inimaginables.

Otro paciente, Nicola, un payaso italiano, muestra una imagen similar de la carga del abandono. Su hijo tiene dos años y medio, y hace casi dos que no lo ve. Me comenta que el primer año y medio, el dolor fue tan atenazador, que al final optó por dejar de pensar en el niño para no sufrir. Y así lo hizo, su aparato emocional se volvió romo, indoloro, estanco al sufrimiento. Era agradable dejar de sufrir tanto, aunque el precio fue una frialdad existencial, un vacío cercano a la muerte.

Su hombro derecho afectado es la metáfora de su problema. El Atlas carga el mundo sobre sus hombros, Nicola no puede cargar con su mundo porque se niega a cargar con su hijo para no sufrir. Muchas veces, no asumimos el papel que necesitamos asumir por falta de fantasía. Esto le puede ocurrir incluso a alguien con exceso de fantasía, como Nicola, que recuerda un poco al hombre renacentista: guerrero, pintor, payaso, inventor. Es más fácil dar respuesta a los problemas del mundo externo que a los asuntos que conmueven nuestra alma. Nicola no piensa ni por asomo que pueda haber una vía intermedia: no necesariamente estar con alguien a quien no ama, y a quien cataloga como mujer desequilibrada, y sin embargo… Lo más importante es recuperar el hilo de vida, algo que a todas luces necesitan tanto Roberto como Nicola. Cuando este hilo de vida se rompe, es fácil caer en la poriomanía, en esa inclinación irresistible a la marcha errante.

La huida hacia delante

Etimológicamente, el término "Poriomanía" deriva de las palabras griegas *poreia* que significa "marcha, viaje", y de *manía*, que quiere decir "locura".

Es una huida hacia delante, a la búsqueda de los arcanos de la felicidad, que se antoja presente allá donde uno no está, lejos, lejos, muy lejos. *Dort wo ich nicht bin, dort ist das Glück,* (allá donde no estoy está la felicidad), nos advierte el *lied* de Schubert en el que relata las peripecias de un viajero siempre alejado de la patria, de las gentes que hablan su idioma, de aquéllos que en teoría podrían entenderlo, un holandés errante que jamás encuentra la paz del hogar porque la paz está en su interior y nunca mira en ese lugar recóndito.

El hilo de vida es el cordón umbilical con el sentido de la existencia; no es un ente espectacular, como su propio nombre indica, sino fino y endeble. Es un simple hilo que separa al hombre del vacío de la muerte.

A Nicola su Yo Futuro le dice que su hijo está con él. Visualizamos a Nicola convertido en un viejo amable de 80 años (así es como se ve él), y a su hijo con la edad actual de Nicola, algo más de 40. Es en ese momento cuando Nicola recupera el hilo de vida y rompe a llorar. Al finalizar el tratamiento una sonora carcajada se apodera de él, una risa contagiosa que termina dominándome a mí también. Durante un buen rato casi nos tiramos por el suelo de risa. Es lo que tiene el hilo de vida, un gran sentido del humor.

A veces el asunto se vuelve más enrevesado. Un hombre abandonado puede llegar a desarrollar tal alergia al abandono, que termina por abandonarse a sí mismo. Manuel fue abandonado por su padre nada más nacer. Se crió con su madre y hermanos, sin percibir realmente la ausencia del padre. Y es que sólo se echa en falta lo que se tuvo en algún momento. Cuando Manuel se casó, su decisión interna e inconsciente ya estaba tomada: comportarse de cualquier manera, pero nunca como su padre. O sea, que el padre fue el gran impulsor de su vida en negativo. Por eso cuando su matrimonio empezó a renquear su obsesión era no abandonar al hijo, costara lo que costara. La decisión era plausible, sin duda, lo que pasa es que si en la vida no tenemos un plan B, la rigidez puede cebarse en todo nuestro ser…

Manuel se separó, pero siguieron viviendo en la misma planta de un edificio. Se enamoró de nuevo, pero el hecho de no ser capaz de cerrar etapas pesó en su nueva relación. Su ex mujer tampoco podía abrirse a nuevas personas, ya que Manuel, a un nivel metafísico, era el Can Cerbero que custodiaba, sin quererlo, la vida emocional de la que fue su esposa. A nivel inconsciente, cualquier hombre que se le acercara encontraría un terreno baldío para el amor.

LA HERENCIA FAMILIAR

Herencia genética, herencia genética, herencia emponzoñada

He visitado a muchos pacientes preocupados por su código genético. El tema hereditario ha cobrado mucha importancia desde que los medios no cesan de hablar del componente genético de las enfermedades. Nos bombardean con mensajes del tipo: *Si tu madre tuvo cáncer de mama, la probabilidad de que tú lo sufras es mucho mayor. Si tu padre era hipertenso y murió de un infarto, cuidado, porque el próximo serás tú. ¿Ves a tu madre diabética?, pues ya sabes lo que te espera.* Por eso mucha gente aplaudió a Angelina Jolie por someterse a una mastectomía para evitar tener el cáncer de mama que sufrió su madre. Estos mensajes pueden tener su parte positiva, en el sentido de que la gente quizás se ocupe más de la salud. El inconveniente mayor es que muchas personas tienden más a preocuparse por la salud que a ocuparse de ella.

Que una enfermedad puede transmitirse genéticamente es algo que sabe un niño de diez años y que no viene al caso poner en tela de juicio. Lo que a mí me interesa especialmente es el hecho de que, además de la herencia genética en sí, juegan un papel determinante en el desarrollo de una enfermedad los factores epigenéticos, que son la manera en que el medio ambiente, la alimentación, las vivencias y las costumbres transforman los genes. Cada vez más estudios demuestran que los condicionantes medioambientales pueden suponer un estrés mucho más grave para el organismo que las cuestiones de índole genética. Y no cabe ninguna duda de que el estrés emocional supone una importante carga epigenética, que por ende actúa sobre nuestro código genético.

En la mayoría de los casos uno es diabético a causa de un estilo de vida insano. No siempre, pero sí la mayoria de las veces. Uno ve en Latinoamérica cada vez más niños con diabetes del tipo II, que antes era considerada como la diabetes de los viejos. En la mayoría de los casos se trata de niños de familias pobres, con un bajo nivel cultural. Es curioso cómo los pobres de hoy padecen cada vez más las enfermedades de los ricos de antaño: arterosclerosis, diabetes, hipertensión, sobrepeso, gota, etc. La comida basura es más barata y tiene un efecto devastador sobre los niveles de colesterol y la salud en general. Por eso resulta raro hablar de herencia en estos casos. Claro, yo heredo también, además de genes molestos, toda una serie de costumbres dietéticas, como heredo la tendencia a hacer deporte, a tener relaciones sanas o tóxicas y otras muchas cosas. El estrés emocional también lo heredo. Si me crío en un entorno depresivo e infernal es normal que yo desarrolle en él determinadas tendencias. Es sabido que el estrés continuado modifica la cascada hormonal y, por tanto, nuestro estado de ánimo, que sigue realimentando un circuito vicioso.

Además de la indudable presencia de factores genéticos, no debemos dejar de lado, pues, los factores epigenéticos.

En numerosas ocasiones me he visto en la necesidad terapéutica de modificar creencias bien asentadas en la mente de mis pacientes. La lealtad mal entendida lleva a mucha gente a aferrarse a enfermedades familiares. No niego que en algunos casos puedan ser inevitables, a causa de un ADN hostil. Son muchos los casos de personas que mueren a la misma edad que su padre y que su abuelo. Como a todos nos gusta tener razón, al final nos organizamos la vida para tenerla.

Carles, un paciente fumador compulsivo estaba convencido de que no llegaría a los 70, que era la edad a la que murió su padre. Lo curioso del caso es que se trataba de un gran terapeuta, que llevaba una vida sana en todos los aspectos, excepto en su manera compulsiva de fumar. Como a todos nos gusta tener razón, es posible que a nivel inconsciente busquemos la manera de que así sea. Su creencia de que moriría como su padre, antes de los 70, no dejaba de ser una creencia supersticiosa. Cuando descubrió que fumar dos paquetes al día era su manera de asegurar que no iba a vivir más que el padre, pudo distanciarse del tabaco. En una suerte de ritual, lo conecté con su padre, que le daba el permiso para vivir más que él. Ese permiso no implica vivir más que él (no se trata de un acto mágico) pero la creencia imperiosa de que uno no va a vivir más que su padre o su madre asegura en muchos casos que esto sea cierto. Nuestra percepción de cómo seremos de viejos depende en gran medida de nuestros modelos familiares, y en especial de la imagen que dejaron o nos ofrecen nuestros padres y abuelos.

Un paciente alemán, Markus, sufría arritmias cardíacas, que se complicaban por la enorme carga de auto-estrés al que se sometía. Su padre era cardiólogo, su hermano era cardiólogo, todos los varones de su familia, empezando por su abuelo paterno, eran cardiólogos, y todos, sin excepción, sufrían cardiopatías. El único que no era cardiólogo era él. Markus mejoró su estado al cortar con el vínculo de lealtad a la enfermedad familiar. Se sentía tan bien que quiso contárselo al padre, con el que tenía una pésima relación, con conflictos judiciales de por medio a causa de cuestiones hereditarias y una incomprensión ya enquistada entre ellos. Le dije que no debía pensar que su padre se alegraría de que su hijo no siguiera la tradición patológica familiar. Ya le costó en su día que su vástago se hiciera ingeniero y no médico y ahora, al cortar con las causas emocionales de la cardiopatía (que no dejaban de ser importantes como se vio en su caso), ¿qué les quedaba en común? Lamentablemente nada.

En Caracas, pasando consulta, viví una especie de opereta familiar. Llegó toda una familia a consulta: padre, madre e hija. Primero traté al padre, y luego a la hija. La madre permaneció en la sala de espera. Algo me dijo que la hija tenía un conflicto infantil importante. Tenían que extirparle un riñón, y quería saber mi opinión emocional al respecto. Era una joven inteligente que estudiaba Psicología. Sospeché que tenía que hablar con la madre, pues entre otras cosas la muchacha no recordaba nada de su infancia. Como estaba en la sala de espera, me dirigí allí, y le pregunté si había algo raro en la infancia de su hija. Llorando desconsoladamente, me dijo que en realidad no era su hija, que la habían adoptado. Una mujer del barrio no quería tener a la hija, y se quedaron con ella. Le pregunté si se lo habían contado a la hija, y ella respondió que no, que por favor no se lo comentara. Le dije que evidentemente yo no era quien para comunicárselo, pero que era muy importante que lo supiera, pues esos secretos pesan mucho en las familias.

Cuando volví con la hija, ésta me dijo que el asunto del riñón lo había heredado del padre, que también tenía problemas renales. Estupefacto, me quedé sin poder decirle que ese señor que estaba en la otra sala de consulta no era su padre biológico. Ella me dijo entonces que quería dedicarse a la Psicología Sistémica. O sea, que intuitivamente sentía que había algo podrido en su familia y estudiaba algo que le ayudara a entenderlo.

Pienso que algún día se descubrirá que mucha gente que creyó haber heredado enfermedades de sus progenitores por la vía genética, lo hicieron más bien por la vía emocional.

La herencia material, ¿es de verdad sólo material?

Hasta aquí, lo que se refiere a la herencia genética. Luego tenemos otro gran conflicto existencial que nos puede acompañar durante toda la vida, que es la herencia material.

A lo largo y ancho del planeta existen diferentes conceptos en lo que respecta a cómo se deben gestionar los bienes patrimoniales. Algunos son consuetudinarios y otros están anclados en la legislación vigente del país en cuestión. En la mayoría de los países europeos, por ejemplo, domina el sistema romano de los tres tercios, que abordaremos con mayor detenimiento. En otros países, como Gran Bretaña, impera el sistema anglosajón, en el que cada cual deja en herencia sus bienes a quien le venga en gana (a no ser que no deje testamento, en cuyo caso no difiere demasiado del sistema romano). Así, Bill Gates, por ejemplo, ha decidido que sus hijos no heredarán su imperio económico. En este caso todo indica que no lo hizo por resentimiento o por rencor hacia sus vástagos, sino por un acto de amor. Heredar un imperio como el de Microsoft lo más probable es que termine con la salud física y emocional de los herederos. Así, son miles los casos de empresas fundadas por el abuelo, mantenidas por el hijo, y destrozadas por el nieto. La familia Rockefeller es, probablemente, la dinastía más marcada por el daño de la herencia. Muchas veces al hijo y al nieto no se les pregunta si realmente quieren heredar tantos bienes. Se les prepara como herederos, se les envía a excelentes escuelas, pero aunque muchas veces están teóricamente más preparados que sus padres y abuelos para preservar los bienes familiares, carecen de los ingredientes fundamentales que hicieron triunfar a sus progenitores: empuje, riesgo, pasión, incluso obsesión por trazar un camino ignoto. Obsesión por abrirse camino en la selva de la vida.

Visto así, los hijos de Bill Gates pueden estar contentos de que su padre haya sido previsor. Recibieron una buena educación en vida, seguro que suficientes bienes en vida, pero la pasión no le quitó el conocimiento al magnate y les evitó un regalo emponzoñado. En su caso, quiere legar sus bienes a fundaciones, pero en el de otras personas, ricas, pobres y ni ricas ni pobres, una anciana prefiere que su casa se la quede la Iglesia, un amigo, el gato o quien sea. En el sistema hereditario anglosajón se corre el peligro del abuso por parte de cuidadores y personas desaprensivas, herederos profesionales dispuestos a todo con tal de lograr sus fines. El riesgo que encontramos en el sistema de los tres tercios veremos que no es menos peligroso, pues hace un daño muy profundo, de otro tipo, a muchas personas.

El dueño de la cadena alemana DM, un gigante de las droguerías, decidió desheredar a sus hijos y no lo hizo por enfado, sino por amor. Justificaba su decisión de liberar a sus hijos de la carga hereditaria familiar de la siguiente manera: "*Si seguís mis pasos no podréis dejar vuestra propia huella*".

Hay una manía generalizada en considerar a los estadounidenses gente materialista y sin sentimientos. Como todas las generalizaciones no deja de ser una aberración. Pero en este caso se produce una injusticia descomunal. En Europa está mal visto que alguien gane mucho dinero, pero no lo está que deje una herencia millonaria y que la reciban sus herederos.

En casi todos los países del Viejo Continente, poblado por tantos viejos prestos a morir dejando suculentas herencias, los impuestos de sucesiones son realmente irrisorios. Hay una suma bastante importante libre de impuestos e incluso los más ricos de entre los ricos encuentran vericuetos legales para que sus herederos no tengan que pagar ni un centavo. En Gran Bretaña, donde las personas son libres de dejar sus bienes a quien quieran, la tasa de sucesiones es mucho más elevada, en torno al 40%.

En el resto de Europa se tiende a castigar fiscalmente mucho más a los trabajadores que a los herederos.

La idea romana de que los bienes quedaran íntegramente en posesión de la familia tuvo mucho sentido en su día. Era la única manera de que la riqueza se pudiera mantener de algún modo. La familia, como unidad social de supervivencia, era sagrada, y esto se veía reflejado en los sistemas hereditarios. No había mecanismos de ayuda social, como ocurre hoy en día, y la familia era una entidad solidaria, en la que todas las piezas del engranaje actuaban en pos del bien común. Hoy en día sigue habiendo familias que mantienen este concepto solidario y sano, pero no nos engañemos, la estructura social ha cambiado y hay más Parásitos que nunca. Unos miembros del clan, como las Gallinas Cluecas, creen que deben ser solidarios, mientras que otros son receptores netos.

La herencia se convierte así en la espada de Damocles de millones de personas. ¿Para qué voy a trabajar más de lo necesario, si total, un día heredaré?

Los tercios de Flandes

Quien no lo tiene, lo hace, y quien lo tiene, lo deshace.
Refrán español

En el caso español y en el de muchos países europeos y latinoamericanos encontramos el sistema de los tres tercios. Dos tercios son legítimos, y de ellos uno forzoso y otro de mejora. Solo el último tercio es de libre disposición. Con él puede hacer uno lo que le venga en gana.

En el Derecho civil español, la legítima se define en su art. 806 que dice : *"Legítima es la porción de bienes que el testador no puede disponer por haberla reservado la ley a determinados herederos, llamados por esto herederos forzosos"*.

El problema del Derecho es que cambiarlo resulta bastante difícil; éste modifica sus cláusulas a un ritmo mucho más lento que el de la evolución social.

Cuando este artículo 806 fue redactado a finales del siglo XIX, España era una sociedad con un orden social estricto, donde los ancianos eran respetados, y donde resultaba inimaginable enfrentarse a la figura paterna sin incurrir en un grave conflicto moral (y sobre todo en la infancia un hecho terrible que solía venir acompañado de sonoras palizas).

Hay ciertas singularidades autonómicas, como el caso de Navarra donde, al igual que ocurre en el sistema anglosajón, no es necesario justificar que desheredas a tu hijo. Esto hace que no pocas personas enfrentadas a sus hijos se empadronen allí para no tener que dejarles la herencia (aunque algunas sentencias se han anulado al demostrarse que el testador solo se había empadronado en Navarra para beneficiarse del derecho foral).

En el sistema general español y en el de la mayoría de los países no anglosajones, para que una persona desherede a su vástago de esa parte legítima, éste tiene que haber intentado matarle o haber hecho algo realmente grave (y demostrable ante el juez). De lo contrario, es absolutamente imposible desheredar a un legítimo heredero. Los herederos legítimos son:

-Los hijos

-En su defecto, los padres

-Y en su defecto, los familiares más cercanos.

Si alguien no tiene ni hijos, ni padres, y no quiere que herede nadie de su familia, el sistema hereditario lo permite. Por ejemplo, legarlo todo al vecino de arriba, a la señora de la limpieza, o a una fundación. Hay muchos perros y gatos que se han visto beneficiados por la ausencia de hijos o padres. Y si no está estipulado en el testamento qué pasara con los bienes cuando muera el animalito, lo normal es que el beneficiario sea el Estado, ya que todavía no se ha establecido una ley hereditaria que beneficie a los cachorros, padres o hermanos de los perros o los gatos. Aunque uno sí puede legar sus bienes a una sociedad protectora de animales.

Luego está el tercio de mejora. Si el señor Gómez tiene tres hijos, un tercio de sus bienes debe ser repartido equitativamente entre los tres hijos legítimos. Pero otro tercio se lo puede legar a uno de ellos, o a dos de ellos, o repartirlo equitativamente. Además, el señor Gómez dispone de un tercio de libre disposición. Con él puede hacer lo que le venga en gana. Hay países en que la legítima es del 50%; cada nación decide establecer las cuotas que crea conveniente.

Pero supongamos que el señor Gómez se da cuenta de que a ninguno de sus hijos les vendrá bien heredar sus cuantiosos bienes, pues ello los convertirá en unos pobres infelices, algo que por otro lado ha ocurrido un número suficiente de veces en la Historia como para afirmar taxativamente que no se trata de un pensamiento excéntrico. ¿Qué opciones le quedan al señor Gómez para evitar esa hecatombe que está seguro espera a sus hijos? Únicamente gastarse todo el dinero en vida, o hacer el reparto en vida que más le convenga. La ley no exige a ningún progenitor que dé una asignación mensual idéntica para cada uno de los vástagos. Tampoco prohíbe que uno le regale a un hijo su automóvil o una lavadora, o le compre una casa o dos, mientras que a otro no le regala nada, bien porque no le hace falta, bien porque considera que no se lo merece.

Este sistema de los tres tercios es, a mi modo de ver, fuente de enfermedad y de crisis económica. Mucha gente, al menos esto es algo que yo he visto en consulta, sufre las consecuencias devastadoras del sistema hereditario. El concepto patrimonial de la familia hace que las personas, desde la más tierna infancia, se centren mucho más en el tener que en el ser, parafraseando a Erich Fromm. Y, algo aún más grave a efectos prácticos según he podido comprobar, que pongan el acento vital en el tener y no en el hacer. En Alemania, lo normal es que a los 18 años, con la mayoría de edad, se produzca una desvinculación de la familia. En un gran porcentaje de las familias alemanas (y por lo demás también holandesas, inglesas, danesas, estadounidenses, etc., o sea en los países del norte, más algunos del hemisferio sur como Australia y Nueva Zelanda) es habitual que los jóvenes vayan a estudiar a otras regiones o países, y reciban, en caso de que no sean de familias pudientes, una beca del Estado que después, cuando trabajen, deberán en principio devolver a la Hacienda Pública. Es verdad que en estos países los problemas familiares, que por supuesto también los hay, derivan no pocas veces de la frialdad. Aunque hay algo innegable, de lo que he sido testigo a lo largo de los últimos 25 años viviendo en Alemania: un porcentaje importante de los jóvenes se centra en el hacer, más que en el tener. No es tan habitual pensar en poseer títulos y propiedades. Muchos jóvenes dan una vuelta al mundo (hacer) antes de empezar sus estudios.

Ese cierto desarraigo familiar, en lo bueno y en lo malo, les ayuda sin duda a ello. He conocido a muchas madres alemanas que no querían en absoluto que sus hijos se fueran de casa, pero que consideraban un acto de amor abrir cariñosamente la ventana para que echaran a volar.

En España y otros países de sangre caliente el fenómeno es el opuesto. Si una madre dice a su hijo que vaya pensando en ahuecar el ala, expresión que nos lleva a la aventura de volar, las vecinas probablemente recriminen a la buena señora su falta de amor de madre. He tenido muchas veces ocasión de ver en diferentes regiones españolas a familias en las que los vástagos se adosaron textualmente al hogar familiar, con la excusa de que el país no ofrecía suficientes oportunidades.

Hace no mucho tiempo le preguntaban a Robinson, un conocido periodista deportivo británico afincado en España, que por qué no quería que le dieran la nacionalidad española, habida cuenta del gran amor que según él profesaba por este país. Su respuesta fue contundente: *"Amo España, y me gustaría morir en España. Y si muero en España como español no me quedará otra que legar mis bienes en base al sistema jurídico español. De este modo, si me pongo enfermo, mis hijos planearán como buitres esperando mi muerte. A mí me ha costado ganarme el amor de mis hijos, es bueno que ellos tengan que conquistar mi amor hasta el final"*.

Por todas estas razones creo que una reforma del sistema hereditario tendría un efecto positivo en la salud de las personas. Una reforma que se ajuste a los tiempos que vivimos, en los que la integridad de los bienes familiares no tienen la actualidad de otros tiempos.

La cara oscura del sistema hereditario anglosajón es el de los manipulados por cuidadores buitres que solo buscan quedarse con toda la herencia, a pesar de que no existe ningún maltrato por parte de los hijos. Los ancianos son muy susceptibles a este tipo de maniobras, necesitan mucho amor, y no es difícil venderles altas dosis de amor falso como verdadero.

Una vez traté en su asilo a una ancianita que lloraba al decirme que su nieto favorito le había obligado a cambiar el testamento a su favor. En este caso, el joven solo pudo beneficiarse del tercio de mejora, al tratarse de España. Si hubiera ocurrido en un país anglosajón, se lo habría llevado todo, aunque no fuera de la familia.

Otro de los problemas del sistema anglosajón es que los padres pueden amenazar fácilmente a los hijos con desheredarlos, algo poco menos que imposible en el sistema romano: *si te casas con Fulana, te deshereدo. Si no haces la carrera que te impongo, te deshereدo. Si vas con esos amigos raros, te deshereدo.*

Hoy en día, en los inicios del siglo XXI, se acepta en general el sistema hereditario del siglo XIX, a todas luces trasnochado, y sin embargo no se tienen en cuenta otras leyes, como el artículo 155.2 del Código Civil español, que se refiere a la obligación que tienen los hijos de contribuir a las cargas familiares. Textualmente dice:

> *"Los hijos deben contribuir equitativamente, según sus posibilidades, al levantamiento de las cargas familiares mientras convivan en ella"*

O sea, que uno se toma la carne del cocido y deja los garbanzos.

El palacio con la rata

En cierta ocasión, un paciente, Rodolfo, vino a consulta desolado. Desde que recibió una herencia hacía unos años su situación había ido de mal en peor. Se trataba de una herencia de valor incalculable, que podría considerarse a todas luces una bendición. Desde que recibió aquel legado, su salud entró en una especie de laberinto sin salida. Las discusiones y rencillas con sus hermanos y los demás herederos no cesaron, la cohesión familiar quedó hecha añicos. Padecia desde una serie de contracturas que no cesaban a problemas gástricos, insomnio pertinaz y un sinnúmero de síntomas de mayor o menor importancia. Creo mucho en el uso de metáforas en el trabajo terapéutico. Por eso le sugerí a Rodolfo que visualizara su herencia como un palacio maravilloso, pero que dentro del palacio imaginara una rata gigantesca e indestructible (mi paciente tenía fobia a las ratas). Esta imagen le ayudó a verse, y sobre todo a ver si le interesaba vivir en un soberbio palacio en compañía de semejante anfitrión. Y es que cuando heredamos o recibimos algo, es difícil verlo como un todo. Tendemos a idealizar de entrada los bienes recibidos, sin pensar en las consecuencias negativas que esa herencia o regalo pueden tener para nuestra salud, nuestra paz y nuestra felicidad.

Los herederos son parte de la masa hereditaria

Más de un abogado se me ha indignado ante tal afirmación, que tiene un fundamento más metafísico que jurídico. Con ello quiero decir que si yo tengo una serie de hermanos y unos bienes a heredar, y uno de los herederos quiere buscar el amor que no sintió de niño haciendo la vida imposible a los demás, podemos considerarlo como parte de la herencia.

Ante una herencia, tanto en el sistema anglosajón como en el romano, uno tiene tres opciones: aceptarla, renunciar a ella, o aceptarla a beneficio de inventario. Esta tercera opción nos evita aceptar una herencia que tenga deudas ocultas que nos podrían dejar en la ruina. Se valoran los bienes y las deudas del difunto, se tienen en cuenta los acreedores y en base a ello uno dice, por ejemplo: *"Antonio, mi padre, lega un millón, debe dos, y, por tanto, renuncio a la herencia"*.

¿No sería más sano muchas veces considerar a las personas tóxicas en el seno de nuestra propia familia como parte del beneficio de inventario, como parte de la masa hereditaria? Si un hijo o hija sintió que no recibió el amor de sus padres y después quiere cobrarse el sufrimiento sacando más que sus hermanos, ¿no forma ello parte del legado de los padres?

En cualquier caso, no me cabe la menor duda de que las personas centradas en seguir sus propios pasos no solo dejarán una mayor huella, sino que probablemente serán también más felices, al centrarse en lo que ellos pueden hacer y no en imponderables de herencias, masas hereditarias e inefables compañeros hereditarios.

Las herencias en sí no son ni buenas ni malas. Nada hay que objetar ante la idea de que un hijo herede la casa familiar, o los bienes que sean. Sobre todo si las cosas quedan en orden a la muerte del legatario. Una forma especial de infantilismo consiste en no hacer testamento y dejar tras la muerte un auténtico *casino*, que es la palabra que usan los italianos para el desorden total.

El qué se hereda es importante, aunque no lo es menos el cómo se hereda y, sobre todo, cómo se logró acumular los bienes legados. Durante la guerra civil española, por ejemplo, había un panadero rural que se dedicó a cambiar pan por terrenos. Pasada la guerra se había convertido en uno de los mayores terratenientes de su región. Al menos su hijo fue consciente de que de alguna manera había que intentar compensar el daño hecho, pues su padre se había enriquecido abusando de la miseria de los otros.

Lo mismo pasó en la época del éxodo rural, un fenómeno que ha afectado y sigue afectando a muchas partes del mundo: *toma este dinero y unos cigarrillos, tú de todos modos te tienes que marchar*. Esos terruños se han convertido en España y en otros muchos países en prósperas zonas turísticas, con un incalculable valor inmobiliario. Los herederos reciben después algo que no les costó nada y que, no obstante, tiene no pocas veces una carga emocional negativa. Las rencillas entre los herederos son una buena manera de solucionar tal carga a nivel inconsciente.

Escena Tercera

Los actores
Las bases de la comunicación

Desde pequeños nos bombardean hasta la saciedad con una información básica: somos seres racionales. De tanto escucharlo, al final terminamos por creerlo. Es indudable que somos seres racionales, sí, pero no es menos cierto que vivimos en un mar de irracionalidad. Podríamos decir que somos seres a veces incluso algo racionales.

Mensajes en el limbo: los tres cerebros

Paul Mac Lean (físico y neurofísico norteamericano) desarrolló en 1970 la teoría del cerebro triple. Para él, el cerebro humano constituye la suma de tres cerebros que confluyen en uno solo.

Partiendo de la premisa de que somos seres racionales, cabría plantearse por qué hacemos tantas cosas que nos perjudican. Un fumador empedernido fuma a pesar de que sabe de sobra, a nivel racional, cognitivo, que esa substancia puede acabar con su salud. Lo mismo ocurre con un alcohólico o un drogadicto. Una mujer maltratada sabe igualmente, en el plano racional, que lo que hace su esposo no tiene justificación alguna. ¿Por qué tanto los adictos como las personas maltratadas no cambian su conducta si se trata de seres racionales?

Todo ello lo entenderemos mejor si observamos las tres estructuras o capas cerebrales: el cerebro reptiliano, el sistema límbico y el neocórtex.

El cerebro reptiliano

La primera capa, el cerebro básico o reptiliano, es una reliquia de nuestros tatarabuelos los reptiles. Ha llovido, y mucho, desde su desarrollo, hace nada menos que unos 500 millones de años, sin haber cambiado prácticamente hasta el presente.

¿Para qué nos sirve? Pues nada menos que para la primera función de cualquier especie: la supervivencia y la reproducción. Funciona como el piloto automático de un avión. Actividades imprescindibles como la respiración o el ritmo cardíaco dependen de él. El cerebro reptiliano no sabe de matices: o blanco o negro, su carácter binario nos lleva a huir o pelear. Para él no hay más opciones. Las tibiezas de, por ejemplo, una negociación no entran en consideración.

El cerebro reptiliano es como la pareja, no hay quien la cambie. Como mucho podemos aceptarla tal y como es, y disfrutar de sus ventajas. Si a los otros dos cerebros de que disponemos se les ocurre hacer un pulso con el reptiliano, la derrota estará asegurada. Es como si nosotros quisiéramos vencer con las meras manos a un cocodrilo. Mediante ciertas argucias, y siempre que un cazador experimentado nos explique cómo hacerlo, tendremos alguna opción. Por las malas, a nivel de fuerza bruta, nos derrotará siempre.

El hermano mayor de los tres cerebros es el guerrero. Ante una situación que pone en peligro nuestra vida, este cerebro reptiliano tendrá la sartén por el mango. La lógica más avanzada no sirve para nada. Lo malo es que nosotros muchas veces actuamos ante situaciones ridículas como si fueran de vida o muerte. Y aquí es donde el cerebro reptiliano puede jugarnos muy malas pasadas.

El hombre, mucho antes de ser mono, fue reptil. Por eso no es de extrañar que aun mantengamos reminiscencias de aquellos tiempos: *¡Lagarta, más que lagarta!*

Bromas aparte, resulta fácil comprender cómo actúa un reptil. Su conducta se basa en una dualidad muy simple: atacar o huir. El hombre, en su lado reptiliano, actúa de esta manera. Cuando nos encontramos ante una situación de peligro, tenemos esas dos opciones, o atacamos o huimos. Quedarnos bloqueados es también una forma de huida. Esta parte de nuestro ser es incontrolable. De ahí que muchas veces nos quedemos sorprendidos de nuestra manera de actuar ante una eventualidad, como por ejemplo un atraco. La misma persona, ante la misma situación, puede reaccionar de dos maneras bien diferentes. En muchos idiomas, cuando alguien reacciona sin sentimientos, sin emociones, ante una situación peligrosa, suele decirse *tuvo mucha sangre fría* Es divertido saber que los reptiles, al contrario que los mamíferos, son de sangre fría.

El sistema límbico

Analicemos ahora la segunda capa. El cerebro medio, también llamado sistema límbico o paleocórtex, es mucho más moderno. "Solo" tiene algo más de 60 millones de años, y el hombre lo comparte con todos los mamíferos primitivos.

¿Para qué nos sirve? Descodifica nuestra realidad a partir de los sentidos y las emociones.

Es un templo del amor y el odio, del placer y la felicidad, del dolor y la tristeza. Ante una situación de emergencia es mucho menos poderoso que el cerebro reptiliano, pero prevalece, ante la duda, sobre el hermano menor, el córtex. Es el llorón de los tres hermanos, al que descubrimos derramando unas lagrimitas en la escena cursi de una película.

El neocórtex

Para finalizar este recorrido cerebral nos encontramos con el neocórtex. Es el que diferencia al hombre de la bestia, el que nos otorga el título de homo sapiens, del que tan orgullosos nos sentimos, y que nos lleva a pensar que estamos por encima de todas las demás criaturas. Los test de inteligencia son un examen del neocórtex: racionalidad simbólica, análisis, creatividad, lenguaje verbal. Es el filósofo renacentista de los tres hermanos.

El cerebro reptiliano es el hogar de los instintos. El límbico, la casa de las emociones y las sensaciones, y el neocórtex el complejo laberinto del que nace la cultura y la civilización humanas.

Aunque esta cultura, por muy avanzada que sea, sigue teniendo como pilar básico el mundo de los instintos. Todas las culturas y religiones han tratado de controlar, de uno u otro modo, estos instintos. El fracaso ha sido estrepitoso. Quizás podamos vivir mejor con los instintos en el momento en que los aceptemos, como parte integrante de nuestra familia, como aquel hermano que hace cosas raras pero al que queremos a pesar de todo.

¿Cuánta gente sufre bruxismo (rechinar de los dientes, sobre todo mientras dormimos) en la actualidad? Son legión. Y ¿por qué ocurre? Pues porque el control que estas personas logran durante la vigilia se despendola durante el sueño, que es el momento en el que los lagartos se pasean libremente por nuestro inconsciente. Si observamos a dos personas que están a punto de pelear, aprietan los dientes, como si fueran cocodrilos.

Los mensajes de la infancia forman parte del software; adquirido en nuestro sistema informático vital. Los tres cerebros son el hardware, nuestra computadora funciona en base a un determinado sistema. Esto no lo podemos cambiar. Sí podemos, en cambio, transformar el funcionamiento de nuestro software, mejorar sus funciones, de forma que nos sea más fácil puentear los *errores* de fábrica de nuestro disco duro.

Los mensajes de los que hablaremos enseguida quedan interiorizados sobre todo por la vía del cerebro reptiliano y del sistema límbico. De ahí que la racionalización sirva por lo general bien poco a la hora de cambiar nuestras estrategias vitales erróneas. Por eso, cuando un amigo, familiar o especialista nos explica desde fuera lo que nos pasa no tenemos ningún problema en entenderlo (neocórtex), pero sí en impulsar los cambios necesarios para modificar nuestra frustrante realidad.

Anteriormente, en la "Escena Segunda", hablábamos de cómo una mujer puede, por ejemplo, enamorarse repetidas veces de diferentes maltratadores. El cerebro reptiliano y el sistema límbico se encargan de que ella se enamore. Luego viene el córtex y justifica racionalmente lo injustificable: "*Ya cambiará, en el fondo es bueno*" (en el fondo, en el fondo, hasta Hitler no era tan malo, era vegetariano, acariciaba a los perros y a los niños, siempre que ambos fueran de pura raza), "*voy a darle otra oportunidad, me ha dicho que me quiere y que quiere cambiar*".

Una de las intenciones de este libro es conseguir que nos sirvamos de nuestro lado racional para entender las capas más profundas de nuestro hardware emocional. Modificando nuestro programa informático sí podremos cambiar las sucesiones binarias que nos llevan a rodearnos de personas y situaciones nocivas.

El reparto de los mensajes

Muchas veces me han preguntado mis pacientes por qué sus hermanos no asumieron ciertos mensajes que ellos incorporaron a sus creencias profundas, a pesar de haber tenido los mismos padres y una socialización en muchos casos casi idéntica.

A esta pregunta solo puedo contestar que, pase lo que pase, cada persona es un mundo. Un mundo influenciado por los mundos que lo rodean, pero con una gran capacidad de transformar la realidad.

Las personas muy sensibles son más susceptibles de asumir mensajes nocivos. Por eso conviene tener cuidado si nuestro hijo o hija pertenece a este grupo. Su alta sensibilidad les hace tocar el cielo de la felicidad, pero también los infiernos del dolor.

El emisor, el receptor y el ruido

Para que exista la comunicación es imprescindible que alguien (emisor) envíe un mensaje a otra persona (receptor). Entre medias puede haber ruido. Si hay demasiado ruido, el mensaje no llega. Por ejemplo, cuando alguien nos grita mientras otra persona nos susurra algo al oído. Otro factor importante es el interés que el mensaje suscita en el receptor. Si me dices algo que me interesa, te escucharé con mucha mayor atención que si no me interesa. Es algo natural. Cada persona tiene adscritas a su estructura interna ciertas preferencias, reaccionando con mayor interés a unos mensajes que a otros.

Por eso, en el teatro familiar unos miembros acceden a ciertos mensajes que no interesan a otros. Es más, si yo me tomo un mensaje muy en serio, probablemente éste resulte menos interesante para mis hermanos. En el parchís, si yo opto por el azul los demás tendrán que quedarse con otros colores.

El lenguaje no verbal

Cuando conversamos con alguien, solo una parte de la comunicación consiste en transmitir mensajes verbales. De hecho, solo digerimos un porcentaje ínfimo de lo que nos dicen. Alguien nos convence más bien por su tono de voz, por su gestos, por su presencia, que por lo que dice realmente. El carisma de una persona es mucho ruido de gestos y movimientos y pocas nueces de palabras. Desde hace años formo en Alemania a *Heilpraktiker* para el examen de Estado, una dura prueba de medicina convencional. El examen escrito es más lógico y justo: debes responder correctamente el 75% de las preguntas que te hacen. Pero a la hora de enfrentarse al examen oral, mucha gente no tiene en cuenta que la decisión del médico examinador tiene más que ver con cuestiones irracionales, de filias y fobias, que con otras de carácter más objetivo. A lo largo del primer minuto de la prueba oral ya está prácticamente (a nivel inconsciente) tomada la

La Comunicación

decisión del examinador, a quien, como a todo el mundo, le gusta tener razón, y hará lo posible para justificar sus sensaciones. *Alea jacta est.* Si la sensación es buena, tenderá, irracionalmente, a hacer preguntas más fáciles, y si es mala, más difíciles. Si teniendo buenas sensaciones ve que la persona examinada no se aclara demasiado, tenderá a preguntar hasta que sepa algo, para entonces tener más fácil aprobarla. Y en el caso contrario, buscará cualquier argumento para suspenderla, por mucho que conteste correctamente a las preguntas. Ésta es una tendencia general en todos los exámenes orales.

El hombre cartel

Muchas veces, el lenguaje corporal se distancia sobremanera del cognitivo. Es como si lleváramos un cartel invisible que extrañamente identifican los otros, y que delata nuestros deseos más recónditos. Como esos hombres cartel que se pasean anunciando venta de oro o pizzas en las calles de tantas ciudades. Muchas veces, decimos a nivel del córtex, del cerebro racional, una cosa, pero es como si lleváramos uno de esos carteles publicitarios anunciando intenciones bien diferentes de las que pretendemos explicar verbalmente. Estos carteles inconscientes muchas veces cambian según estemos ante una persona u otra.

Aquí tenemos un ejemplo de mensaje doble consciente-inconsciente

Mensaje consciente	**Mensaje inconsciente**
Hola, ¿cómo estás?	*Hola, me importa muy poco como estés, quiero sacar algo de ti*
Me gustas	*Me gustaría aprovecharme de ti, hacerte mi esclava*
Quiero una relación sana	*Quiero estar con alguien que me haga sufrir*

Un hombre joven y atractivo de la India, Salman, que había sufrido abusos de todo tipo siendo niño, se extrañaba de que siempre se repitiera el mismo patrón con las mujeres: todas querían algo de él al principio, pero al final siempre terminaban queriéndolo solo como un fiel amigo con el que podían hacer lo que quisieran.

Con inusitada frecuencia se le repetía a Salman una situación extraña. Conocía a una mujer, ésta se sentía atraída por él, iban a un bar, hablaban durante horas, se besaban, iban a la cama… Y en la cama, casi como en una maldición, le ocurría casi siempre lo mismo, que la joven le decía: *"Pero nosotros solo podemos ser amigos"*. Ellas estaban en su derecho de querer ser solo sus amigas. Aunque

El Hombre Cartel

cuando se repite una y otra vez esa tendencia, con una y otra muchacha, es que el problema emanaba de él.

En consulta le expliqué a Salman que el hecho de venir de un país de Oriente le confería un atractivo adicional en un país del norte, como Alemania. Ése era su valor añadido. El problema es que es como si portara consigo un cartel con letras de molde en el que pusiera: *"Por favor, te ruego que me maltrates. Lo necesito"*. Y en la espalda, otro mensaje completaba el primero: *"Solo podré ser un buen amigo, como un perrito faldero con el que puedes hacer lo que te venga en gana"*.

Le costó no poco a Salman entender que todo aquello tenía que ver mucho más con él que con las propias mujeres. Fue necesario cambiar la estructura de los carteles invisibles, algo fundamental a la hora de atraer una nueva realidad. Si un negocio no funciona, le dije, cambia de estrategia, y si la estrategia del amor no te funciona, haz lo propio. Cada persona es una figura poliédrica, de infinitos lados y aristas. Si siempre mostramos el cartel del lado que nos perjudica será difícil que nos vaya bien por la vida. Sea en el ámbito que sea.

Hace años, recurría a procesos hipnóticos para descodificar los mensajes activos en el paciente y sonsacar, mediante un particular alambique, el jugo de los meta-mensajes que interferían en su salud o en algún aspecto existencial. Pero un buen día descubrí que, como incluso en la vigilia somos seres más inconscientes que conscientes, no era necesario recurrir a la hipnosis. Se me antojaba más importante desmadejar esos ovillos de información que habían recibido las personas y que actuaban sobre ellas a modo de inducción hipnótica, llevándoles a conducirse con frecuencia de manera contraria a sus verdaderos intereses o, al menos, de manera contradictoria, como si pisaran el acelerador a la vez que frenaban.

A veces, como dije más arriba, estos mensajes nos afectan a la salud, como en el caso de Aurora, pues el estrés descabalado es fuente de innumerables trastornos psico-vegetativos y de múltiples enfermedades. Otras, nos afectan en el ámbito de las relaciones personales.

No es el córtex (el nivel racional de la mente) el que tiene que aceptarlo, sino los cerebros límbico y reptiliano. Estos dos últimos niveles cerebrales son fundamentales en la aceptación de creencias.

Los mensajes apuntalan las creencias

No hay que confundir los mensajes con las creencias, aunque ambos están estrechamente relacionados. Un mensaje puede llegarnos o no. Yo te envío la carta con un determinado mensaje y primero te tiene que llegar físicamente la carta. Después es necesario también, para que cambie tu forma de pensar, para que su contenido modifique tus creencias, que haga click en lo más profundo de tu ser, que produzca tu firme asentimiento y conformidad. Muchos mensajes puede que nos resulten repugnantes, que a nivel del córtex no queramos saber nada de ellos. Que aparentemente no tengan nada que ver con nuestras creencias. Pero si son mensajes recibidos en la infancia, muchas veces tenderemos a aceptarlos en el nivel inconsciente, por mucho que en el plano racional probablemente nos disgusten.

Es fundamental detectar este tipo de mensajes. Y no es difícil saber si están actuando pues, de hacerlo, como dijimos antes, nos tocarán en lo más hondo. El mensaje es más inconsciente que la creencia y, por tanto, puede llegar incluso a ser más poderoso. Las creencias son el andamio que armamos para comprender el mundo, nuestro mundo, mientras que los mensajes pueden potenciar estas creencias o convertirse en artefactos explosivos y altamente destructivos.

Los tres niveles del yo- Juguemos al yoyó

"Se comporta como un niño" decimos a veces refiriéndonos a personas adultas e incluso viejas. *"Eres muy maduro para tu edad"* es algo que escuchan muchos niños como si fuera un elogio, cuando lo que ocurre muchas veces es que les han robado la infancia. Según el padre del Análisis Transaccional, el psiquiatra Eric Berne, del que hablaremos a lo largo del libro, en cada uno de nosotros conviven tres niveles de la personalidad: el nivel del niño, el del adulto y el del progenitor. Lo ideal es que un niño sea eso, niño, y no un niño viejo. Un niño espontáneo y creativo, aunque también por momentos desconsiderado e incluso cruel. La polaridad del niño es sana, pues le valdrá para desenvolverse mejor en la vida. El típico niño que siempre es bueno probablemente esté incurriendo en el papelón de Santo, algo que algún día llegue incluso a afectar a su salud. Como nos suelen gustar las clasificaciones, es habitual que prefiramos compartimentos estancos: bueno, malo, travieso, obediente. Aunque el nivel del niño no solo lo encontramos en la infancia. Tanto el nivel del niño malhumorado y maleducado como el del niño juguetón y fantasioso pueden estar presentes hasta el final de nuestros días. Cuando una persona es creativa y curiosa es porque el niño interior se mantiene vigoroso. A veces vemos ancianos risueños, que preparan un viaje con la ilusión de un escolar, se enamoran como adolescentes y que incluso a nivel físico se mantienen en forma. No les ha abandonado, o mejor dicho, no han abandonado ellos al niño interior. Esos viejos insoportables, exigentes y quejicas tampoco han abandonado la vertiente desagradable del niño insufrible.

El nivel del progenitor se activa cuando nos conectamos con esos mensajes de nuestros padres que tanto nos marcaron. Cuando actuamos tal y como lo hacían nuestros progenitores, o como lo esperaban de nosotros. ¿Quién no se ha visto repitiendo a su hijo aquel mensaje tan odioso que recibió de su madre o padre?

El adulto sano sería la persona capaz de responsabilizarse de sus actos, de su vida. Oficialmente, y dependiendo de los países, uno se hace mayor de edad a partir de los 18 años. Eso en teoría. Hay adolescentes que ya actúan desde el nivel de adulto, al menos en muchos ámbitos de la vida, algo que también ocurre con no pocos "niños yunteros", a los que la vida les hace madurar a marchas forzadas.

Un adulto integrado es el que cohesiona en su ser al niño fantasioso y al progenitor sano, el que ajusta sus niveles del yo a las circunstancias de la vida. El que atiende y mima a su niño interior, sin rebelarse infructuosamente contra las enseñanzas positivas de sus progenitores.

Incluso la persona más estable e integrada se conecta en ocasiones con su niño inestable. El mal humor y las rabietas tienen carácter infantil, lo mismo que la alegría absurda e incontrolable. Un gran niño grande, en sus dos facetas, es el Dr. House, de la famosa serie que lleva su nombre. Incluso las doctoras Cuddy y Cameron comentan en ocasiones que tienen que hacer de *baby sitters* del genio. Con la enérgica obsesión de un niño es capaz de llegar a los diagnósticos más increíbles, lo que permite salvar vidas que ya se daban por perdidas. Pero al mismo tiempo es egoísta e insolente, no le preocupa lo más mínimo el qué dirán, ¿a qué niño que se precie le importa? También hay momentos en los que el Dr. House se integra como adulto sano, sobre todo cuando acepta su gran amor por la doctora Cuddy.

Los genios, en general, actúan desde el nivel infantil de su ser, o al menos lo hacen cuando desarrollan sus genialidades. Un ejemplo de ello es aquel niño grande llamado Albert Einstein, un personaje sin duda controvertido.

Cuanto más nos volquemos en el lado lúdico y juguetón de la vida, en la fantasía y la creatividad, más alimento recibirá nuestro niño interior y mayor será nuestra competencia como adultos integrados.

YO, SUPERYÓ, ELLO

Este concepto del análisis transaccional de los tres yoes (adulto, niño, padre) es posterior a la idea freudiana del *yo*, el *superyó* y el *ello*, en la que se basa el psicoanálisis.

Aquí pasamos a describir los tres niveles freudianos:

-El *Ello*. Son las compulsiones, los instintos del orden que sea, los deseos: comer, sexualidad, etc. Una persona impulsada básicamente por el *ello* funciona en el nivel animal. Trasladándolo a los tres cerebros, actuaría más desde el nivel reptiliano. Es el plano más inconsciente. Las personas que comen compulsivamente actúan desde el *ello* total.

-El *Superyó*. Es la voz de la conciencia, se asemeja en ese sentido al padre castrante del concepto de Berne. Es una instancia moral del *Yo*, un dedo hipertrófico que nos acusa por no conducirnos como es debido. Por mucho que nuestros padres hayan muerto, siguen actuando desde el *Superyó*, que le pone pegas a todo. Muchas veces preferimos no iniciar un proyecto por miedo a no ser perfectos.

-El *Yo*. Es la integración del *superyó* y el *ello*. Lo ideal es que los tres niveles estén en equilibrio. Tiene, a mi juicio, bastante que ver con el adulto integrado del modelo anterior.

Una persona sana tiene, desde la perspectiva freudiana, un equilibrio entre los impulsos básicos y las auto-exigencias morales y éticas. Puede disfrutar de los placeres de la vida, pero sin caer en adicciones. Le gusta comer, y disfruta de la comida, sin atiborrarse. Tiene un código ético que le frena en sus impulsos más bajos. Si una persona del sexo contrario le gusta no va a lanzarse a ella si la otra no quiere. Pero ese freno no es tan hipertrófico que le impida disfrutar de una sexualidad plena con alguien que también busca lo mismo que él.

¿Qué es el ego?

Es la instancia psíquica que permite al individuo reconocerse como un yo y ser consciente de su propia identidad. Hasta los dos años, el niño considera que está fundido con su entorno. No hay escisión entre yo y lo demás. Una persona movida por el ego actuará enclaustrada en sí misma. El filósofo Salvador Pániker decía que lo ideal era montar el ego durante la primera mitad de la vida y desmontarlo en la segunda mitad. Me parece una buena idea. Un niño necesita ser bastante ególatra para sobrevivir, a un viejo dispuesto a morir poco le aportará. A mi modo de ver, muchas agonías se podrían evitar si llegado el momento nos liberáramos del ego.

Hablando se entiende la gente... (que se entiende)

Eso de que *hablando se entiende la gente* es una de esas frases tópicas, que de tanto escucharlas terminamos creyéndolas. Podríamos decir que es cierto que hablando se entiende la gente... que se entiende. Cuando hablamos con un sordo, no nos entenderá, por mucho que le gritemos. Habrá que buscar otras vías: le podemos escribir una nota. Pero si además de sordo es ciego, tampoco nos valdrá y habrá que buscar otras vías. Sobre todo si ese sordo-ciego es nuestro padre, madre, marido o hermano y ejerce desde su tiranía gran poder sobre nuestras vidas.

Todos tenemos activados en alguna situación el nivel infantil de la conciencia. Hay relaciones donde uno de los dos es el adulto y el otro el niño. Si se trata de un padre con su hijo, es natural e incluso deseable que esto sea así.

El padre tiene a su vez dos formas de poner límites a su hijo: marcando esos límites con humor, despistándolo o imponiéndolos de manera tajante. Un padre que da a su hijo potestades de adulto propiciará que éste termine teniendo diabetes o diferentes adicciones, pues comerá lo que quiera (por lo general, mal) y consumirá lo que le venga en gana (por lo general, sustancias adictivas).

Cada vez observo a más padres que, por romper con los sistemas antiguos de educación, de corte marcial y autoritaria, intentan tratar a sus hijos pequeños de igual a igual. En el restaurante le preguntan a un muchachito de 3 años si prefiere carne o pescado, sin darse cuenta de que los pequeños se ven superados por una pregunta de tal calado. En mi caso es posible que en los restaurantes se me active el nivel de niño incompetente, pues nunca sé qué pedir (quizás porque me gustaría probarlo todo).

Cuando mi hijo tenía 4 años y quería otra bola de helado, yo no le decía: *"verás, resulta que te va a subir la glucosa en sangre, con la correspondiente respuesta insulínica, y el subsiguiente peligro de sufrir en el futuro diabetes mellitus (Tipo II), que a su vez puede venir acompañada de cardiopatías, retinopatías, pié diabético".*

El niño no entendería absolutamente nada y pensaría que su padre estaba chalado.

Cuando un niño coge una rabieta porque no le damos lo que quiere solo hay dos reacciones posibles. La primera sería mantenernos firmes con un no absoluto, pase lo que pase. Así el niño se acostumbra a que el chantaje emocional de las rabietas no da sus frutos y terminará por cambiar de estrategia. La otra opción es mostrarle un globito o cualquier otra cosa y desviar su atención: *Mira el globito, mira el globito.*

Muchos de estos padres que tratan a sus bebés como adultos luego intentan tratarlos cuando son adolescentes como si fueran bebés. Y al adolescente hay que tratarlo en la medida de lo posible como a un adulto.

En el caso de una pareja, o de una madre con su hijo adulto o en relaciones laborales ocurre lo mismo. Por eso es muy interesante descubrir la edad emocional de las personas con las que tenemos que relacionarnos. Hablar con un jefe de 7 años emocionales como si fuera un adulto es realmente absurdo. Un término, absurdo, que viene al caso, ya que en su etimología significa "para sordos". Volvemos a la conversación con el sordo.

En una conferencia que ofrecí en Perú una de las participantes me decía que su marido era como si fuera su hijo, pues siempre se comportaba como un niño de 8 años. A lo que yo le respondí que entonces ella estaba violando el tabú del incesto.

De ahí la importancia de evaluar el nivel de madurez emocional de una persona. Todos nos vemos sometidos a fluctuaciones. Hay miles de condicionantes físicos, familiares y situacionales que nos llevan a un florecimiento temporal del niño insoportable. El hecho de ser conscientes de ello nos permite ser menos volubles y hacer la vida más llevadera a las personas que nos rodean.

En Lima me comentaron la historia de un catedrático de la Facultad de Medicina de San Marcos, que cuando estaba enfadado se ponía la gorra de lado para que lo dejaran tranquilo. Era un hombre muy querido y encantador, pero todo el mundo sabía que cuando se atravesaba la gorra mejor era no atravesársele. En este sentido era un gran maestro de la comunicación, pues el mensaje

Globo Emocional

que mandaba era directo y claro: *nadie tiene la culpa, que nadie se incomode, el problema es mío, pero por favor que me dejen en paz.*

Aceptar el importante nivel de incompetencia emocional al que puede llegar uno ante determinadas situaciones y circunstancias ya supone un alto grado de madurez.

Ser consciente de la propia incompetencia ya atestigua de por sí un cierto grado de competencia

Los grandes gestores saben delegar porque saben que no pueden con todo, ni saben de todo. Y ésa es su grandeza. Un padre que se declara incompetente otorgará recursos a su vástago para que se pueda defender de su propia incompetencia. Me gusta contar que cuando mi hijo tenía 4 años un día vio que me enfadaba y puso cara de miedo. A mí me parecía el colmo ayudar a la gente a quitarse sus traumas, mientras yo traumatizaba a mi propio hijo, sin quererlo, por supuesto. Entonces me declaré incompetente. Sabía que mi carácter no lo iba a cambiar radicalmente por mucho que lo intentara, pero sin embargo sí podría darle a mi hijo herramientas para enfrentarse mejor a mi incompetencia. Por eso le expliqué que la próxima vez que papá se pusiera como un energúmeno, con esos gestos de enfado y esa alteración del tono de voz, tenía que contar hasta 3. Al día siguiente ya surgió una situación similar y él, de inmediato, empezó a contar hasta 3. No pude parar de reírme, al ver a un ser minúsculo señalándome con el dedo mientras contaba. Esto se estableció como norma. Luego, claro, él empezó a abusar del 1, 2,3, y lo usaba cada vez que yo no le daba lo que él quería. Por eso yo establecí una nueva norma constitucional en nuestra relación: impuse el 3,2,1 cuando el 1,2,3 no se ajustaba a la ley familiar. O sea, que había hecho uso delictivo de ese 1,2, 3, al no tratarse de una situación en la que yo había gritado o me había irritado en exceso, sino una situación de abuso por su parte al querer más helado, más juego o lo que fuera. Así, con el 1-2-3 y el 3-2-1 fueron pasando los años y luego han surgido nuevas proposiciones de ley, y surgirán nuevas reformas constitucionales, según vaya variando la edad emocional (y real) de mi hijo.

Imagínese el lector que tiene que bregar con una madre incompetente o un padre incompetente (somos legiones de padres incompetentes). Si estos progenitores son niños redondos, o sea que siempre actúan desde un desagradable infantilismo, de poco servirá tratar de hablar con ellos como si fueran adultos. Son adultos en años y en derechos jurídicos, pero no en el plano emocional.

No nos quedará otra, por tanto, que tratarlos como niños: diciéndoles que no o despistándoles con el globito. De lo contrario estaremos hablándoles en un idioma que no entienden, y que en muchas ocasiones transformarán en arma arrojadiza para atacarnos. Les trataremos injustamente, ya que estaremos pidiéndole peras al olmo, olivas al castaño y mandarinas al limonero.

En la "Escuela de nuevos actores", al final del libro, tenemos un test para detectar la edad emocional de las personas que ejercen poder en nuestra vida, ya sea porque mandan sobre nosotros (padres, hijos, jefes, parejas), o porque se supone que nosotros tenemos que mandar sobre ellos (padres, hijos, empleados, parejas) y al final nos tienen, de una u otra manera, agarrados por el cuello.

¡Socorro, mis papis son bebés gigantescos!

Trato a Gustavo, un hombre grande como un castillo. Está desesperado. Es hijo único, casi tiene 50 años. Su padre es, según dice, un egoísta redondo, sin fisuras, un Chantajista clásico, y su madre una Víctima dedicada plenamente a satisfacer las necesidades del marido castigador, tacaño y malhumorado. Ésta es al menos la descripción de los hechos que me facilita Gustavo. Sus padres están cada vez más viejos, lo cual no sorprende demasiado, si tenemos en cuenta el inexorable paso del tiempo. Con el pasar de los años se merman, como todos sabemos, las facultades de las personas. Un viejo termina pareciéndose sospechosamente a un niño. Y termina necesitando, en muchos casos, los mismos cuidados que un bebé. La diferencia es que un bebé no manda, al menos en teoría, entre otras cosas porque ni siquiera sabe hablar. Lo mismo les ocurre a los ancianos que por una u otra razón se encuentran en estado vegetativo. En ese caso sus hijos o cuidadores deben decidir cada paso que dar, incluso en un momento dado tomar la decisión de desconectar la máquina que los conecta con la vida. Pero, ¿qué pasa cuando papá y mamá están lo suficientemente sanos, al menos a nivel mental, como para tomar sus propias decisiones, pero a nivel emocional no han salido nunca del nivel de niño? Tener un padre niño que te cuida es un infortunio, pero no lo es menos ser el hijo adulto de un anciano emocionalmente infantil.

Gustavo había decidido dejar su vida de lado para cuidar a sus padres. Como además su única hermana había muerto cuando él aún era bastante joven, y de algún modo se sentía culpable (qué fácil resulta sentirse culpables de cosas ajenas a nosotros, qué fácil resulta no sentirse culpable ni responsable de cosas provocadas por nosotros) su ser más profundo no estaba dispuesto a cometer ningún error que pudiera llevarle a reprocharse nada en el futuro.

Gustavo había decidido, sin saberlo, no tener familia, ni pareja, para poder hacerse cargo de un progenitor que siempre tuvo claro que él era lo importante y que los demás, hijos incluidos, estaban en el mundo con el único y exclusivo sentido de cuidarle a él. Y de una madre que jugaba el juego de: *Hijo mío, tu padre es muy malo, ayúdame, pero yo no te haré ni caso y te traicionaré siempre.*

En cuanto pudimos trabajar los papelones y los juegos en que estaba involucrado Gustavo, éste sintió una rabia descontrolada. Cuando uno se ve proyectado en una pantalla gigante, y se ve además haciendo el primo, acometiendo una tarea de Sísifo, subiendo sudorosamente con la piedra hasta lo alto de la montaña para dejarla después rodar hasta abajo, infatigablemente, para repetir una y otra vez el proceso, lo normal es que no le apetezca seguir haciéndolo. Visualizarte en perspectiva tiene esa gran ventaja: Sísifo no se ve, sencillamente sufre su condena.

Gustavo tenía que cuidar a sus padres, algo que está anclado en nuestro código genético. También está anclado a nuestro código moral: honrarás a tus padres sobre todas las cosas. La Biblia nos dice el qué debemos hacer, no entra en el cómo lo debemos hacer. Cuidar al padre de uno no es dejar que actúe como un déspota, como un niño mimado e insoportable que te amarga la vida. Ésa es una manera de sufrirlo, no de cuidarlo. En cuanto Gustavo vio esto claro, encontró la manera de cortar con aquel juego infausto que estaba destruyendo toda su energía, su vitalidad y, signo de todo ello, su alegría. Dejó de ser hijo de aquellos niños grandes, para convertirse en progenitor temporal de sus padres, haciendo y deshaciendo, tomando en resumen el mando, evidentemente por el bien de sus progenitores, que era el suyo propio.

Empezó a tomar cartas internas en el asunto, y como por arte de magia, sin necesidad de gastar muchas palabras, se quedó asombrado al ver el cambio de actitud de su padre. Cuando cambiamos algo en nuestro fuero interno, esto sale de inmediato para fuera.

Escena Cuarta

El mensaje de la paloma
Las bombas del apuntador

Cuando nacemos, nuestros padres, tutores o los responsables de nuestra crianza nos bombardean, consciente o inconscientemente, con toda una batería de mensajes que van horadando las profundidades de nuestro ser. Por lo general se trata de mensajes nacidos del amor. Aunque, como bien sabemos todos los que hemos sufrido esa suerte de enajenación mental transitoria que es el enamoramiento, desde el amor se pueden cometer también muchos errores. Con una intención buena podemos, en ocasiones, hacer aún más daño que si nuestros actos nacieran de la maldad.

El mensaje de la paloma es arquetípico en nuestra cultura. La paloma siempre vuelve a casa, centro familiar por excelencia. Una paloma fue la que llevó a Noé el mensaje del retroceso de las aguas después del Diluvio con una rama en el pico. Esta imagen se convirtió en el símbolo de la paz. Los griegos sabían por palomas mensajeras quiénes habían sido los ganadores de los Juegos Olímpicos, y desde la Antigüedad, todos los ejércitos las han usado para transmitir mensajes inadvertidos.

Los paisajes del inconsciente están poblados de columbarios, de palomares repletos de mensajes de nuestros padres y antepasados, de nuestros profesores y de todas las personas que de algún modo han dejado huella en nuestro ser.

Con su mejor voluntad, un padre quiere transmitir a su hijo los valores que a él le fueron inculcados, y estos valores son convenientemente atados a la pata de una paloma metafísica que perseguirá desde lo alto y durante toda la vida al receptor de la misiva. Si cambia de casa, la paloma le seguirá. Si los mensajes son positivos se realimentará con ellos. En caso contrario, una cinta de lealtad le obligará a acatar las órdenes del mensaje, por mucho que en el nivel consciente se niegue a hacerlo.

Los mensajes del niño se mantienen redivivos en el hombre ya adulto. Éste muchas veces los olvida, pero con el paso de los años, sin percibirlo, golpean sin cesar en el barco de su vida y le obligan a cambiar el rumbo.

Los mensajes explícitos y claros no son tan peligrosos como los soterrados e implícitos, esos diálogos inconscientes que nuestros progenitores o cuidadores mantienen con nosotros cuando aún no tenemos derecho a réplica. ¿Cómo tenerlo, si muchas veces aún no hemos adquirido ni tan siquiera ese don, tan humano, de la palabra? Como los primeros años de nuestra existencia son definitivos en nuestra evolución cerebral, en nuestros complejos y en la crianza de nuestros demonios y neurosis, es aquí donde surgen los principales mensajes que marcarán nuestra manera de enfrentarnos al mundo y de jugar con las olas de la vida.

Ser sensible es una bendición y una maldición

En el caso de estas personas sensibles no resulta fácil tomar lo bueno de serlo y desechar la parte nociva. Aunque sí es posible convertirse en alguien sensible, aunque con ciertas dosis de blindaje. El refranero es muy sabio cuando dice: *apalabras necias, oídos sordos*. Siempre he admirado a las personas con capacidad de dejar que las palabras entren por un oído y salgan por el otro. Claro, también hay gente a la que le ocurre esto porque les falta seso para interpretar lo que les dicen. El escritor uruguayo Juan Carlos Onetti decía que en una relación de pareja siempre había un sordo, y muchas veces lo eran los dos.

Los mensajes no afectan a todo el mundo por igual. Hay quien tiene, por naturaleza, un sistema auditivo más torpe y romo, menos dado a las sutilezas. Estas personas tienen ese defecto, y en este caso esa virtud, de que las cosas les entren por un oído y les salgan por el otro. O de que choquen contra las murallas de su cerrazón. Las más sensibles tienen más capacidad de goce y disfrute de las mieles que regala la vida, aunque sufren sin fisuras cuando llegan los momentos malos. Hay gente que no siente, por ejemplo, el dolor cuando se hace una herida, ni cuando se quema. Esto le puede ocurrir a un diabético, por ejemplo. En este caso, las células nerviosas no pueden transmitir correctamente la señal.

En cualquier caso, la sensibilidad es el combustible de los mensajes de la paloma.

Las PAS (Personas Altamente Sensibles) se ven especialmente amenazadas durante la infancia, pues todavía no cuentan con herramientas para compensar tanta sensibilidad.

LOS MENSAJES DE LOS PADRES

No siempre es fácil sonsacar la esencia de los mensajes que los padres le han dado a uno en la infancia. Después de la pertinente anamnesis, una mujer, Aurora, estresada hasta el infarto, reconocía en consulta que el mensaje que recibió de su padre jugaba al menos un papel importante en su incapacidad de relajarse. A veces, varios mensajes contradictorios se juntan para crear un metamensaje, un mensaje de mensajes, el resumen final de lo que quisieron transmitirnos, o nos transmitieron sin quererlo. El metamensaje que regalaron a Aurora podría sintetizarse en: *"Hija mía, esfuérzate, que aún así nada conseguirás"*. Se trataba de una programación para el fracaso doblemente perversa: *si triunfas, traicionarás a la familia, si fracasas, serás leal pero infeliz*. Si al menos hubieran horadado su cerebro con una sentencia del tipo: *"Hija mía, no te esfuerces, que por mucho que te esfuerces nada conseguirás"*, Aurora habría sido, probablemente, una mujer bastante relajada, aunque no habría conseguido terminar dos carreras y tener un trabajo de lujo, que eran los triunfos que le ayudaron a lograr estos mensajes.

Por eso no hay que ver estos mensajes y metamensajes como algo puramente negativo. El esfuerzo es un valor que nos conduce, por lo general, a mayores resultados que la pereza, aunque no es menos cierto que desde la relajación se consiguen, siempre que tengamos la suficiente disciplina, mayores resultados que desde el estrés y la tensión. La mente relajada es mucho más efectiva que la mente estresada. Relajada no significa pasiva, quiere decir que fluye naturalmente con capacidad para disfrutar del camino.

No podrás ser feliz

Lara, una profesional muy reconocida en su empresa, que había hecho una fulminante carrera con solo 30 años, me pidió ayuda porque no podía entender por qué se sentía deprimida si por fin había alcanzado lo que quería a nivel profesional y, aún más importante, estaba saliendo con el hombre de su vida. Quería casarse, tener hijos, todo era perfecto. Como dicen los alemanes: *Friede, Freude, Eierkuchen* (paz, alegría y pastel de huevo). O sea, el equivalente a nuestro *fueron felices y comieron perdices*, solo que hablando desde el presente. Miramos si el estrés profesional podía jugarle una mala pasada, pero enseguida se vio que no. Su nuevo jefe le dijo que en un trabajo tan estresante como el suyo lo más importante era aprender a decir no. Además, su capacidad de trabajo era impactante. Buscando y rebuscando por la sintaxis del lenguaje que recibió de su madre, detecté un mensaje altamente nocivo, que estaba actuando en el presente. Los mensajes pueden lastrar el vuelo de las palomas que conducen a la felicidad y el éxito, por las exigencias de la lealtad al clan. Sabemos que un mensaje o metamensaje está actuando porque al desvelarlo la persona afectada siente como un vértigo, mezcla de angustia y estupor y, sobre todo, una sensación de *¡sí, es cierto, qué horror!* Es parecido al papel fotográfico cuando desvela mágicamente formas y tonalidades bajo la luz roja del laboratorio.

La madre de Lara estaba muy decepcionada con el padre, que según ella era un calzonazos de libro. La madre se apoyó mucho en su hija mayor y cometió ese error tan clásico de contarle todos los detalles de su infelicidad, o al menos muchos de estos detalles. Que si el padre era débil, que si me separo de él porque yo necesito un hombre como Dios manda, y no alguien tan voluble e insignificante, etc. El padre, según Lara, era realmente débil, aunque se comportó como un buen padre hasta que se volvió a casar y su segunda esposa le impidió ver a los hijos del primer matrimonio. Así, Lara pudo corroborar que lo que decía su madre tenía bastante de cierto.

Pero volvamos al mensaje materno. El resumen de los mensajes maternos con respecto a los hombres (y a una niña estos mensajes maternos la marcarán sobremanera en su relación con los hombres) había sido determinante en las relaciones que había tenido Lara hasta la fecha: *"Los hombres son débiles y terminarán defraudándote"*. Como los mensajes exigen lealtad, Lara se siente desconsolada al ver que esta vez, con este hombre, tan diferente a su padre, tan auténtico y tan firme, todas las creencias con respecto al amor desarrolladas y reforzadas a lo largo de los años quedaban anuladas. Y este vacío le generaba mucha ansiedad. Cuando le comento el mensaje a Lara, se pone a llorar, pues le toca de lleno la tabla de flotación. Con el paso de las semanas supera por fin el duelo que supone liberarse del mensaje materno.

En ocasiones, los mensajes de la paloma se enmarañan y se hace necesario servirse de un escalpelo emocional para descubrir su verdadera esencia.

Una vez traté a un joven homosexual de 28 años, Roberto, cuyo padre murió antes de los 50. Éste era alcohólico y drogadicto, y solía decirle a Roberto que prefería un hijo drogadicto antes que, según sus propias palabras, un hijo maricón. Roberto, que tuvo que cargar con su familia desde pequeño, ante la ausencia funcional o real de su padre, se reía mientras hablábamos. Me dijo que al final terminó siendo las dos cosas, drogadicto y maricón. Como era muy promiscuo, siempre tenía sobre su cabeza, cual espada de Damocles, la idea de una muerte temprana por SIDA. Por mucho que su padre fuera un desastre, he observado en muchos casos cómo los vínculos de lealtad inconscientes tienen mucho más poder que nuestra intención volitiva. Roberto se enfrentaba al padre muerto, para el que ser gay era lo peor, pero le era fiel en su afición a las drogas y en su deseo inconsciente de morir joven. De hecho, me dijo que cuando se enteró de que era seropositivo, sintió un cierto alivio, como si ya no tuviera que preocuparse de si se contagiaba o no se contagiaba. Aunque otra parte suya huía del destino del padre. Ahora tenía una relación estable, con otro seropositivo, y parecía que optaba por la pareja única como modelo de vida.

Fue muy importante que se liberara del mensaje del padre: *"Hijo mío, no vivirás más que yo"*, que era el que realmente más daño le hacía.

Visto desde fuera, el lector puede que piense que el padre de Roberto era un monstruo, un tarado que no permitía a su hijo ser él mismo. Pero desde su ser más profundo deseaba probablemente lo mejor para su hijo, y para él ser gay era lo más abyecto y repugnante del mundo, mucho más que ser drogadicto y morir joven. Cuando agradecemos a nuestros padres lo más importante que nos han dado, que es la vida, resulta mucho más fácil liberarse de sus cadenas neuróticas, de sus errores trascendentales.

Una mujer de Santiago de Chile, acosada por el perfeccionismo, resumía el mensaje paterno que la llevaba irremisiblemente al abismo del estrés, sin aparente remedio: *"Hija mía, ¿cuándo serás por fin perfecta?"*

Otra mujer, esta vez limeña, comentaba que no le gustaba ni su trabajo ni su pareja. Era ella la que no se gustaba, pues desde niña había sido bombardeada por un mensaje materno reincidente: *"No es suficiente"*. Fue importante para ella ver que por lealtad a su madre ningún hombre, ni ningún trabajo, sería suficiente, y que más valía romper con ese mensaje emponzoñado, pues de lo contrario se deshilacharía su hilo de vida.

A lo largo de los años, desde que descubrí la fuerza de estos mensajes, me he dedicado a descifrar muchos de ellos. Puedo asegurar que ya el solo hecho de ser consciente de los mismos nos abre una ventana a la libertad.

Los mensajes del silencio y el miedo

Madre: Calla, he dicho. (En la puerta.) ¿No hay nadie aquí?
(Se lleva las manos a la frente.)
Debía contestarme mi hijo. Pero mi hijo es ya un brazado de flores secas.
Mi hijo es ya una voz oscura detrás de los montes. (Con rabia, a la vecina.)
¿Te quieres callar?
Bodas de sangre. Federico García-Lorca

"El amor ahuyenta el miedo y, recíprocamente, el miedo ahuyenta al amor.
Y no sólo al amor el miedo expulsa; también a la inteligencia, la bondad,
todo pensamiento de belleza y verdad, y sólo queda la desesperación muda; y al final,
el miedo llega a expulsar del hombre la humanidad misma".
Aldous Huxley

Un día vi una viñeta de El Roto en El País que se me antojó como un homenaje a los mensajes siniestros transportados por la paloma: una mujer, con aspecto lóbrego, le dice a su hija, con expresión de terror: *"Tienes que aprender a leer, escribir y a tener miedo".*

Éste es un mensaje bastante implícito en el subconsciente de muchas personas: *"Ten miedo, hijo mío, ten miedo, hija mía, pues el miedo te salvará".*

La verdad os hará libres, pero el miedo os salvará. Mucha gente se ha salvado por dejarse guiar por el miedo. Aunque, tal y como se vio en el Holocausto, el miedo de muchos hombres y mujeres tampoco les sirvió para sobrevivir. Tal y como muestra Polanski (que a la sazón es un director de cine judío) en *El pianista*, muchos optaron por dejarse matar, por puro miedo, a lanzarse a la muerte segura. Por mucho que todos los indicios nos muestren que moriremos, siempre parece quedar un atisbo de esperanza.

El hijo del miedo

Hace ya algunos años viví una experiencia inolvidable, en la que conocí de primera mano la génesis del miedo. Me recordó esos cuentos de Edgar Allan Poe en los que el lector se sumerge en una atmósfera inexplicablemente tétrica. Un amigo me llevó con él a conocer a su hijo. Estaba separado desde poco después del nacimiento del niño, que para cuando yo lo conocí tenía casi 3 años. Mi amigo me había hablado de las manías de su ex: que si el niño no debe tocar

El Miedo Cerval

la arena, que si no debe tomar tal cosa o tal otra. En fin, un fenómeno bastante común en algunas personas fóbicas, hombres y mujeres, que no pueden evitar transmitir sus miedos a sus hijos. Esperaba encontrarme con un niño medroso, un miedica más fruto de la sobreprotección. Mi amigo ya me había comentado que casi nunca sacaban al niño a la calle y que, con cerca de 3 años, prácticamente no articulaba palabra alguna. Era como si hubiera sido socializado en el autismo sin ser autista realmente. Nuestra sociedad moderna tiene cada vez más rasgos narcisistas y autistas, de ahí que este caso me interesara especialmente.

La escena que vi fue más allá de todos mis temores. Sí, puedo decir que el miedo universal me genera mucho temor. El niño, al ver que el padre entraba con alguien desconocido, se quedó agazapado entre las piernas de la madre de un modo que iba más allá de la reacción medrosa ante un extraño. De pronto entró en escena la abuela del niño, la suegra antológica, que parecía salida de esas películas de suspense donde la mosquita muerta, la plácida sirvienta, acababa siendo la asesina. En mi interior vi un plano picado desde el suelo, como sacado de *El resplandor*. Al aparecer la abuela, el niño se protegió en ella (no con ella, sino introduciéndose en su abuela, como si un pollito volviera a entrar en el cascarón y luego lo pegara desde dentro para que no lo vieran) mientras ésta lo sujetaba con una fuerza que iba más allá del amor: le estaba transmitiendo sus miedos más profundos. Parecía como si con todo su ser, la abuela le dijera al nieto, en un grito silencioso: "*Ten mucho miedo, ante todos y ante todo. La vida es un horror de principio a fin, sujétate a tu madre y a tu abuela, no mires para fuera, no te fíes de nada ni de nadie. El miedo será tu único aliado cuando no estemos nosotras. Disfruta del cascarón mientras puedas*".

En aquella rica estancia llena de juguetes asépticos faltaba la vida por todos los costados. Mi amigo, un hombre lleno de amor, tomaba en brazos de vez en cuando al niño, con mucha alegría, y el pequeño reaccionaba con pánico, huyendo con más miedo aún al regazo de la madre o al de la abuela.

Al padre le dejaban visitarlo una o dos veces por semana, a horas intempestivas, más allá de las 8 de la tarde, y nunca le permitían sacarlo afuera, al voraz peligro de la calle y los microbios. Estaban creando a un monstruo de miedo cerval y se me vino a la mente *La metamorfosis* de Kafka, cuando aquel buen hombre descubre aterrado que se ha convertido en un escarabajo. En aquel apartamento se percibía cómo el miedo transitaba de una generación a otra, transformando por momentos los gestos de aquel niño, presa del mayor de los infortunios. El mensaje del miedo es un mensaje que no precisa de palabras, es uno de los principales mensajes del silencio, se siente en los poros de la piel, en las alteraciones de los valores sanguíneos, la adrenalina, el cortisol, el azúcar en sangre, en la angina de pecho y la hipertensión, en las pupilas que se estrechan o se ensanchan, en los signos neurológicos trastocados y en los trastornos digestivos. El poder del miedo se deposita en el silencio, en la incapacidad de hablar ni siquiera de él: "*Tengo miedo*".

Es verdad que ciertas dosis de miedo son necesarias para la supervivencia. El miedo a que nos atropelle un auto nos hace andar con cierto cuidado al cruzar la calle, y así se repiten miles de situaciones: no tomar ciertos alimentos según en qué lugares por miedo a enfermar, no entrar en sitios peligrosos por temor a que nos pase algo.

Un paciente me comentaba que su abuelo, que había maltratado a su madre durante toda su infancia, la primera vez que lo vio le apretó la mano con mucha fuerza. El niño se sentía fatal y su madre le dijo: *"Es para que te acostumbres a tenerle miedo"*.

Muchas veces el miedo es nuestro gran aliado, por eso resulta tan difícil discernir entre un miedo sano y otro insano. Pero ese metamensaje del miedo no hace sino anularnos, nos paraliza. Ante una situación de peligro hay tres posibilidades: la lucha, la huida o la parálisis, que es la que suelen elegir los venados cuando son atacados, o los ciervos que se nos cruzan en la carretera. Por eso se habla de *un miedo cerval*. No hay más que imaginar las consecuencias de una sociedad por definición medrosa. Y es que el miedo es contagioso. A veces, pocas, actuamos como homo sapiens, pero muchas más son las que se activan los resortes del *homo medrosus*.

Esto lo aprendí, y vaya si lo aprendí, a los 15 años. Estaba en el metro de Madrid, leyendo, cuando vi que se me pasaba la estación. Salí corriendo, y el pie se me quedó dentro del vehículo. Antiguamente, no había sistemas electrónicos de seguridad como hoy, por lo que el tren prosiguió la marcha. Cada vez me acercaba más a la pared, mientras el convoy aceleraba. Un señor me seguía gritando: *"Te vas a matar, te vas a matar"*. Al final, a los pocos metros del muro del túnel, alguien me ayudó desde dentro, y me salvé por los pelos.

La desconfianza es también una peculiar forma de miedo. Un viejo chiste judío, pueblo que ha tenido razones reales para la desconfianza, cuenta que un padre sube a su hijo de 4 años a lo alto de un armario y le dice: *"Tírate, que yo te rescato"*. Cuando el niño se lanza, el padre se retira y el pequeño se da un batacazo. El padre le dice: *"Para que no te fíes ni de tu padre"*.

Mensajes de la negación del derecho a ser

Muchas madres cuentan a sus hijos que sus maridos o parejas no quisieron tenerlos. No ponen el acento en que al final los tuvieron, sino en aquella duda que planeó durante un tiempo la convierten en un dogma eterno que proyecta su sombra a lo largo de toda una vida. *"Tu padre no quería tenerte"*. De este modo, la madre se venga del padre ausente (en algunos casos sí está presente), sin ser muchas veces consciente de que el verdadero castigado es el pobre niño al que quiebran de algún modo la conexión con el hilo de vida. También hay madres que comentan a sus hijos que no querían quedarse embarazadas de ellos, y cuando los ven deshechos de dolor les dicen que son lo mejor que les ha pasado en la vida.

De todos los mensajes que recibe un niño, hay uno de radical importancia: *"Bienvenido al mundo, a nuestro mundo, queríamos que vinieras y aquí estás"*.

Si no se lo dicen los padres es importante que su universo existencial le dé la bienvenida, más vale tarde que nunca.

Lo ideal es verbalizarlo, aunque muchos padres lo transmiten en el nivel no verbal. Muchas personas, ante el reto de la paternidad, de la maternidad, se dicen hacia sus adentros: *"Menuda me ha caído, ¿qué voy a hacer ahora?"*

Decirle a un hijo que su padre o madre no quiso tenerlo es como si a última hora nos acordamos de invitar a alguien a nuestra fiesta de cumpleaños y le decimos que nos habíamos olvidado de él. No hace falta decírselo, de hecho, hacerlo sería un acto de sinceridad mal entendida. O lo invitas, o no lo invitas. El nacimiento es ya de por sí todo un milagro. La gran invitación, el regalo de los regalos. José Saramago, el Nobel de Literatura portugués, que era ateo, decía que la vida era ese gran regalo que había que agradecer. Y es que entre millones de espermatozoides, solo uno consigue adentrarse en el óvulo para dar inicio a la división celular y con ella a la vida. Una voluntad vital hace posible ese milagro, y no solo tiene que ver con unos padres más o menos nutricios, sino también con la propia criatura, que debe superar incontables obstáculos.

Una vez nacido, lo ideal es dejar en paz al niño con dudas que no aportan más que desazón y angustia.

Muchos pacientes me han comentado a lo largo de los años que sus madres abandonadas por sus maridos o parejas les habían enviado mensajes de la negación del ser: *"Tu padre no quería tenerte"*. Por lo general no había maldad en las palabras de esas madres, sino desesperación por el abandono. Aquello suponía un lastre grande para ellos a la hora de levantar el vuelo de la vida

Con el tiempo he visto en muchos pacientes que este tipo de mensajes están muy a la orden del día.

Los mensajes de la indiferencia

Es legendario el experimento del japonés Masaru Emoto, autor de *Los mensajes del agua*, que puso arroz en tres vasos, les echó agua y durante un mes se dedicó a expresar un mensaje a cada uno de los vasos. A uno le repitió todos los días la palabra *Gracias*, al segundo, *Te odio*, y al tercero lo ignoró. El vaso del odio se puso negro, el que fue ignorado se pudrió y solo germinó el arroz del agradecimiento.

También son conocidos los casos de niños rumanos ignorados en inclusas de la Rumanía de Ceauscescu. Por no hablar de las niñas chinas que aparecieron en *Las habitaciones de la muerte*, un documental de 1995 que trataba de la política china de un solo hijo y que originó todo una aluvión de adopciones de niños chinos.

Cuando un niño es ignorado se parte algo en su eje existencial, mucho más aún que cuando es sometido a vejaciones o maltratos. El maltrato físico es una manera clara, aunque terrible, de hacerte caso.

Los mensajes de la duda

Tras los mensajes de la negación, encontramos los mensajes de la duda. Se suele decir que la duda ofende. Y esto es especialmente cierto cuando se trata de las bases de nuestra existencia. Si una madre dice a su hijo: *"No estoy segura de si tu padre es tu padre"*, éste puede encontrarse con un grave problema de identidad.

Michael era un suizo que llegó a consulta después de haber sido tratado con síntomas de esquizofrenia. Poco después de la muerte de su padre, una de sus hermanas descubrió que no era hija de su padre, sino de un amigo de la familia. Como vimos en la escena segunda de este particular *Teatro de Familia*, llama bastante la atención el alto porcentaje de hijos que no lo son de sus padres oficiales. Dado que el padre había sido adicto a varias cosas, en el caso de Michael se juntaron la lealtad al clan con un cierto papelón de Chivo Expiatorio (lo abordaremos más adelante cuando profundicemos en los papelones al llegar a la Escena Quinta), a lo que se sumó la enorme sombra que aquella duda referente a su origen proyectó sobre todo su ser. Un buen día Michael, con 23 años, se armó de valor y le preguntó a su madre si su padre recién fallecido tampoco era su padre. Era una familia de 9 hermanos, por lo que la madre debería tener un departamento propio de gestión de la natalidad y los datos biográficos de sus hijos. Ella le contestó que no estaba segura. No se le puede recriminar que lo hiciera, ya que en estas cosas la verdad suele ser liberadora, pero Michael entró en la peor fase de su vida. Al final, se cotejaron las pruebas de su ADN con las del amigo de la familia y quedó claro que éste no era el padre. Yo tampoco indagué demasiado en si no podía ser otro el padre, ya que era consciente de que la duda ofende. Quién sabe, genéticamente el padre podía ser cualquiera. En la historia de Emma Zunz, de Borges, la muchacha se prostituye una sola vez para vengar al padre acusando al hombre que lo llevó a la ruina. Como relata Borges al final del cuento:

> *La historia era increíble, en efecto, pero se impuso a todos, porque sustancialmente era cierta. Verdadero era el tono de Emma Zunz, verdadero el pudor, verdadero el odio. Verdadero también era el ultraje que había padecido; sólo eran falsas las circunstancias, la hora y uno o dos nombres propios.*

Así ocurre en nuestras vidas. En el caso de Michael, lo más importante era cierto, y es que él estaba vivo. Su madre también parecía ser cierta, lo mismo que algunos hermanos o hermanastros. Nuevas pruebas de ADN podrían confirmar que el padre tampoco lo era. Lo importante es que ya estaba convencido de que su padre era realmente su padre. Poco después de aquel episodio que tanto vapuleó los cimientos de su identidad, su vida dio un vuelco. Tomó éxtasis en una fiesta y empezó a tener síntomas de despersonalización y otros signos de psicosis. Michael dejó de tomar drogas y alcohol, los síntomas remitieron, pero un par de años después volvió a tener un brote. Es sabido que una experiencia con drogas puede desatar brotes psicóticos. En el caso de Michael, mi sensación es que cualquier cosa podría haber abierto aquella caja de Pandora de sus emociones: un fracaso amoroso, un esfuerzo físico excesivo, una fuerte discusión. El éxtasis no fue, en mi opinión, sino el simple detonador de una olla a presión iniciada cuando un muchacho joven descubrió que ni siquiera era legítimo el duelo por su padre.

Los mensajes del Rey Sol

Los mensajes que con los años siguen volviendo una y otra vez hasta nuestra playa existencial son de muchos tipos y condiciones. De los mensajes positivos no parece tan importante hablar, ya que éstos pocas veces son dañinos. Aunque a veces sucede que un niño (esto ha ocurrido en los últimos decenios con inusitada frecuencia) recibe únicamente mensajes aparentemente edificantes, pero que luego resultan ser fatales. Muchos niños y niñas crecen convencidos de que ellos son lo único importante, de que conseguirán lo que quieran, y de que todo el mundo estará siempre a sus pies. No es que se lo digan así, a las claras, pues como ya hemos dicho, muchos de estos mensajes son de carácter no verbal, inconsciente, llegan más por la piel que por los ojos o los oídos. El mensaje podría resumirse en algo así como: *"Hijo mío, eres lo más importante, la persona más especial (no solo para mí como padre, como madre, sino con carácter universal), eres, sin duda, el ombligo del mundo"*.

En un momento dado empiezan a llegar las dificultades de la vida, (¿qué es la existencia sino afrontar constantemente nuevos desafíos?) y estos jóvenes o no tan jóvenes personajes se encuentran con que esos mensajes tan positivos que les dieron los han convertido en seres incapaces de tolerar las menores dosis de frustración. Los potitos y las melifluas frases de elogio que recibieron de poco sirven en la cruenta batalla cotidiana. A veces, estas personas lo tienen mucho más difícil que otras que fueron bombardeadas por mensajes de descalificación e insulto. La vida fuera de la familia se convierte luego en un paraje agreste y amenazador. El joven pasea, pues, por la vereda, junto a otros tantos ombligos del mundo. Y todos se sienten engañados por sus amorosos progenitores.

Los mensajes de la enfermedad

"En nuestra familia, todos los hombres mueren jóvenes". "A los 60, todas las mujeres de nuestra familia sufren cáncer". "Moriré tras una larga agonía, como mi padre y mi abuelo".

Mensajes como éstos van perpetuándose de generación en generación hasta convertirse en profecías auto-cumplidas. Como a todos nos gusta tener razón vamos preparando el terreno para que las cosas ocurran como teníamos previsto. Ya vimos en el apartado de "La lealtad al clan" cómo uno se mantiene fiel a la familia y a sus mensajes. El código genético tiene su peso en el desarrollo de enfermedades, pero cada vez se ve más clara la importancia de los factores epigenéticos en los problemas de salud. Todas las informaciones recibidas de los padres forman parte del medio en que nos desarrollamos.

Tener una concepción sana de lo que seremos en el futuro no significa que nuestro futuro vaya a ser de color de rosas. No es una cuestión esotérica, sino esencialmente práctica.

Tus mensajes, papá, no me dejan descansar

Gertrud, de 58 años, llega antes de tiempo a la consulta. Al entrar se le nota la tensión propia de quien está acostumbrado a estar tenso. Procedente de la extinta RDA, es una mujer que tiene la vida estructurada como si fuera un casillero de correos. El lunes, el martes, el jueves y el viernes, trabaja como terapeuta deportiva en una clínica de rehabilitación, de 9 a 22:45. El miércoles libra. Cada dos semanas trabaja un domingo por la mañana. Dice que le gusta lo que hace, que su sueldo es modesto, pero según ella está contenta. Tiene una idea clara de la vida, una superestructura por la que se desenvuelve con cierta felicidad. Toda la maquinaria existencial funciona a la perfección, PERO… Pero desde hace dos años sufre de un insomnio pertinaz. Se acuesta a las once y media de la noche (según ella es lo correcto, no entiende a la gente que trasnocha) y a las cuatro en punto se despierta como si le hubieran puesto una inyección de adrenalina. Cada día, sin excepción. Le pregunto si le ocurrió algo grave antes de que empezara la crisis del sueño. Dice que no. Todo está en orden, como siempre lo estuvo.

Nada más empezar la sesión, comenta que pronto será abuela. *"Ya iba siendo hora, mi hija tiene 35 años"*. Para ella, eso de los hijos también tiene que tener su orden. La presión de mantener ese orden interno debe ser impresionante.

Quiere probar con la hipnosis: una orden inconsciente oportuna, y se terminó el insomnio para siempre. Nada más empezar le quito esa idea de la cabeza: el insomnio es un síntoma y, como tal, efecto de una causa anterior. Si quitamos el efecto desagradable, otro ocupará presumiblemente su lugar, y quién sabe si no será peor...

Todo es perfecto, nada le quita en apariencia el sueño. Poco a poco vamos desgranando el asunto. Su padre, confiesa, era muy autoritario. Siempre hacía comentarios zahirientes: *"Si no te cuidas, te pondrás hecha una foca"*, escucha la niña de 14 años una y otra vez. *"Como te quedes embarazada, te vas a enterar"*. El padre va construyendo en su hija un superyó extraordinariamente rígido, que la acompañará toda su vida. Un superyó apuntalado por un sinnúmero de mensajes castrantes. Durante largos años tuvo que luchar contra la anorexia. Su obsesión por el peso hace que se mantenga en una forma óptima para su edad. Los comentarios paternos siguen actuando en el presente, su padre sigue vivo, ya casi es nonagenario, y sigue arrojando una sombra envenenada sobre cada paso que da su hija. Todo lo hace mal, lo mismo que la madre. Gertrud cuenta que una vez engañó durante un tiempo a su marido y cada noche se le aparecía en sueños su padre (no el marido) descubriendo sus fechorías. Ella se despertaba bañada en sudor.

Después de trabajar cambiando las proporciones del padre en su inconsciente (ver técnica de la caja en "Escena Séptima: Game Over: Desactivando la bomba"), Gertrud se siente muy liberada. Le pregunto cuándo se sintió realmente relajada por última vez. Me dice que la primera vez que se sintió realmente relajada fue hace un par de años, cuando se recuperaba de una anestesia total tras una operación de la rodilla. Es triste que una anestesia sea el gran momento de relax. Muchos, como el que escribe, han sufrido múltiples intervenciones, viven el postoperatorio como una prolongada pesadilla, un estado de confusión estuporosa y de impotencia muy desagradables.

Al liberarse del padre omnipresente, o al menos de sus efectos más devastadores, se da cuenta de que su verdadero problema no es el insomnio, sino el cable de alta tensión que tiene incorporado en lo más íntimo de su ser para cumplir con la misión imposible de satisfacer al padre insatisfecho. Al finalizar, la coraza se resquebraja ligeramente: al pensar en la manera en que ella juzga a su hija, del mismo modo que la juzgó a ella su propio padre, su semblante se dulcifica con unas lágrimas que le recuerdan a aquella anestesia pacificadora del espíritu.

LOS MENSAJES DE LA ESCUELA

Hoy en día, al menos en el mundo desarrollado, hay ciertos resortes que impiden, o al menos aminoran, los golpes físicos y morales a los menores en las escuelas y a los estudiantes universitarios. Ahora se habla más de los casos de pederastia, pero eso no quiere decir que haya más casos, sino que la sociedad está más sensibilizada con el tema. Antiguamente (aunque no hace tanto tiempo) si tenías mala suerte, como se pudo ver en la película *El club de los poetas muertos*, tu evolución dependía en gran medida de los mensajes que recibías. Mientras que hoy en día, muchos padres pierden los papeles por defender lo indefendible cuando hay un conflicto entre sus hijos y los profesores, en el pasado los padres solían tomar partido a ciegas por los maestros, pues compartían con ellos los mismos valores y mensajes cavernícolas que éstos se supone tenían que inculcar a sus pupilos.

Escuela de mensajes

Nuestro actual modelo escolar, compartido por casi todos los países del mundo, es más bien reciente, originado entre finales del siglo XVIII y principios del XIX y nació en Prusia. Aquel país estaba tremendamente militarizado y sentía profundas ansias de ganar espacio vital, algo que compartiría después con la Alemania unificada en 1870, una Alemania más prusiana que alemana.

No pocos ignoran la estrecha relación entre el sistema prusiano de enseñanza, un auténtico éxito de exportación a todo el planeta, y la mentalidad expansionista y militarista prusiana. Los prusianos no inventaron ese dicho tan violento de que la *letra con sangre entra*, pero sí basaron todo el sistema educativo, desde el jardín de infancia a la universidad, en la obediencia ciega y la disciplina marcial, algo que describe muy bien Hermann Hesse en su libro *Bajo las ruedas*. El lector debe saber que su publicación provocó en su tiempo más de un suicidio.

Desde hace muchos años me dedico a la docencia. Mi lema, que tiene más fuerza en alemán o inglés que en español, es *lerning without lerning*, o sea, aprender sin estudiar. En cuanto estudiamos, como no haya una gratificación cerebral inmediata, como no nos suponga un cierto placer, algo que solo ocurre a unos pocos privilegiados, iremos desarrollando inevitablemente una fobia al aprendizaje. Una fobia o bloqueo que se realimenta con dos importantes mensajeros: los padres y los profesores.

Estos bloqueos son habituales en los cursos preparatorios para el examen de *Heilpraktiker* que comenté hace unas páginas. Es triste ver a personas adultas con un miedo cerval tan invalidante. Incluso cuando ensayamos la situación del examen oral pueden observarse el pánico en la sudoración, la voz temblorosa y otros tantos gestos delatadores. Como esta situación es bastante recurrente, ya hace tiempo que decidí dar espacio a las emociones en la formación. Recientemente simulamos el examen con una mujer de algo más de 40 años, nacida en el Este de Alemania. Su dureza era terrible, aunque se percibía un corazón sufriente que buscaba a través de la coraza no sufrir más. En pleno simulacro de examen, Regina se puso a llorar y salió corriendo del aula, como si la hubieran agredido terriblemente. Era claro que con esa actitud no podría superar jamás la prueba ante un tribunal médico. Era fisioterapeuta y era inteligente, podría trabajar muy bien como *Heilpraktiker*, de eso no me cabía la menor duda. Al cabo de un rato, cuando se templaron los ánimos, le pregunté si quería que trabajáramos ese miedo inconmensurable. Cuando alguien lo pasa mal ante un examen, por muy difícil que éste sea, el origen suele estar o bien en los mensajes de los padres, o en el de los profesores. A veces, como en el caso de Regina, se produce una desagradable mezcla de ambas cosas. Su madre la responsabilizaba de niña de todo lo que pasaba. Su padre la comparó siempre con su hermana mayor, y siempre quedaba malparada: *"Eres tonta, nunca conseguirás acercarte a tu hermana"*. Luego, en la escuela, tuvo dos ogros como profesoras. Dos ogros en un sistema atroz, como era el sistema educativo de la RDA, repleto de delatores que todo lo espiaban: que si no ha ido a la manifestación oficial, que si no es un buen comunista…

La de Matemáticas le dijo delante de toda la clase que era una gorda apestosa. La de ruso, que nunca lograría nada en la vida. En realidad, ambas profesoras no hacían sino reforzar los mensajes paternos.

Trabajamos en la superación de esos mensajes, algo que resulta paradójicamente más fácil en el nivel inconsciente que en el consciente. Al final del libro abundaremos en este asunto de la superación de los mensajes.

Mensajes contradictorios. Escuela de incongruencia

Es conocida la actitud de ciertas personas de decir una cosa y luego hacer otra. Cuanto más potente sea nuestro superyó, esa entidad freudiana de la que ya hemos hablado y que exige de nosotros grandes sacrificios, mayor será el nivel de contradicción en el que nos moveremos. Unas ciertas dosis de contradicción son sanas, pues nos evitan caer en el *pluscuamperfeccionismo.*

Aunque aquí nos referimos sobre todo a esas actitudes controvertidas de los progenitores. Cuando el padre o la madre no predica con el ejemplo, sino que exige una cosa que nunca hace. *Haz lo que digo, no lo que hago.*

Otra cosa que vuelve locos a los niños y a los niños que siempre llevaremos dentro son los mensajes incongruentes. Un día papá nos castiga severamente por haber llegado cinco minutos tarde a la cena, y al día siguiente ni se inmuta cuando llegamos media hora después. En su exquisita obra *La educación y el orden social,* escrita en 1932, el Nobel de Literatura británico Bertrand Russell comenta que en algunos casos sería bueno que algunos niños no se criaran con sus padres biológicos. Criticaba la idea que se tenía en la Unión Soviética de separar a los hijos de sus padres a muy temprana edad para convertirlos en ciudadanos socialistas modélicos. Pero al mismo tiempo, Russell comprendía que si el nivel de incompetencia de los progenitores era descomunal, una institución sería mucho menos traumática para el pequeño. En este caso debería ser el Estado el responsable de su crianza. Las personas incoherentes desestabilizan profundamente a sus hijos, que no saben a qué palo agarrarse. Aunque lo ideal, en estos casos, es que los hijos tengan conciencia de su origen y, a ser posible, mantengan contacto con sus padres biológicos.

Hace años trabajé en Venezuela para una fundación de niños adoptados, y afortunadamente allí tienen muy en cuenta que éstos no pierdan el contacto con sus padres biológicos, aunque éstos sean criminales o alcohólicos.

Un niño de 11 años, Holger, vino a consulta después de que hubiese tratado a su madre, preocupada por el estrés al que sometían al niño en la escuela. Pensé que era un madre excesivamente protectora, una pandemia ésta de la sobreprotección con la que tenemos que lidiar bastante los terapeutas hoy en día.

El caso es que Holger, un muchacho inteligente y responsable, tenía una profesora tremendamente estresante, a pesar de que se trataba de una escuela de educación libre donde se suponía que los niños estaban más relajados. Holger me comentaba:

"La profesora pierde los nervios constantemente. Es como si le hubieran metido la turbina de un avión en la cabeza. Nos manda deberes y más deberes, y piensa que nunca es suficiente".

Lo que le ocurría a Holger les pasa a millones de niños en todo el mundo. El sistema no ayuda, ya que obliga a profesores y alumnos a cumplir con un programa abstracto que, lamentablemente, salvo contadas excepciones, no tiene mucho que ver con el desarrollo de los países, la evolución de las personas, ni con las posibilidades reales de empleo futuro de los alumnos. Pero hay que cumplirlo, cueste lo que cueste. En ciertas guarderías de "élite" de Estados Unidos y Gran Bretaña se ha puesto de moda que los niños aprendan a leer y escribir antes que nadie, y que sean capaces de leer textos complejos a la mayor brevedad. Los niños, como le ocurría a Holger, se sienten más que sobrepasados por la avalancha que se les viene encima. No estamos hablando de niños con problemas de atención o de motivación. Holger es un niño con buenas notas, pero al que su sensibilidad le podia jugar una muy mala pasada ante una profesora aturdida por el alud de la responsabilidad y, sobre todo, por su papelón de Sísifo acarreando su pesada piedra hasta lo alto de la montaña, para ver como volvía a caer una y otra vez, en una tarea tan extenuante como interminable.

La profesora estaba al borde del *burnout*, que es cuando alguien se entrega demasiado a un trabajo o actividad y llega un punto en el que no puede más. Las baterías existenciales se agotan y no basta con un descanso o vacaciones para que se vuelvan a llenar. Uno está quemado, algo que se percibe en múltiples síntomas somáticos y psicológicos.

El mensaje de la paloma de la profesora podría resumirse de la siguiente manera:

"Nunca es suficiente, nunca llegarás, nunca, nunca, nunca".

Como Holger pasaba muchas horas al día con esta profesora le estaba inculcando al niño el virus del estrés incontenible.

Hay niños más osmóticos y sensibles, y otros que, para bien y para mal, están más acorazados. En este caso el mensaje llegaba de manera clara y diáfana a Holger, mientras que otros alumnos de la misma clase estaban más protegidos por el ruido.

LOS MENSAJES DE LA SOCIEDAD

Aparte de los padres y los profesores hay una fuente importante de mensajes de la paloma: la presión social. En el qué dirán también juegan su papel los ídolos de masas, que pueden ser cantantes o líderes políticos o religiosos. En Estados Unidos, por ejemplo, lo que dice Oprah Winfrey va al cielo. Las grandes marcas de moda y los medios de comunicación son grandes envasadores de mensajes, algunos de los cuales se convierten en verdaderos artefactos para sus consumidores.

Esta presión social llega a establecerse en forma de mensajes que horadan al mismo tiempo el inconsciente de padre e hijos. Solo así se entiende que países como España o Chile hayan sucumbido al mensaje que dio lugar a esa gigantesca burbuja que ha sido la burbuja inmobiliaria: *"Hijo mío, si no tienes un pisito, no serás nadie"*. De hecho, hay muchos países donde la gente piensa desde joven en otras muchas cosas que les resultan más interesantes que tener un trabajo fijo de funcionario o una hipoteca a pagar durante toda la vida. Aunque no es menos cierto que todo el engranaje social (políticos, bancos, etc.) se dedicó durante decenios a enviar un mensaje altamente poderoso: *el que no tiene casa propia está perdido, es un don nadie, un fracasado.*

Nuestra sociedad está constituida por un entramado de reglas de actuación. Solemos cumplir estas reglas porque el precio de la inadaptación es bastante alto. Nuestra familia nos introduce progresivamente, según avanza nuestra capacidad de comprensión, en ese maremágnum que a veces nos resulta tan arbitrario.

Hay reglas de validez universal, cuyo incumplimiento es sancionado por todas las culturas de todos los tiempos, como el respeto a los padres, mientras que otras reglas varían por completo dependiendo de las sociedades. Eric Berne comentaba que en los países donde era de buena educación preguntar por la esposa de uno, no se solía eructar en la mesa, mientras que en los países donde se eructaba en la mesa como prueba de buena educación, era imperdonable preguntar por la esposa de uno. Cada cultura, cada sociedad, tiene, pues, sus reglas, y para que estas reglas se asienten, requieren de todo un aparato ideológico creador de mensajes. Ya se trate del régimen absolutista de Corea del Norte, de un Estado islámico o de un Estado de corte laico, las creencias tomadas por buenas en una sociedad, no serían tales si no hubiera todo un Ministerio Invisible de Propaganda. Pasemos a ver las fábricas de tan variopintos mensajes.

Los mensajes de la religión

Por mucho que una persona se considere atea, los códigos religiosos de su sociedad impregnan su ser de manera incontenible. En la tradición judeocristiana, por ejemplo, la culpa juega un papel fundamental. De ahí que mensajes como *"un valle de lágrimas"*, *"no somos nadie"*, *"Dios así lo ha querido"*, etc. marquen los códigos de conducta.

La lealtad enfermiza lleva a mucha gente por los senderos de la enfermedad. Un chantajista profesional (padres, amigos, colegas, etc.) se servirá de todo ello para obtener sus fines, tal y como veremos en más detalle en el apartado de los papelones, en la siguiente escena. Los conceptos religiosos son en este sentido fundamentales.

Hay personas ateas, que nunca han pisado una iglesia, pero la sintaxis de una religión, la que sea, o de una ideología, que también es una forma de religión, inunda los estratos más profundos de la psique de las sociedades que arropa con su manto protector. Sobre todo cuando se da una interpretación sesgada y oportunista de la religión. La culpa, el qué dirán y todas esas cosas actúan independientemente de que se sigan practicando los ritos que los generaron. Cada religión marca a la sociedad que habita de una manera clara y contundente. Por eso me resulta divertido cuando hombres y mujeres aconfesionales presumen de ello en consulta, como queriendo liberarse a fuerza de voluntad de ese gigante de siete cabezas que son los mensajes confesionales. Hombres y mujeres comunistas que tienen el crucifijo metido en el tuétano, mucho más que la hoz y el martillo. Mujeres feministas de cabeza, pero no de corazón, náufragas en los mares de la contradicción.

Los mensajes de la canción

"Sin ti no podré vivir jamás". Siendo niño, recuerdo que escuchaba esta canción de Los Panchos y me regocijaba en un estado mórbido de tristeza gozosa. Lo peor de muchas letras horribles de canciones es que están acompañadas por una música maravillosa y unos intérpretes colosales. Muchas canciones han transmitido como nadie mensajes nocivos para la salud pública.

¿Cómo que sin ti no podré vivir jamás? Antes de conocerte, vivía muy bien sin ti, y si pensamos en la sutil manera que has tenido de hacer de mi vida un infierno, con maltratos físicos, psicológicos, o las dos cosas, con un inicio (brevísimo, en algunos casos) bañado por buenos momentos, para pasar a una continuación (larguísima, en otros muchos) de momentos horribles, ¿cómo que sin ti no podré vivir jamás?

Qué diferente sería una letra del tipo: *"Sin ti no sabré cómo agradecer lo bien que se está sin ti"*. O algo en esa línea. O: *"Eres mi vida, mi luz, du dua, pero déjame vivir en paz"*. Y si estamos a gusto con la persona en cuestión, ¿no sería más agradable un mensaje del tipo: *"Sola estoy genial, aunque contigo me siento colosal"*.?

Mi amiga Evlin Pérez Yebaile, una artista como la copa de un pino, inició un proyecto musical-psicológico con el brillante psicólogo, también venezolano, César Landaeta, en el que se dedicaron a destripar los mensajes de las canciones tóxicas. Un trabajo sin duda importante para ayudar a las personas a salir de la dependencia emocional. Y es que todos esos mensajes no son solamente negativos, sino también altamente adictivos. Es duro descubrir los envoltorios musicales, de gran belleza, con los que nos venden estas canciones melifluas. Pero generaciones enteras se han criado con ellas, convertidas en una suerte de brújula emocional.

Los mensajes de las telenovelas y la telebasura

Las telenovelas tienen su función social. La empleada brasileña de un conocido no soportaba vivir en Estados Unidos porque no podía ver su telenovela favorita, que causaba furor en Brasil. El desamor, el chantaje emocional, los celos... drama, drama y más drama, son los ingredientes de estas series de sobremesa. Su carácter es altamente adictivo, como las emociones que promulgan: *sin sufrimiento no es posible la vida.*

Un día, estaba cenando en un restaurante popular de Ko Phangan, Tailandia, donde, como en tantos lugares del mundo, tenían prendido el televisor. Ponían una telenovela tailandesa, un pestiño descomunal a tenor de la cámara, la edición, etc. Los actores dejaban mucho que desear, y yo tenía la gran ventaja de que no entendía absolutamente nada. Sin embargo, mientras llegaba mi delicioso Curry, me dediqué a observar la telenovela. Sin entender nada, me daba la sensación de entenderlo todo: chantajes *(sin ti no podré vivir jamás, o sea que si muero será tu culpa, si me va mal sentirás una culpa terrible)*, victimismo *(soy capaz de renunciar a ti porque yo siempre sufro)*, y un largo etcétera de lugares comunes. Algo muy parecido a lo que se ve en España, Latinoamérica, el mundo árabe, África o Estados Unidos. Esto le lleva a uno a pensar en la raíz adictiva de las emociones tóxicas, que bombardean sin reparos el sistema límbico del telespectador. Debo confesar que, con la excusa de analizar como profesional los mensajes de las telenovelas, he caído en las garras adictivas de más de una. Por favor, no se lo digas a nadie.

Los mensajes de la negación. Los *negas*

Un *nega* es un mensaje, consciente o inconsciente, cuyo objetivo es mermar la autoestima del receptor para mejorar la autoimagen del emisor. Hay incluso todo un tratado de la manipulación, *El método*, que enseña cómo ligar y conseguir lo que uno quiere a través de estos *negas*. Un ejemplo sería una joven hermosa rodeada de hombres en una fiesta. El experto en *negas*, que está muy interesado en ella, se le acerca y le dice: *"Ah, pensaba que eras más alta"*. Entonces la chica (sobre todo si su autoestima no es tan alta como su estatura) se siente pequeña y extrañamente atraída hacia el hombre. Si éste se hubiera dedicado a alabarla, seguramente no le habría interesado.

Las negociaciones, del tipo que sean, están llenas de *negas*:

"Su producto es aceptable, pero por ese precio..."

"Bueno, usted podría hacer este trabajo, aunque le falta mucho por aprender".

A todo el mundo le falta mucho por aprender, por lo que el comentario realmente sobra. *"Su trabajo lo podría hacer cualquier otra persona por mucho menos dinero"*. Puede que sea cierto, aunque también puede que el jefe sea aún menos imprescindible que el empleado.

"El libro te ha salido bien, pero no es El Quijote*"*. Evidentemente no es *El Quijote*, ¿para qué hacer un comentario tan estúpido si no hay una intención maliciosa?

Ante los *negas* es importante ir preparando una batería de respuestas rápidas. Hay una respuesta universal, que suele resultar muy útil: *"¿Qué quieres decir exactamente con lo que acabas de decir?"*

Por lo demás siempre es útil reírse del *negador*: que dice que soy más bajita, pues yo le digo que mañana va a llover. Los cambios bruscos de tema desarticulan todos los intentos del *negador*. Es importante destacar que estos *negas* no tendrían efecto si la persona *negada* no hubiera sido ya ninguneada desde la infancia. De aquellos polvos, estos lodos.

Los mensajes del machismo

"La mujer es el sexo débil"

Este mensaje ha entrado en grave crisis con la introducción de la maquinaria industrial. En el momento en que la fuerza física ha sido reemplazada por todo tipo de artilugios, el hombre ha ido viendo cómo ese argumento de su superioridad sobre la mujer se tambaleaba. Ahora, hay al menos algunas mujeres que ocupan los puestos de dirección en empresas; cada día son más y más que serán en el futuro, y el hombre cavernícola terminará por aceptarlo.

"La mujer, la pata quebrada y en casa". Es una consecuencia lógica de esta premisa de la debilidad de la mujer. Aunque a veces uno piensa que lo de la pata quebrada viene del miedo al poder de la mujer.

A lo largo de la Historia, tanto hombres como mujeres han recibido mensajes de género, transmitidos de generación en generación. La mujer, la madre en particular, suele jugar un papel esencial en la cristalización del machismo. Los mensajes de la madre al hijo, y del padre a la hija juegan un papel primordial. A mi modo de ver, incluso más que de padre a hijo o de madre a hija. Hay un cruce de géneros que tendría que ver con esa necesidad biológica de atraer que inconscientemente pesa más que la imitación.

Una paciente me comentó un día que acompañó a su padre al hospital y éste le dijo al médico: *"Bueno, hoy me acompaña mi hija, pero el que sabe de lo mío es mi hijo"*. Aunque fuera verdad que la hija supiera menos de su problema que su hermano (algo que en este caso concreto no era así), el padre irrespetaba a su hija al ponerla en evidencia por su género ante terceros, en este caso también varones.

Otra paciente, Ruth, recibió dos mensajes que le convertían las relaciones en un infierno. Uno era: *"La relaciones son horribles, pero peor es estar solo"*. Y el otro: *"La mujer no decide"*.

Como era una mujer moderna, el lector puede imaginarse hasta qué punto vivía en la discrepancia.

"Menos mi madre, todas las mujeres son putas"

Son muchos los hombres educados en esta creencia a lo largo de la Historia. Éste es uno de los mensajes universales que actúan en casi todas las culturas. Según el texto bíblico, el pecado original lo provocó una mujer. La obsesión por la virginidad, ya en sí el hecho de que en una religión como el Cristianismo la madre de Dios tenga que ser virgen, habla por sí mismo. Una mancha roja sobre una sábana blanca indica que la mujer ha llegado pura al matrimonio en numerosas culturas.

Este mensaje da permiso interno a muchos hombres para ejercer el maltrato. *"Si fueras pura como mi madre..."*. Estos hombres no parecen caer en la cuenta de que cuando eran niños era su padre el que pensaba igual de su madre (la abuelita paterna) en una secuencia infinita, de madres santas y mujeres putas. Si hubiera un ranking de mensajes demoledores, éste ocuparía sin duda uno de los primeros puestos.

"El mejor hombre, ahorcado"

Un refrán castellano que sirve a las mujeres para vengarse, al menos verbalmente, por los abusos que el hombre ha cometido sobre ellas a lo largo de los siglos. Muchas mujeres piensan que el hombre es un monstruo del que por desgracia no pueden prescindir. Si al mejor hombre lo ahorcan, ¿qué será de los demás? El mundo está lleno de hombres, más o menos la mitad de los miles de millones de personas que hay son hombres. Una fobia al hombre se antoja realmente complicada. Una mujer está, quiera o no, rodeada de hombres: padre, hermanos, hijos y pareja (si los tiene), colegas, comerciantes, y un largo etcétera. Es, probablemente, junto a la fobia a las mujeres, o la fobia a ambos sexos que viene a ser la misantropía, el más universal de los odios inveterados. Como además resulta que a muchas mujeres les gustan los hombres, y quieren compartir la vida con ellos, esto se convierte en un despropósito amparado por la rivalidad: *Menos mi madre, todas putas - El mejor hombre ahorcado.*

Así, entre los mensajes familiares, los mensajes escolares y los mensajes sociales (medios de comunicación, religiones, partidos políticos, instituciones, canciones, etc.) nos vemos inmersos en un maremágnum de información que nos llega por la vía inconsciente.

Lo importante, en nuestro caso, es detectar aquellos mensajes que nos son nocivos, y transformarlos. Al final del libro invitamos al lector a la "Escuela de nuevos actores", que le ayudará a liberarse de los mensajes tóxicos de su vida.

Ya hemos escrutado las singularidades de los mensajes de la paloma. En la siguiente escena veremos cómo la interacción de los mensajes nos impele a representar nuestro gran papelón. No tienes más que pasar página.

Escena Quinta

El gran papelón

Reconocer un papelón ya significa haber recorrido la mitad del camino de liberación. Supone aceptar que puede que no seamos los buenos netos, que al desempeñar ese papelón saquemos más de lo que creíamos: autoestima, sensación de sentido, etc., y que salir de esa posición cómoda nos va a dejar un tiempo a la intemperie. Ahora solo nos queda decidir si estamos dispuestos a abandonar nuestra cálida estancia, tan cómoda como pútrida, para salir al aire libre, un aire gélido, sí, cortante, que nos resulta desconocido, y que puede que nos asuste de entrada. Es normal tener miedo a lo desconocido, aunque la recompensa puede ser grande.

El hombre poliédrico

Todos contamos con innumerables caras y facetas, independientemente de que las hayamos descubierto o no. En el teatro de la vida son muchos los papeles que podríamos jugar, otra cosa es que seamos conscientes de ello. Cuando analicemos durante las próximas páginas algunos de los innumerables papelones que ofrece el teatro universal de las relaciones puede que en algún momento pensemos en categorías de buenos y malos. El Parásito es el malo y el Salvador el bueno. La Gallina Clueca al menos quiere hacer el bien, mientras que ese otro papelón del Chantajista es mucho más dañino. Cada persona es un poliedro de papeles y de posibles papelones. Cuanto más conozcamos nuestras carencias y nuestra grandeza, la carencia y la grandeza de las personas que nos rodean, mejor será nuestra relación con ellos. Dos no pelean si uno no quiere, y lo mismo ocurre con todos los juegos de la vida, que necesitan de al menos dos personas para ser jugados.

Jürgen, un arquitecto alemán de 50 años, reconoció en consulta que había ejercido siempre de Salvador, y que aquello había nutrido su autoestima. Sus mujeres dependientes formaban parte de la obra de su vida. Era una obra de caridad cuyo principal objetivo no era mejorar la situación de sus protegidos (la esposa, su ex, sus hijos), sino la de darle a él un sentido vital básico, llenar su vacío existencial.

El precio del papelón

Pero cuando descubrió el precio que pagaba, y al entender la aritmética del dar y el recibir, decidió salir del papelón. Él daba mucho a su entorno, pero en el fondo, de manera inconsciente y no verbal, exigía de ese entorno una respuesta inequívoca de gratitud y entrega. Por su parte, las personas favorecidas por su generosidad trataban de compensar su ayuda de la forma más habitual en estos casos: castigándolo. Como no puedo devolverte lo que me das, te hago la vida imposible. Pues solo así no estoy por debajo de ti. El que da es el fuerte, el poderoso, y el que recibe, el débil y miserable. Tener en cuenta esto es muy importante a la hora de salir de papelones de Salvadores, Misioneros y Ambulancias (que es como llaman en Venezuela a los auxiliadores compulsivos).

Matemáticas de la compensación

-Si tú me das, yo te doy
-Si tú me das mucho, yo te doy mucho
-Si no te puedo devolver lo que me diste con la misma moneda, te pagaré con otra.
-Y si es necesario, te castigaré.

Jürgen vio que el precio que pagaba para sostener el andamio de su papelón era excesivo, y le dio la vuelta a la situación. Asumió los periodos de carencia lógicos a su cambio de actitud y aceptó el vacío provocado al no encontrar ya el sentido en el auxilio compulsivo de sus seres queridos.

El resultado: Jürgen pudo afrontar la segunda mitad de la vida sin el papelón mixto de Gallo de Corral-Salvador. Su salud se lo agradeció. Al principio creyó perder su identidad, pero lo que hizo fue desmontar una pesada coraza.

Una vez preguntaron a los dos hijos de un condenado a muerte en Estados Unidos por qué habían llegado a ser lo que eran. Uno de los hermanos había seguido los pasos del padre, y se convirtió en un peligroso criminal. El otro logró labrarse un porvenir bien diferente, con una familia y un trabajo de los que se sentía orgulloso. Ambos contestaron, curiosamente, a la pregunta de manera similar: *"Soy lo que soy porque mi padre fue lo que fue"*. Uno decidió seguir el camino del padre, y el otro el camino contrario. Sirva esto para entender las importantes dosis de libre albedrío que encontramos en el reparto de papeles y papelones familiares.

El papelón que nos toca vivir tiene que ver con el superyó freudiano, del que hablamos en la escena dedicada a las bases de la comunicación.

Pongamos que en una familia dos hermanos asumen dos papelones complementarios, como el del Parásito y el del Salvador. Pongamos que el Parásito no hace sino pedir dinero y ayudar al Salvador. El Salvador suele brindarle la ayuda pero, no nos engañemos, todo tiene su precio en la vida. El precio que muchas veces el Salvador cobra del Parásito es el del reproche y el desprecio. *"Claro, yo soy el bueno, el que ayuda, qué mala suerte tengo"*. Por eso el Salvador mira de

arriba abajo al Parásito, como si este fuera una lombriz a la que no pisa por pura conmiseración. Lo mira desde la altura de la cruz que, como a Jesucristo, le ha tocado cargar. Luego se extraña incluso de que cuanto más ayuda a su hermano (también podría ser su padre, un amigo, su pareja o un colega de trabajo) más desagradecimiento y agresividad muestra éste hacia él. No se da cuenta de que esa actitud tan displicente es la forma que tiene de compensar esa dinámica insana. Le paga con una moneda diferente de la que recibió, pero le paga. Uno paga con dólares y el otro con liras turcas. El problema es que las liras turcas sirven para cenar muy bien en Estambul, pero no fuera de Turquía. Sin embargo, con los dólares se puede ir a cualquier lado.

¿Hasta qué punto somos responsables de nuestro papelón?

Al igual que en una obra de teatro, puede que los actores estén de acuerdo con el papel que se les otorga, que lo acepten así sin más, con gusto o a regañadientes, o que se nieguen rotundamente a asumirlo. Mientras que en una compañía teatral se da un importante consenso a la hora de tomar las decisiones, puede que en otra la estructura sea vertical. En este caso no lo pasará bien un actor rebelde, aunque puede que sea en el fondo más respetado. Como ocurre con un padre autoritario y machista y una hija rebelde que no acepta su autoridad. Saltarán probablemente las chispas, pero cada cual tiene un papel más autónomo. Y al final es posible que se entiendan mejor que un padre autoritario y una hija sumisa y miedosa.

Cuando nacemos, traemos al mundo una personalidad intrínseca, intransferible. Luego las vivencias van reforzando o destruyendo ciertos aspectos de esta personalidad. No es lo mismo tener una personalidad genéticamente estable y estropeada por circunstancias familiares hostiles, que si a una inestabilidad basal se suma un entorno hostil.

El hecho de que detectemos dónde hace aguas el barco, no quiere decir, necesariamente, que lo saquemos a flote. Aunque sí es seguro que si no detectamos la fuga terminaremos irremisiblemente hundidos.

En cualquier caso, es muy positivo hacernos responsables de nuestro papelón, pues sólo así podremos cambiarlo.

GALERÍA DE PAPELONES

Vamos a mostrar ahora una serie de papelones que podríamos considerar antológicos y arquetípicos. Hemos elegido doce clásicos, que pocas veces faltan en una familia, en una empresa o en las más variadas situaciones sociales. Algunos de estos papelones son más recurrentes, aunque no pocas veces muestran de manera camaleónica sus versiones más modernas. ¿Quién no conoce en su familia o en su entorno cercano alguna Víctima, Chivo Expiatorio o Rebelde? Por no hablar de los Parásitos, siempre prestos a chupar del bote, o de los Salvadores, que son capaces de dar la vida con tal de darle un sentido a su existencia. Estos papelones son bastante universales, podemos encontrarlos en cualquier país del mundo. Luego hay papelones con más denominación de origen. La Gallina Clueca, por ejemplo, es más habitual en el sur de Europa, sobre todo en Italia y España y en Iberoamérica (donde se la conoce como Mamá Gallina) que en los países del norte, donde la conducta de las madres hacia sus hijos es vista por las progenitoras sureñas como más propia de cuervos que de mamás. Para una "fría" madre alemana, la española puede antojarse claustrofóbica y neurótica. Aunque, dicho sea de paso, cada vez detecto más Gallinas Cluecas en los países del norte, algo que quizás se deba a la evolución social que está sufriendo (y gozando) el planeta. *En todas partes cuecen habas*, dicen los españoles. Y *en todas partes cuecen con agu*a, afirman los alemanes. Empezaremos por las habas, cocidas en buena agua universal.

Al final del libro, en la "Escuela de nuevos actores", encontraremos un "Test de los papelones", que te servirá para ver cuál podría ser el tuyo. Puedes hacerlo ahora mismo o más tarde. No pretendemos cubrir en este libro toda la gama de papelones, por cuestiones de espacio nos hemos centrado en algunos de los más arquetípicos y comunes. Por eso es bueno que el lector medite sobre su papelón específico, personal e intransferible.

Al final de cada papelón encontraremos una Ficha Técnica, en la que se muestran, de manera sistematizada: ciertos mensajes que impulsan al papelón, los mensajes que ayudarán a liberarse de él y la transmutación ideal del papelón. Un papelón no deja de ser una forma de generar y movilizar la energía. Y casi todos los papelones tienen rasgos positivos. Por eso no se trata tanto de cambiar la personalidad, sino de aceptar nuestra verdadera identidad, que por definición está libre de papelones.

Empezaremos esta galería con un gran clásico, indispensable en toda familia que se precie, y en toda empresa que se precie…

EL SALVADOR

Se trata de una plaga de dimensiones bíblicas, empeñada en alimentar el egoísmo contumaz de Parásitos, Chantajistas y demás fauna de papelones. Son personas a las que les cuesta un mundo decir la palabra "no". Muchas veces se casan con Reyes Sol o con Parásitos, que hacen con ellos lo que les viene en gana. Como el Salvador tiene el síndrome del *Sí señor*, siente un malestar tan poderoso en el plexo solar y en el vientre cada vez que se dispone a decir que no que opta por la única solución que se le antoja viable, que es la de ceder una y otra vez.

Desde que me dedico a desarrollar este concepto de los papelones tengo mucho cuidado en no pedir el más mínimo favor a alguien que no sea capaz de decirme que no. Podría servirme de esa incapacidad para obtener beneficios a diestro y siniestro, pero en el fondo sería poco inteligente, ya que el Salvador, al que a veces podríamos llamar Santo Complaciente, tarde o temprano, terminará exigiéndome el pago de la factura pendiente. ¿A quién no le ha llegado una factura tardía con la consiguiente multa?

En consulta, hay un argumento que uso mucho con los Salvadores Complacientes:

Si no eres capaz de decir No, tampoco eres realmente capaz de decir Sí.

Otro problema que se encuentran los criados bajo el signo de este papelón es que su flexibilidad adquiere niveles yóguicos. Incluso suelen sentirse orgullosos de ser tan flexibles. Sólo ven el lado agradable de esta cualidad, sin duda un rasgo de carácter más agradable que la inflexibilidad. Cuando llegamos a abordar este extremo de la flexibilidad, saco de la recámara otra frase aclaratoria:

La rigidez forma parte de la flexibilidad, la flexibilidad no forma parte de la rigidez.

Para que el lector no se sienta atrapado por una suerte de aforismo taoísta, lo explicaré un poco más. Si una persona es realmente flexible (algo que a todas luces es mejor que ser rígido) dentro del abanico de posibilidades que le brinda su carácter está el de ser rígido, ya que su péndulo ofrece todas las opciones. Sin embargo, una persona rígida lo tiene mucho más difícil para ser flexible. Esto a nivel mental, ya que a nivel corporal a un profesional de la salud muchas veces le plantea más problemas una persona híper-laxa que otra híper-rígida.

Muchas personas que se dedican a profesiones sanitarias lo hacen impulsadas por este papelón. Cuando logran quedarse con la vocación, pero desechando la parte compulsiva, la existencia se les convierte en algo bastante más llevadero y agradable. Otra forma de sobrellevarlo, menos recomendable, es caer en el cinismo y el sarcasmo, algo ciertamente habitual en ciertas profesiones como las médico-sanitarias.

En casi todas las familias hay un Salvador. Parece como si la homeostasis familiar lo precisara. Alguien tendrá que *desfacer* los entuertos de los otros. La génesis

El Salvador

del papelón, al igual que los mensajes que lo alimentan, está en la infancia. El niño ve a su mamá o a su papá triste (algo que a nivel irracional le hace sentir en peligro) y hace lo imposible por devolverle el ánimo. Para el pequeño, salvar a sus progenitores puede convertirse en una costumbre que acaba siendo habitual. Al final, en su interior se establecerá una conexión evidente, una sinapsis permanente entre salvar a los demás y sentirse bien. Si salva está justificada su propia salvación.

Luego será normal que busque parejas Parásitos o Víctimas a las que salvar, pobrecitos dejados de la mano de Dios a los que compensar las injusticias del destino.

Uno salva y de paso se salva a sí mismo de la desnutrición emocional, mientras que el otro es salvado para pasar, tarde o temprano, a reprochar la descompensación generada.

Al Salvador le cuesta, y mucho, aceptar que no es tan bueno como creía, que sus motivaciones no eran tan puras y maravillosas como sospechaba y que más le vale dejar a cada palo que aguante su vela, por el bien del palo, de la vela y, sobre todo, de él mismo.

Thobias, un holandés híper-laxo a nivel corporal practicante de yoga, y sumamente complaciente, viene a mi consulta porque siente que le falta masculinidad. Sus padres se separaron cuando él tenía 8 años. Desde entonces, su madre le habló mal de su padre y de los hombres en general. Fue el cubo de la basura sobre el que la madre incompetente arrojaba todas sus miserias. Al padre, un hombre miedoso, solo lo veía de vez en cuando. Por eso su alma infantil creyó necesario salvar a la madre.

Ambos padres le transmitieron un mensaje claro:

"La vida es peligrosa, el mundo es duro".

A ello se sumó el terrible mensaje de su madre:

"Los hombres son unos cerdos".

Así, desde pequeñito aprendió a tragárselo todo. Su sinusitis refleja que está bastante hasta las narices de la vida en general, y su faringitis crónica es típica en personas que no han aprendido a expresarse. Sienten que no tienen permiso.

En sus relaciones con las mujeres lucha desenfrenadamente por salir del mensaje de la madre: *"Todos los hombres son repugnantes, son lo peor, unos cerdos"*. ¿Todos? No, Thobias tiene que demostrar que él no lo es. Él es un buen hombre, nada machista, que considera a las mujeres, y que está dispuesto a salvarlas y sacrificarse por ellas. Todo esto es fantástico, le digo, lo que no es tan fantástico es que hagas exactamente todo lo que te pidan las mujeres, aunque no quieras, pues con ello te faltas el respeto a ti mismo, que es la única relación (la que tienes contigo mismo) que perdurará sin duda hasta que te mueras. Su novia actual recibió curiosamente un mensaje parecido de su madre: *"No te fíes de los hombres, no te fíes de nadie, no te fíes ni de ti misma"*.

Aquí se combinan, pues, ambos mensajes. Él levanta hasta lo alto de la montaña la piedra de la confianza para que, acto seguido, esta piedra vuelva a rodar hacia abajo, en una danza sin fin. Un Sísifo complaciente.

Independientemente de los mensajes recibidos en la infancia, el papelón del Salvador tiene bastante más solución que, por ejemplo, el papelón de Parásito. Y es que el Salvador es un donante neto, mientras que el Parásito es, por definición, un receptor neto. Financieramente hablando, resulta más fácil dar menos que dar más.

En la "Escena Séptima: Game Over: Desactivando la bomba", seguiremos hablando de Thobias.

FICHA TÉCNICA DEL SALVADOR

Mensaje impulsor del papelón de Salvador:

Sólo tú me puedes ayudar. Sin ti no podré vivir.

Mensajes liberador del papelón, de Salvador:

Sálvese quien ***quiera****. Bastante tengo con sacarme mis castañas del fuego.*

Transmutación ideal del papelón, EL BUEN PAPEL:

Persona empática y asertiva, dispuesta a ayudar, aunque conociendo muy bien sus límites.

El Salvador tiene un compañero de fatigas, dispuesto a cargar con todo. Nos referimos a…

EL ATLAS

El mundo es un lugar poco dado a la justicia de los repartos. Un porcentaje mínimo de la población posee muchos más bienes que la inmensa mayoría de la gente. Y esto no es solo válido para las cuestiones materiales. También se hace extensivo a las culpas y a las responsabilidades. En ese mundo en pequeño que es la familia, siempre hay alguien al que le endosan las cargas. Estas cargas ya suelen venir mal distribuidas de fábrica. Antaño era una cuestión más de género: los hijos varones no tenían que hacer nada en casa, pues era cosa de mujeres. Aunque ellos solían cargar con otras funciones, como los trabajos que requerían fuerza bruta. En una familia moderna es bastante frecuente que a uno se le cargue con un fardo gigantesco, mientras a los demás se les deja tranquilos.

Muchas lectoras podrán atestiguar que, a lo largo de los siglos, solo las mujeres eran responsabilizadas de las labores domésticas. Y a la hora de comer, primero le tocaba al cabeza de familia, luego a los demás varones, para terminar con las mujeres, esas grandes atlantes de la humanidad.

El Atlas recibe, como ocurre con todos los papelones, un premio por su conducta heroica. Los progenitores a veces muestran su orgullo por los esfuerzos sin fin, aunque suelen ser más efectivos los reproches cuando estos esfuerzos bajan en intensidad. Cuando un Atlas deja de arrimar el hombro, plataforma y grúa de tanto peso, le dirigen una mirada reprobatoria: *¿tú también, hijo mío?*. Bien diferente es lo que ocurre con los vagos del teatro familiar. En cuanto éstos limpian un solo plato, toda la compañía aplaude a rabiar tan singular hazaña, del mismo modo que se reprueba que el Atlas deje de actuar por un instante como mula de carga.

Heinrich Heine, que tuvo que cargar con su doble condición de judío y alemán, dedica un poema al desafortunado Atlas, que debe cargar sobre sus espaldas con todo el mundo de los dolores:

"Cargo un peso insoportable, el corazón quiere estallar".

Cuando un niño asume este papel es muy difícil que se libere del mismo el hombre o la mujer adulta. Para que esto suceda, muchas veces es preciso que la mula de carga reviente, algo que por desgracia afecta no poco a la salud. El Atlas suele ser muy egoísta con el peso de los otros: lo quiere todo para sí, pues le enseñaron, o eso entendió, que poco sentido tendría su existencia si no era para cargar y cargar. Suelen ser personas incapaces de delegar y a las que resulta poco menos que imposible pedir un favor, pues ello significaría renunciar a la esencia de su aparente identidad.

Hay Atlas Salvadores, y otros que sencillamente son cargadores de fardos ajenos. Se diferencia del Salvador en que no necesariamente tiene que salvar a nadie, le basta con cargar. Son como los sherpas del Himalaya: cargan con el peso de la expedición, pero a ellos no les corresponde ninguna medalla cuando los escaladores alcanzan la cima. Un niño Atlas aprende pronto las consecuencias de no cargar con pesos ajenos. La mirada inquisidora del padre, el reproche de la madre. A veces les corresponde el papel de consejeros de sus progenitores. Si la madre cuenta a su hija de 13 años lo dura que es la vida con su padre, que es su marido, o si le pide consejo en relación a sus amantes, le estará inculcando el papel de Salvadora. Pero cuando le impone cargas excesivas para su edad, como cuidar a los hermanitos pequeños, limpiar la casa o asumir tareas absurdas, estará generando a una mujer con el papelón de Atlas.

Cuando el Atlas se libera de su papelón (algo que ciertamente he vivido con muchos pacientes) la vida se torna ligera, muy ligera. Cada kilo ajeno se nos antoja como 10 kilos propios. La carga de uno, por muy pesada que sea, es mucho más llevadera que la de los demás.

El Atlas

FICHA TÉCNICA DEL ATLAS

Mensajes impulsores del papelón del Atlas:

Si no lo haces tú no lo hará nadie... Sólo no puedo, te necesito.

Mensaje liberador del papelón del Atlas:

Cada palo que aguante su vela.

Transmutación ideal del papelón, EL BUEN PAPEL:

Persona responsable que sabe decir "no" y que no hace más de lo que le toca en cada momento.

El Atlas, el Salvador, ambos sienten una irrefrenable atracción por un personaje siniestro, que también los busca irrefrenablemente. Nos referimos a...

LA VÍCTIMA

Todo un clásico que no debería faltar en ninguna familia ni en ninguna colección de cromos de papelones. Aquí no nos referimos a las víctimas de las mil barbaridades que acomete el género humano (guerras, terrorismo, abusos de toda índole, accidentes), o la ferocidad de los fenómenos naturales (terremotos, volcanes, tormentas, inundaciones, etc.). Una cosa es la víctima como realidad que nos puede tocar a todos en algún momento, y otra bien diferente tener el papelón de Víctima. Una mujer puede ser realmente víctima de un maltratador, y afortunadamente, hoy en día hay en todos los países más o menos desarrollados mecanismos para defenderla de los acosos. Los victimarios reciben órdenes de alejamiento y en algunos casos dan, afortunadamente, incluso con los huesos en la cárcel.

El papelón de Víctima es otra cosa. Consiste en encontrar regocijo y dicha en la pose del sufrimiento. Hay mensajes inveterados, como el de *la vida es un valle de lágrimas*, que nutren al papelón.

La Víctima tiende a convertirse en verdugo, en perseguidor, como veremos más adelante, cuando hablemos del *Triángulo Dramático de Karpman*. Hay personas que son víctimas de Víctimas. Saben defenderse muy bien de las personas agresivas, pero sucumben al poder de la Víctima.

Las Víctimas suelen rodearse de Salvadores, Buenos de la película y Chivos Expiatorios a los que robar la energía y entregar sus problemas. Como estos problemas de la Víctima no tienen fin, pues para eso es la Víctima, estar a su lado es tremendamente agotador. El chantaje emocional es su principal herramienta de coacción. Saben usarlo con verdadera maestría. No les resulta difícil crear dependencias basadas en la mala conciencia y el sentimiento de culpa, dos de las mayores lacras de la Humanidad.

La Víctima

No me cabe la menor duda de que el lector o la lectora que lea estas líneas conocerá a alguien en su entorno con este papelón. Es casi imposible que esto no ocurra, pues se trata de un arquetipo realmente recurrente. Si él o ella es una Víctima, no se dará por aludida, y si lo hace es porque ya está saliendo del papelón. La Víctima saca mucho de su actitud, aunque también pierde mucho. En el momento en que descubre y reconoce que lo es, es porque ya tiene recorrido gran parte del camino de la liberación, como ocurre con los alcohólicos confesos.

La víctima de la Víctima no lo tiene tampoco fácil, pues es una Supervíctima. En la Escena Séptima dedicaremos un espacio a liberarnos de los papelones. De momento solo adelantaremos que, al igual que el Parásito (pues de algún modo la Víctima Profesional tiene mucho de Parásito), es necesario un tiempo de carencia para que deje de actuar sobre nosotros.

En Berlín, los niños turcos tienen un insulto especialmente duro para ofender a los otros muchachos: *"Tú, víctima"*.

FICHA TÉCNICA DE LA VÍCTIMA

Mensajes impulsores del papelón de la Víctima:

Pobrecito de mí, me siento solo y abandonado. La vida es un valle de lágrimas.

Mensajes liberadores del papelón de la Víctima:

Yo puedo solo, no necesito a nadie, se acabaron los llantos.

Transmutación ideal del papelón, EL BUEN PAPEL:

Persona liberada que ha decidido tomar las riendas de su vida.

Aunque también hay verdaderas víctimas de las dinámicas familiares. No actúan como Víctimas, sino que son víctimas reales. Víctimas que asumen inconscientemente el cáliz familiar, con tal de que todo se mantenga en equilibrio. Se trata de un papelón muy sacrificado. Nos referimos a...

EL CHIVO EXPIATORIO

En el capítulo 16 del Levítico se describe el rito de la expiación, a celebrar cada año. Aarón recibe de la asamblea de los hijos de Israel dos machos cabríos para expiar los pecados y un carnero para el holocausto.

Desde la prehistoria, el hombre ha realizado ofrendas para tener contentos a los dioses. Los incas, por ejemplo, ofrecían vidas humanas a sus deidades. Ser sacrificado era todo un honor, y como creían en la continuación de la vida más allá de la muerte, se entregaban gustosos a sus dioses. En este sentido, puede que el Chivo Expiatorio sea una de las funciones o papelones más importantes a la hora de mantener la cohesión y el equilibrio homeostático del grupo familiar.

El Chivo Expiatorio

Es rara la familia en la que no haya un Chivo Expiatorio, al que muchas veces llaman "la oveja negra". Los niños aceptan gustosos las cargas del ambiente, y en especial las de sus padres, pues es una manera de verse merecedores del amor incondicional. A muchos esquizofrénicos o drogadictos que he tratado se les otorgó, o asumieron, el papelón del Chivo Expiatorio. En casi todas las dinámicas de grupo, ya sea en la escuela, en el trabajo o en la familia, se tiende a endosar a alguien el papel de Chivo Expiatorio. Es al que le suele tocar la patata caliente. A veces, no tantas, éste se rebela, mientras que en otras ocasiones actúa como un verdadero cordero degollado.

No hay que olvidar que una familia enferma no permite tan fácilmente que ninguno de sus miembros sane, pues vería peligrar su integridad (y su identidad).

El papelón del Chivo Expiatorio se nutre de múltiples mensajes inculpadores. Cuando alguien del clan carga con la culpa, los demás no tienen que hacerlo. Cargar con la culpa es un acto heroico, que asumen con gusto los hijos con tal de que los quieran. Con la culpa ocurre algo extraño, pienso que a nivel mundial, y es que unas personas tienden a asumirla toda, y otras a no asumirla en absoluto. La culpa es como cargar con un peso: es imposible, físicamente, que dos personas carguen con la totalidad del peso de la misma piedra. Si yo asumo el transporte de la piedra, tú no tienes que hacerlo. Es difícil cargar una piedra pesada entre dos personas. El Chivo Expiatorio tiende a asumir todo el peso inculpatorio, especialmente en culturas de la culpa, como la nuestra judeo-cristiana, que se llevan la palma de oro. El karma hinduista también supone un reparto nada equitativo de la culpa. Las castas inferiores son los Chivos Expiatorios de todo el peso social.

La diferencia entre el Chivo Expiatorio y la Víctima es que esta última tiene la pose de la carga, mientras que el primero asume la carga real. En ocasiones, el Chivo Expiatorio juega un doble papel de Víctima. Y se distingue del Atlas en que éste lo carga todo, mientras que el Chivo Expiatorio está especializado en cargas de culpabilidad.

FICHA TÉCNICA DEL CHIVO EXPIATORIO

Mensajes impulsores del papelón del Chivo Expiatorio:

Tú tienes la culpa.

Mensajes liberadores del papelón del Chivo Expiatorio:

Aparta de mí este cáliz. Sólo asumiré mi responsabilidad y mi culpa.

Transmutación ideal del papelón, EL BUEN PAPEL:

Persona empática y responsable que no acepta culpas ajenas.

Ahora pasamos a analizar un papelón que comparte ciertos rasgos con la Víctima. Está por todas partes y conviene cuidarse de él. No es otro que...

EL PARÁSITO

Siempre me ha fascinado la atracción fatal que sienten muchas personas generosas por los Parásitos. A nivel de papelones es algo bastante lógico. Dos parásitos nunca se atraerán, ya que ambos ven al otro como adversario, y no como huésped. En casi todas las familias el Parásito tiene un carácter arquetípico. Si vemos al Parásito como un actor de nuestra obra de teatro personal, podremos sentir incluso cierto agradecimiento y respeto, ya que nos libera a nosotros de ese papelón.

Si nuestro hijo es un Parásito clásico, como lo queremos, lo mejor que podemos hacer por él es desparasitarle. Eso no quiere decir que lo consigamos, pero a las malas lograremos que no se convierta en una tenia que habita nuestros intestinos. Al menos lograremos que se atenúen sus acciones. Para ello hay que ser capaces de superar el periodo de carencia que supone modificar nuestros hábitos de actuación. De esto hablaremos también en la Escena Séptima.

Hay dos tipos de Parásitos: el primario y el secundario. El primario es más puro, apunta maneras desde muy pequeño. En su caso, la educación juega un papel menor que en el del secundario, que es más bien fruto de una madre Gallina Clueca, o de un entorno general que le permite apoltronarse.

Cuando se trata de un Parásito primario, que ya suele nacer con cara de garrapata, lo más sano es evitarlo como a la peste. A un Parásito secundario se le puede cambiar cambiando uno su propia actitud hacia él. Si una madre Gallina Clueca deja de hacerle la cama, la comida, etc., él asumirá, incluso a veces con alegría, la nueva situación. El primario criticará hasta el absurdo a su entorno para seguir usufructuando su beneficiosa situación. Muchas veces recurrirá para ello al lenguaje de la Víctima y, sobre todo, al argot del Chantajista.

Una persona a la que tuve en buena estima, y que tenía bastante arraigado el papelón de Parásito, había caído en el mundo de las drogas (un mundo protagonizado con frecuencia por los Parásitos y los Chivos Expiatorios) y tenía esa vertiente heroica de algunos Parásitos. Siempre le pasaban cosas inexplicables. En cierta ocasión, siendo muy joven, se encontraba en un edificio porque pretendía robar en un apartamento para poder comprar heroína, cuando de pronto se desató un incendio. Desde el interior de uno de los pisos empezó a escuchar los gritos de una niña pequeña. Al parecer, sus padres habían salido a hacer unas compras y se había quedado sola en casa. Este joven, que sabía como buen buscavidas cómo forzar una puerta, no se lo pensó dos veces. Irrumpió en el apartamento y salvó a la niña. Al día siguiente salió incluso en los periódicos: "*Joven salva a niña de las llamas*". Lo que nadie supo era lo que buscaba realmente aquel muchacho en aquel edificio. Después, aquel hombre salvó varias vidas más en las circunstancias más inverosímiles. Ha sido un Parásito contumaz y también un héroe.

Es importante quitarse, en la medida de lo posible, a los Parásitos de la vida, aunque si los vemos en su papelón en esa obra de teatro que compartimos con

El Parásito

ellos, puede que nos resulte más fácil no juzgarles. Ni juzgarles, ni sufrirles. De hecho, cuanto menos suframos las consecuencias de sus acciones, menos necesitaremos juzgarles.

Si alguien nos mete el dedo en el ojo, solo nos resultará posible perdonarle si tiene a bien sacarlo: *Yo te perdono, no te preocupes, pero ¿no te importaría sacar el dedo? Que cuando se me pase la inflamación te perdonaré de mil amores.* A veces pienso que la palabra "enojo" viene de que el dedo permanece en-ojo.

Entre los Parásitos Secundarios no podemos olvidar a ese gran protagonista de nuestro tiempo presente, un papelón en toda regla. Se trata de un parásito superlativo, aunque especialmente obsesionado por la teta nutricia. Nos referimos a...

El Mamón

No han faltado los mamones a lo largo de la Historia. De hecho, todos los bebés amamantados lo son durante los primeros meses de vida. La leche materna no es solo la mejor opción alimenticia para un bebé, sino que cuenta con factores inmunizadores que prepararán al recién nacido para enfrentarse mejor al universo de los agentes patógenos. Y el que no es amamantado, recibe el biberón, por lo que no deja de ser un mamón. Aunque todavía no hablaremos de papelón, sino de necesidad.

Hay niños a los que dan la teta hasta los 4 años y más, y no en regiones paupérrimas de la Tierra, sino en el mundo desarrollado. Son excepciones, y tampoco diremos que ello vaya a convertirlos automáticamente en Mamones profesionales. Más importante es la actitud de la madre. Cuando la sobreprotección supera los límites de lo razonable y el niño llega a la adolescencia, resultará muy difícil sacarle el papelón. Hay jóvenes conscientes de ese ambiente claustrofóbico en el que han pasado su infancia y levantan el vuelo en el momento en que pueden, aunque ello requiere una energía casi heroica. La leche, el calor materno, son muy agradables y poca gente los abandona de buen grado.

El Mamón se ve como el centro del mundo. No es exactamente igual que el Rey Sol, al que describiremos más adelante. El Mamón es más familiar, actúa más desde el sistema límbico. Es más cariñoso, como un osito de peluche entrañable del que uno no ve manera de liberarse. No suele actuar desde la soberbia, como el Rey Sol, sino más bien al contrario, desde la aparente necesidad: *dame más leche, mamá, que tengo hambre.*

En el hemisferio norte encontramos más bien Mamones del Estado, al que ven como una gran teta nutricia de la que chupar. En Berlín, por ejemplo, hay decenas de miles de jóvenes cuya meta de futuro es seguir recibiendo las ayudas sociales que reciben sus padres desde hace decenios. En este caso es Papá Estado el que se preocupa más de tener a sus bebés bien alimentados y calladitos. Es maravilloso que las personas con menos opciones reciban apoyo del Estado

El En-Ojo

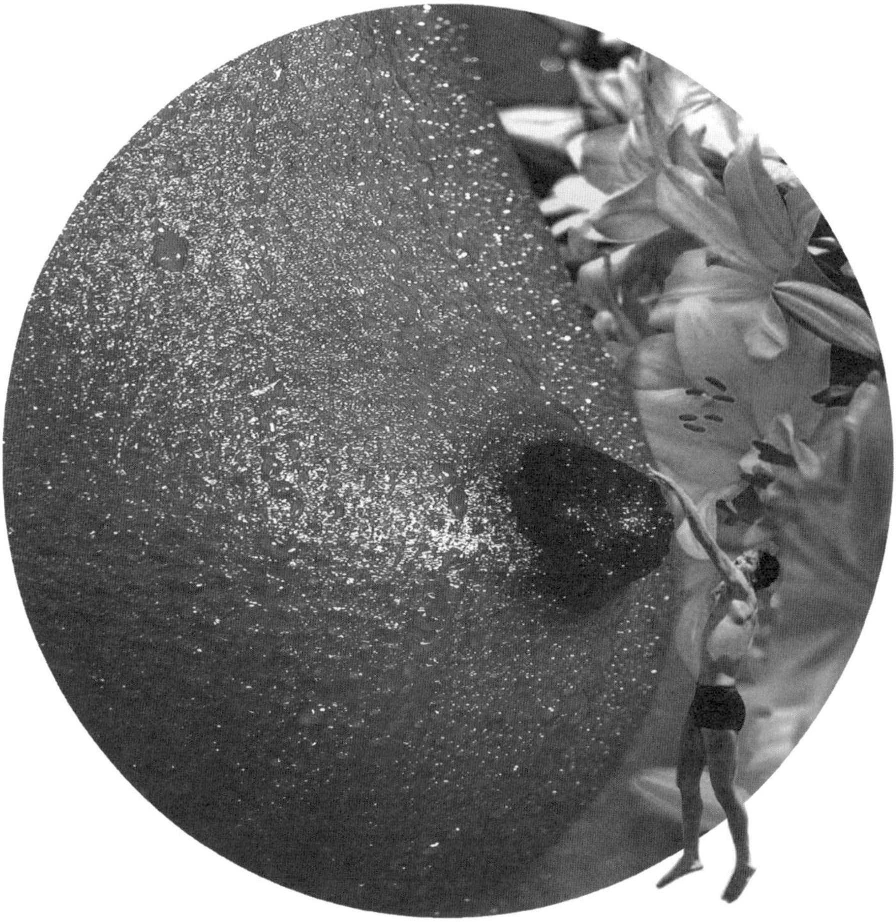

El Mamón

durante un tiempo prudencial. Entre otras cosas se evita la delincuencia, que al final saldría más cara. Lo malo es que, tal y como se ha visto, este fenómeno ha generado verdaderos ejércitos de Mamones.

En cada vez más países (Japón, España, Inglaterra o Italia, por poner algunos ejemplos) encontramos una subespecie de Mamón que es el NINI (ni estudia, ni trabaja; en inglés son los NET y en italiano los NENE) un personaje quejumbroso y altamente desagradable con las entidades nutricias (los padres, sobre todo) a los que atormenta sin tregua. Ellos tienen la culpa de todo: de que no encuentre trabajo, de que no pueda salir de casa, de que no estudie. Estos NINI-Mamones aprenden muy pronto a calibrar los puntos débiles de sus progenitores, sus carencias infantiles más recónditas, de modo que los chantajean sin tregua ni perdón.

Horror, mi hijo es un mamón

En Colombia trato a una Gallina Clueca, Úrsula, que sufre las consecuencias de haber malcriado (o criado excesivamente) a su vástago, que es muy probable se convierta pronto en un NINI.

Úrsula tiene mala conciencia porque se siente responsable de que su hijo no tenga una buena relación con su padre. Mujeres como Úrsula, separada de un Parásito, y que no son responsables en absoluto de la distancia que los padres toman de sus hijos, suelen culpabilizarse por todos los males de sus vástagos.

Ramón, al que solo le sobra una R y le falta una M para augurar su tendencia existencial, tiene malas notas en la escuela, falta mucho a clase y, algo muy común entre mamones, come y bebe compulsivamente. Como su padre es alcohólico a él, por rebeldía, no le da por el alcohol, aunque bebe litros y litros de bebidas refrescantes. Entra en consulta. A sus 16 años le sobran más de 30 kilos. No hace absolutamente nada en casa, y ha aprendido a tocar la tecla afectiva de su Gallina Clueca particular. Cada vez que ésta empieza una relación con algún hombre, el Mamón se encarga de destruir concienzudamente toda posibilidad de éxito, pues no quiere que nadie chupe de la misma teta.

De entrada es simpático. Al menos los primeros minutos. Como no es mala persona (ya mi madre lo decía: "*No es mala persona, no ha matado a nadie...*") uno tiende a pasar por alto sus defectos. Pero enseguida observo que él no quiere soluciones a sus problemas. Tal y como veremos en el apartado de "Juegos de rol", en la Escena Sexta, le gusta jugar el juego *Ayúdame, pero no quiero tu ayuda*. Son personajes agotadores. Su madre ha convertido a la criatura en un monstruo atroz, insoportable para sus amigos y compañeros de colegio y con un futuro dudoso, habida cuenta de la necesidad de interactuar que tenemos las personas en todas las facetas de la vida. Cuando se le terminan los problemas a abordar se inventa otros. Es su manera de chupar. Estas personas resultan extenuantes para los terapeutas.

FICHA TÉCNICA DEL PARÁSITO

Mensajes impulsores del papelón del Parásito:

Anda, deja que ya lo hago yo.

Mensaje liberadores del papelón del Parásito:

Puedo solo.

Transmutación ideal del papelón, EL BUEN PAPEL:

Persona que cumple con sus obligaciones sin depender de nadie.

Solo atacando la causa primaria será posible dar un vuelco a la situación. Y la madre del cordero no es otra que...

LA GALLINA CLUECA (MAMÁ GALLINA)

Es sin duda uno de los grandes papelones de nuestro tiempo. En países como España, Italia o las naciones latinoamericanas son legiones las mujeres que lo asumen con absoluta devoción. Aunque de un tiempo a esta parte, observo con estupor cómo esos vasos comunicantes llamados Europa trasvasan papelones a diestro y siniestro, de sur a norte, y de norte a sur. El resultado es que cada vez encuentro en consulta a más Gallinas Cluecas alemanas. Son las desventajas de la globalización.

Al llegar a Perú descubro enseguida que el país está infectado por una epidemia de Mamás Gallina, la versión latina del papelón. Lo mismo ocurre con Chile, Guatemala, Colombia y otros muchos países latinoamericanos.

El papelón de Gallina Clueca daría tema para todo un tratado. Por eso, intentaremos acotar el espacio del gallinero.

Curiosamente, se trata de un fenómeno bastante nuevo, al menos en las dimensiones pandémicas en que se vive este papelón hoy en día. Hace 30 o 40 años, lo normal es que los hijos intentaran salir de casa lo antes posible. Había normas, reglas estrictas que cumplir, y salir de casa significaba librarse de ellas. En el presente, las madres y abuelas se han convertido en el sostén casi absoluto de países como España. Y como no saben decir no, muchas veces lo sufren como una carga espantosa. En no pocas ocasiones, sus hijos siguen la premisa de *vive de tus padres hasta que puedas vivir de tus hijos*. La Gallina Clueca solo entiende la existencia como servicio a sus polluelos. La vida es simplemente agotadora, pues lo normal es que los pollitos asuman, por lógica, el papel de Parásitos, Mamones o quizás sería más dulce decir de Eternos Polluelos.

Cuando una Gallina Clueca viene a consulta y habla de los problemas de sus hijos, por lo general no puede entender que ella sea parte constitutiva del problema.

La Gallina Clueca

Maestras de la codependencia

Raquel, de 64 años, era una mujer abnegada (la palabra indica una negación, un negarse a sí mismo) y trabajadora, con un marido bueno y dos hijos. La hija mayor era la Salvadora, la Buena de la película. El otro, esquizofrénico, asumió, como ocurre en ocasiones con estas personas, el papelón del Chivo Expiatorio-Parásito. El padre se quedó con el papelón de NS/NC (No sabe/No contesta), del que hablaremos más adelante. Lo que me llamó más la atención de Raquel es que era una mujer muy valiente. Su hijo esquizofrénico, de casi 40 años, estaba siendo tratado por un psiquiatra con mucho sentido común, y la enfermedad estaba bastante controlada. Incluso el doctor consiguió reducir de manera importante la medicación, sin que se produjeran brotes. Después de analizar a fondo la situación del hijo enfermo mental, se vio claro que esta enfermedad no era el principal problema en ese momento. Como Gallina Clueca tenía al hijo totalmente malcriado (o sea, excesivamente criado). Le hacía la cama, le preparaba la comida todos los días, y como él tuvo un intento de suicidio, pensaba que tenía que ser su esclava para evitar que lo volviera a intentar. El problema más acuciante del hijo era su parasitismo contumaz. Raquel no había recibido el afecto de su madre. De ahí que ella sintiera la necesidad de compensar aquella ausencia de cariño dándoselo en especial a este polluelo descarriado. Además, el padre de Raquel murió de repente siendo ella muy joven. Una de las leyes básicas de las dinámicas familiares: si tu padre no te pudo demostrar que te quería, tú buscarás la manera de compensarlo con tu hijo. Aunque sea de manera compulsiva y amorfa.

Lo bueno de este caso es que también entró en el tratamiento la hija mayor, la Salvadora. Aceptaron ambas, la madre y la hija que, después de más de 20 años entre psicólogos y psiquiatras, merecía la pena intentar nuevas estrategias. Abordar el asunto desde otra perspectiva, reconociéndose codependientes de la enfermedad de su hijo y hermano.

Alberta, la hija sana, reconoció que siempre miraba por encima del hombro a su hermano: que si debes hacer esto, que si debes hacer lo otro… Su hermano menor reaccionaba con rebeldía, pues cada vez se sentía más pequeño. Su autoestima estaba por los suelos. Mientras hablaba con Alberta, le vino a la memoria una anécdota. Un día le pidió ayuda a su hermano para arreglar algo en su casa, y él se la brindó de mil amores. Esto es justo lo contrario que hacía la madre: impedirle a su hijo enfermo que tuviera la más mínima oportunidad de ser útil de algún modo. Si algún día se ponía a fregar los platos o a freír un huevo, actuaba hablándole como suele hacerlo toda Gallina Clueca que se precie: "*¡Anda, deja, deja, que lo vas a dejar todo perdido!*"

Entre los tres planeamos la nueva estrategia. Si quieres nuevos resultados, cambia los planteamientos. Si tu producto no se vende, modifica la estrategia de venta.

Urdimos un plan antiparasitario, del que hablaremos al final del libro.

La codependencia que generan estas amorosas Gallinas Cluecas tiene un carácter altamente adictivo para ellas y para sus polluelos. Cuando éstas mueren, el caos que dejan tras de sí es monumental. Dejan huérfanos a hombres hechos y no derechos, plenamente dependientes y que, en muchas ocasiones, no ven la manera de defenderse por sí solos en el caos de la existencia. Es relativamente frecuente que mueran poco después que sus amorosas madres, pues no pueden, físicamente, vivir sin ellas. Crear a un hijo para la dependencia debería estar penalizado por la ley.

Esta codependencia de la Gallina Clueca se muestra muchas veces en toda su crudeza en el caso de los drogadictos. Ángela, así llamaremos a la madre de un drogadicto que traté hace ya varios años, pensaba que la enfermedad de su hijo era como un castigo divino. La mujer abnegada tiene como profesión negarse a sí misma. Y como ya comentamos, muchos drogadictos, al menos así lo he visto yo en consulta, asumen el papelón del Parásito. La ecuación Gallina Clueca + Parásito es peligrosísima. Ángela llegó a decirme que si pudiera, moriría (ab-negación) en ese mismo instante con tal de que su hijo dejara las drogas. Esta idea no podía ser más absurda, supersticiosa y paralógica. Prefería morir a cambiar los resortes existenciales que apuntalaban la drogadicción de su hijo. Le dije que lo que decía era una soberana estupidez. Le puse en situación: ella muerta, y su hijo a su lado, atribulado por la culpa y los complejos, con más ganas aún de drogarse.

Eliminar el papelón no significa automáticamente que el hijo vaya a dejar las drogas. Pero si ella no veía el problema como un asunto sistémico, y no estaba dispuesta a cambiar actitudes y conductas, a cambiar su rol, era prácticamente imposible que el joven se desintoxicara. En este caso, no hubo tanta suerte como en el anterior, ya que el beneficio secundario de la codependencia era demasiado grande como para renunciar a él:

"Sí, pero ¿cómo voy a dejarlo en la calle?"

El lector se puede imaginar cómo prosiguió la conversación.

Por cuestiones religiosas, con un catolicismo que enseñó a decenas de generaciones de mujeres que la vida era un valle de lágrimas, y que una mujer santa era la que se sacrificaba por los demás, España (y Latinoamérica por la inercia de la Colonia) es un bastión de las Gallinas Cluecas. Como dije antes, esta circunstancia ha generado verdaderos monstruos sobre todo desde hace 40 años, como paradójica consecuencia de la evolución en la sociedad española, algo de lo que hablamos al principio del libro.

Debido a la alta probabilidad estadística de que una lectora en lengua castellana haya asumido fervientemente el papelón de Gallina Clueca, de Mamá Gallina, te recomiendo, querida lectora, que hagas un examen de conciencia

(¡qué gracioso, tampoco yo puedo liberarme del lenguaje confesional!) para ver qué aspectos de los tratados en este apartado podrían atañerte a ti. Cuando realices el "Test de los papelones" (pag.190), seguiremos conectados.

Ah, y a veces la cosa se complica aún más. Como la Gallina Clueca establece una relación de codependencia con sus Parásitos, al final ella también termina exigiéndoles que estén a su lado, convirtiéndose en una Clueca Parásita.

Por cierto, no pensemos que todas las Gallinas Cluecas son mujeres, cada vez hay más papás Cluecos. Progenitores híper-nutricios convencidos de que su sacrificio debe ser absoluto.

FICHA TÉCNICA DE LA GALLINA CLUECA (MAMÁ GALLINA)

Mensajes impulsores del papelón de la Gallina Clueca:

Hay que ser una buena madre. Si no hago lo que me piden, seré una mala madre.

Mensajes liberadores del papelón de la Gallina Clueca:

Ahueca el ala, hijo mío, cada uno en su casa, y Dios en la de todos.

Transmutación ideal del papelón, EL BUEN PAPEL:

Madre (padre) independiente, que da a sus hijos lo que necesitan, pero que los deja volar cuando llega el momento, olvidándose del síndrome del nido vacío.

Además de ser exitosas generadoras de Mamones y otros Parásitos, las Gallinas Cluecas han propiciado un nuevo prototipo de personaje insufrible. En este caso la plaga es pandémica, global. Nos referimos a...

EL REY SOL

Es uno de los papelones más habituales que nos brinda nuestro tiempo. Es paradójico porque se supone que el Rey Sol era eso, único, inigualable, inalcanzable, como nuestra querida estrella.

A veces, cada mucho tiempo, se genera un fenómeno meteorológico singular: en el cielo aparecen dos soles. Hay quien habla de que esto está causado por una supernova en extinción, otros por el planeta número 12, ya descubierto por los sumerios. Sea como sea, el caso es que se ven dos soles. Pero imagínese el lector que no fueran dos soles, sino cientos de millones. El enfado de cada uno de los soles debería ser total. Porque por definición el Sol es como la madre, no hay más que una. Esto es lo que pasa con estos millones de niños de todo el mundo a los que les han hecho creer que eran únicos, inigualables e inalcanzables, como el sol. El hijo de uno es único por definición, pero solo si consideramos la órbita gravitacional familiar. Lo absurdo es pensar, e invitar a pensar a nuestro hijo, que él solito es la estrella que resplandece sobre todas las galaxias:

El Rey Sol

Antiguamente, o sea, hasta hace más o menos 40 años, ciertos valores como la disciplina o el sacrificio tenían validez universal. Un niño era, por lo general, educado en esos valores, y cuando se salía de los mismos recibía inmediata sanción o castigo. Llegó una nueva generación, la de la posguerra, educada para las inclemencias y que, sin embargo, vivió una bonanza inesperada. En el mundo occidental, las décadas de los 60, 70 y 80 supusieron una ruptura con toda la historia anterior de la Humanidad. Parecía que el progreso no tenía fin ni tregua, como tampoco parecía tenerlo el crecimiento. Aquellas generaciones de jóvenes habituadas a la dureza tuvieron hijos, a los que educaron para ser los dueños de la Creación. De pronto, Occidente dio a luz a millones de Reyes Sol. Todo un papelón, habida cuenta de que a estos pequeños les ha tocado bregar con décadas de crisis, de bajadas de sueldos, de limitaciones y emigración.

Niños maleducados

Son muchos los profesores que se prejubilan para no tener que bregar con unos alumnos incívicos e insolentes y, con lo que es peor, con los padres de esta auténtica plaga bíblica. Antes, por definición, los padres tomaban partido por los profesores, algo que generaba bastantes injusticias. Hoy en día es difícil encontrar, incluso en ámbitos de gente formada y culta, a padres con el suficiente sentido común como para saber diferenciar entre los problemas ocasionados por los niños y los provocados por la mala gestión educativa o emocional de los maestros, algo que aumenta día a día al sentirse éstos completamente desbordados.

Una legión de Reyes Sol recorre las calles, las universidades, imponiéndose soberanamente en las relaciones más variopintas. Tal y como ocurre con los Parásitos, que cuando se encuentran salen corriendo, pues son enemigos naturales entre sí, los Reyes Sol no soportan que sus parejas, ni sus colegas, ni la sociedad en general los traten con indiferencia. Ellos fueron creados para las reverencias: *tú eres el mejor, el más hermoso, eres incomparable, solo tú eres el Rey*. **Una legión de reyes insatisfechos, que suelen postergar la salida del entrono familiar** *in extremis*, **ya que muchos de estos Reyes Sol terminan siendo auténticos Mamones profesionales, por su condición de Parásitos secundarios.** Una legión de infelices a los que la vida les brindó una infancia apoteósica, una adolescencia problemática, una juventud irritante y una madurez que puede que nunca llegue.

La ventaja es que, como decíamos, cuando tengan hijos, si es que los llegan a tener, pues a los hijos hay que cuidarlos y ellos solo están para que los cuiden, lo normal es que los pongan enseguida a su servicio. Intentarán, inconscientemente, convertirlos en hijos Salvadores, que de manera compulsiva tratarán de mantener el solar reinado de sus progenitores.

Hace algo más de 20 años viví en Alemania la génesis de los Reyes Sol que, dicho sea de paso, es una auténtica plaga mundial. Yo entonces estudiaba en la Freie Universität. La asociación de estudiantes siempre tenía trabajos temporales para los alumnos. Y cuando se acercaba la Navidad, uno de los trabajos más cotizados era el de Papá Noel. Te adjudicaban unas 10 familias a las que llevabas los regalos para Nochebuena. En aquella época todavía no se vivía en España ese despropósito de los regalos sin fin para vástagos displicentes. Para mí era traumático ver de cerca tanto intento de comprar la felicidad a base de regalos. Prácticamente ninguno de los niños a los que entregué los presentes se mostró realmente agradecido. Creo que ninguno dijo "gracias", y eso que a los alemanes se les ha llegado a llamar los *Danke-Bitte*, por su capacidad de decir "gracias" y "de nada" al menos 300 veces al día. A nivel sociológico fue muy interesante para mí, pues desempeñé ese papel durante varios años. Me encontraba con padres que intentaban compensar su mala conciencia por estar ausentes regalando en exceso a esos pequeños tiranos que, como el Rey Sol, miraban con desdén las ofrendas de los súbditos. Pensé que esta escena era solo propia de Alemania, pero con el tiempo me he encontrado la misma papeleta (pues otra cosa no es) en Asia, en Latinoamérica, en Norteamérica y, por supuesto, en toda Europa.

Hoy en día está mal visto eso de decir a los niños: "*Dile gracias a la tía por el regalo que te ha hecho*". Resulta poco moderno, hasta un tanto casposo. Eso es cosa de viejos. La única objeción es que la persona desagradecida lo tiene poco menos que imposible para ser feliz.

El agradecimiento es una de las llaves del bienestar

El agradecimiento no es una palabra, sino un sentimiento que no se puede expresar en plenitud solo con palabras. Una emoción, una vibración que te conecta con los otros y con todo lo bueno que el Universo depara a cada uno de nosotros.

Y toda una generación en la que abundan los desagradecidos supone todo un problema para la sociedad. ¿Quién es responsable, el desagradecido o el que le permite serlo?

Estos Reyes Sol se encuentran con un problema adicional: desde muy pequeños, antes incluso de que aprendan a hablar, se dan cuenta de que su opinión cuenta y mucho. Es más, solo su opinión cuenta. "*Hijo mío*", le dice el padre a su hijo de 3 años en el restaurante, "*mira, esto es lo que hay: de primero, de segundo..*". El niño, totalmente abrumado, se dedica a desmontar el poco potencial intelectivo del padre. Luego el padre y la madre se extrañan de que el niño no coma lechugas ni verduras, sino únicamente productos que extrañamente son insanos: hamburguesas, pizza y poco más.

Una vez mi hijo me dijo que cuando era pequeño no se llevaba tan bien conmigo como después. Yo le expliqué que cuando un niño nace uno tiene que ser mucho padre y muy poco amigo. Y que con el paso de los años la proporción se revierte, terminando ya con un padre viejo que será, idealmente, muy poco padre y muy amigo.

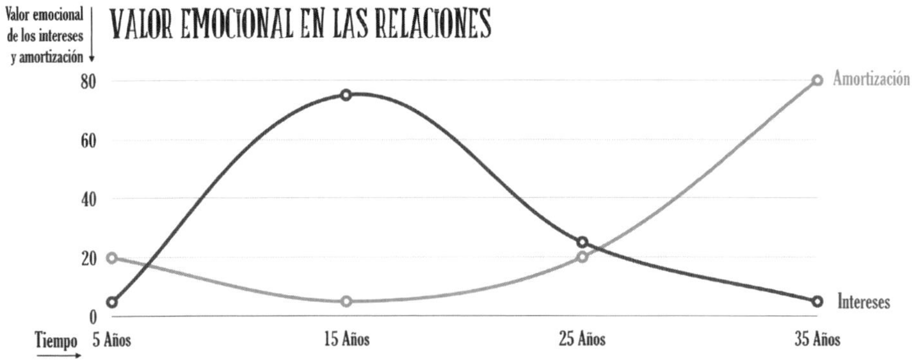

Como en el caso de las hipotecas, tendríamos esta curva.

O sea, que la amortización sería como la amistad hacia los hijos: al principio casi nula y al final total. Los intereses servirían para simbolizar los esfuerzos por educar al vástago, que al principio son enormes y luego, con el paso de los años, dejan paso a una laxitud lo mayor posible.

FICHA TÉCNICA DEL REY SOL

Mensajes impulsores del papelón del Rey Sol:

Tú eres lo más importante, el centro del universo.
Elige lo que quieras. Pide y se te dará.

Mensajes liberadores del papelón del Rey Sol:

No eres el centro del universo, aunque sí eres muy importante para mí.

Transmutación ideal del papelón, EL BUEN PAPEL:

Persona con autoestima, aunque consciente de que es uno más.

Ahora pasaremos a describir una realidad bastante común en muchas familias y situaciones sociales. Personas que se sienten desplazadas, noqueadas y anuladas por los que las rodean. No se sienten comprendidas, ni queridas, pues les ha tocado ser ...

EL PATITO FEO

—Ya no queda más que este huevo, pero no termina de salir ... —dijo la pata recostada—. No hay forma de que rompa el cascarón. Pero mira a los otros, no me dirán que no son los patitos más lindos que se hayan visto jamás.

Es una historia arquetípica. El cuento de *El Patito feo* nos conmueve porque todos, en algún momento de nuestra vida, nos hemos sentido incomprendidos. Sin ir más lejos, he visto en consulta a muchas mujeres que cometieron, desde la

El Patito Feo

perspectiva de sus padres, el grave error de no nacer hombres. No tan habitual es el caso contrario, como aquel paciente al que su madre vestía de niña porque odiaba a los hombres y no podía aceptar tener un hijo. Un niño sensible en un entorno tosco será tan Patito Feo como uno robusto y deportista en un ambiente de intelectuales rígidos. Cuando uno se siente fuera de contexto en su familia es porque de algún modo ejerce de Patito Feo.

En ciertos países como China, que tuvo hasta hace bien poco un exhaustivo control de la natalidad, esto ha tenido una importancia superlativa. En un entorno hostil, una persona más evolucionada sufre lo indecible la incomprensión de los suyos. Con un poco de suerte, este Patito Feo irá creando un mundo paralelo, de personas nutritivas, que saben que no es un pato, sino un cisne.

Una vez asume el lector su papelón de Patito Feo, debe aceptar que la comprensión que no recibió cuando más la necesitaba ya nunca llegará. Pueden venir nuevas ofrendas de la familia, pero lo que no fue, no será, no podrá ser. Centrarse en lo que no fue nos impide disfrutar, por ejemplo, de lo que un padre anciano quiere darnos, consciente de que no estuvo a la altura cuando éramos pequeños. Si no hizo más fue porque no pudo. Cuanto antes olvidemos las cuentas pendientes del pasado, más podremos disfrutar de los regalos del presente.

Hay Patitos Feos reales y personas que consideran que son Patitos Feos por la incomprensión que sienten, cuando en realidad son meras víctimas que se creen abandonadas.

Todas las personas ninguneadas de algún modo en sus familias por razones sexuales, intelectuales o del tipo que sea han ejercido de Patitos Feos.

FICHA TÉCNICA DEL PATITO FEO

Mensajes impulsores del papelón del Patito Feo:

No me importas nada, no existes para mí. Tu hermano es mucho mejor que tú. No lograrás nada en la vida.

Mensajes liberadores del papelón del Patito Feo:

Eres distinto, por eso tu camino también será distinto, acércate a la gente que te acepta tal y como eres.

Transmutación ideal del papelón, EL BUEN PAPEL:

Persona que busca y encuentra un entorno nuevo en los que se siente cómoda, respetada y querida.

Ahora hablaremos de un papelón agotador, verdadera escuela de diplomáticos. Nos referimos al papelón de…

EL VINCULADOR

Quien solo busca el aplauso de los demás, pone su felicidad en manos ajenas
Oliver Goldsmith

Una paciente, Federica, me comentaba con estupor que siempre le pasaba lo mismo: terminaba compartiendo piso con una familia, de la que se convertía en el vínculo marital. Cada vez que había problemas entre los cónyuges, allí estaba Federica. Al final, independientemente de que se solucionara el problema, terminaba convirtiéndose en Chivo Expiatorio de la crisis marital y tenía que irse de la casa. Bien porque era un testigo incómodo de un pasado hostil, bien porque ya no podía más. En cierta ocasión, la hija de una de las familias le contó cosas que le pidió no contara a la madre, convirtiéndose también en Vinculadora compulsiva entre todos los miembros del clan.

Estos Vinculadores pueden sacar partido a las habilidades desarrolladas: pueden ser excelentes mediadores, sobre todo si se liberan de la carga dramática y neurótica del papelón. Y, como dijimos antes, brillantes diplomáticos, algo que no viene nada mal en un mundo tan beligerante como el actual.

Los Vinculadores sufren muchas veces *mobbing*, pues llegan a quedar exhaustos en sus intentos de que todos se lleven bien en la empresa, en la familia o en la organización que sea. Les cuesta definirse en un conflicto, son grandes complacientes, pero como no toman partido por nadie al final se quedan muchas veces solos. Todos acaban sintiéndose decepcionados con ellos y los castigan. Por eso es muy importante para los Vinculadores dejar que los demás soporten el peso de su conflicto.

En *Las amistades electivas*, de Goethe, encontramos a un personaje llamado Mittler (Mediador) que parece tener un agudo olfato para percibir conflictos en los que mediar. Por ese dicho latino de que *Nomen est omen* (el nombre augura lo que seremos) no deberíamos hablar en este caso de papelón, sino más bien de vocación.

La vocación puede llenar de sentido nuestra vida, los papelones la pueden convertir en un infierno. La diferencia estriba en que la vocación nos llena de energía, esa energía que se percibía en la Madre Teresa y en tanta gente entregada a los demás, mientras que el papelón es, simple y llanamente, agotador, te roba hasta la última gota de energía.

El Vinculador

FICHA TÉCNICA DEL VINCULADOR

Mensajes impulsores del papelón del Vinculador:

Tienes que mediar por mí. ¿Por qué no hablas con él o con ella?

Mensaje liberadores del papelón del Vinculador:

No se puede quedar bien con todo el mundo. Allá se entiendan ellos.

Transmutación ideal del papelón, EL BUEN PAPEL:

Persona diplomática, pero que no necesita interceder en los conflictos ajenos.

Pasemos a analizar ahora a un personaje imprescindible en la evolución humana. Aunque a veces él mismo sufre su propia pulsión. Nos referimos a...

EL REBELDE

Es fantástico que haya personas que anhelan la justicia. Si no hubiera habido, a lo largo de la Historia, toda una serie de personajes, hombres y mujeres, que arriesgaron la vida, y en muchos casos incluso la dieron, por amor a la justicia, hoy no tendrían derecho al voto las mujeres (ni otros tantos derechos que exigieron las personas que lucharon por la igualdad entre los géneros), ni estaría perseguida la esclavitud (aunque sigue practicándose de diversas maneras) o el trabajo infantil. Los pobres seguirían sin tener opción alguna al cambio.

Decíamos que gracias a todas esas personas estamos hoy donde estamos. Figuras literarias como Don Quijote o Robin Hood son arquetípicas de esta necesidad del subconsciente colectivo de romper con las cadenas del pasado y con el yugo de la injusticia. Y muchos de los personajes reales que clamaron contra las injusticias lo hicieron impelidos por una fuerza interna que les permitía superar los miedos más atávicos. Esta fuerza tiene que ver con el papelón, pero al permitirles cambiar de algún modo el mundo, tiene una dimensión trascendental que no encontramos en el papelón. Una Teresa de Calcuta o un Nelson Mandela están tan comprometidos con su función social, tan comprometidos con la Humanidad, que trascienden a cualquier papelón. Si Nelson Mandela es capaz de pasarse media vida en la cárcel y de perdonar a sus carceleros es porque en él hay algo muy grande, una fuerza inherente que va más allá de cualquier clasificación.

Por eso, cuando hablamos del papelón del Rebelde nos referiremos más bien a la pose que a la rebeldía en sí. Muchas veces el Rebelde no se rebela contra las injusticias que ve en el presente, sino contra las que padeció en el pasado.

El héroe justiciero

Una mujer joven llega a consulta. Azucena sufre de mal de amores, una de las primeras enfermedades reconocidas por el género humano. Está enamorada de un joven que también la ama, Daniel, pero... se trata de un amor imposible: él quiere combatir con las armas contra las injusticias del mundo. Azucena me dice que no se lo puede contar a nadie. Sola debe cargar con ese pesado cáliz. Él le ha dicho que no pueden estar juntos para no ponerla en peligro.

Al tratarla se ve claramente que este joven héroe tiene un claro papelón de Capitán Trueno, incluso ella lo compara con Robin Hood. En su imaginario, Daniel ya se visualiza muerto a tiros en una emboscada. Su ídolo es el Ché Guevara. Como veremos en la "Escena Sexta: Juegos de rol", aquí interactúan los diferentes papelones entre sí. Azucena queda sorprendida al comentarle yo que para ser una mujer liberal y moderna parece que está jugando un claro papelón de Mártir. Su amado renuncia a ella por un bien superior que es la destrucción de las injusticias, como si uno no pudiera poner su granito de arena para mejorar el mundo a la vez que vive una relación amorosa plena. Azucena realimenta el ego del muchacho, que siente la fervorosa admiración de su amada. Daniel sufrió múltiples maltratos en la infancia, sobre todo de su padre, y en el fondo lo que quiere con su actividad clandestina no es otra cosa que compensar las injusticias sufridas en propia carne. Como un investigador alemán que dedicó toda su vida a demostrar que la homeopatía y todas las demás terapias alternativas no valían para nada. Su madre era homeópata, por lo que las motivaciones no dejaban de ser un tanto truculentas.

En el momento en que ella lo ve con la suficiente distancia, deja de nutrir el papelón y puede concentrarse en el amor que siente hacia él. En cambio, si mantiene la fidelidad al presunto sacrificio que él acomete por el bien de la Humanidad, no hará sino inflar el plumaje de pavo real con que Daniel recubre su voluntad revolucionaria.

Unos días después de tratar a Azucena escribo estas líneas en un barrio pobre de Estambul, donde estoy ofreciendo un curso de acupuntura para drogadictos. Es un barrio lleno de héroes y de mártires por causas justas (al menos para ellos). Aquí se desatan diariamente batallas campales, las mafias de la droga arrasan sobre el tejido juvenil.

En el centro social del barrio conozco a personas que llevan toda una vida luchando contra el sistema político de su país. Comunistas contra conservadores, kurdos contra turcos. Están convencidos de lo que hacen, religiosamente convencidos. De ahí que la palabra "correligionario" sea tan acertada, aunque no se hable de personas creyentes. Uno de los líderes, Çem, un héroe local, pasó 20 años en la cárcel por defender sus ideas comunistas, y desde hace más de 15 no puede ver a su esposa, que vive en otro país, y a la que tampoco dejan visitar Turquía.

Çem me hace meditar sobre la diferencia entre papelón y papel, que es similar a la diferencia entre pose y vocación. En el caso de Daniel todo indica que su necesidad de hacer justicia es más hacia su padre que hacia el mundo. Sin embargo, Çem ha vivido desde pequeño en un mundo terriblemente injusto, ha mamado, por así decirlo, la necesidad de cambiar ese mundo.

Si se pudiera reconducir tanta energía que quiere salvar al mundo y que no hace sino destruirlo, ¡cuántos sufrimientos nos ahorraríamos!

El Rebelde

Luca, un hombre italiano es, sin embargo, una clara víctima de su papelón de Justiciero. Me lo presenta un buen amigo común, que ya me advierte de su excéntrica tendencia a meterse en situaciones inverosímiles por su necesidad compulsiva de que se haga justicia. Nada más presentármelo nos cuenta que acaba de perder un juicio y que le ha tocado pagar casi 5000 euros como consecuencia de una discusión con un taxista tras una noche de juerga y alcohol. Como vemos, la causa de todo no ha sido una situación que clame justicia, (situaciones éstas que, por otro lado, Luca atrae también constantemente) sino un caso banal y ridículo. Resulta que el taxista (¡qué caros son los taxis en Italia!, grita también mi lado más justiciero) le quería cobrar unos 3 euros más de lo que correspondía a la carrera de Luca. Como Luca es de Bolonia, y se sabe bien lo que cuesta ir de un lado a otro, se muestra indignado con el taxista y dice que no está dispuesto a pagar. Al final llega la policía y el taxista le pone una denuncia. Mi amigo, que no tiene este papelón del Justiciero y que es su mejor amigo, le dijo cuando se lo contó que fuera a ver al taxista, que le diera 50 euros, le pidiera disculpas y si te he visto, no me acuerdo. Pero no, a Luca esto le parece injusto y está dispuesto a ir a los tribunales. El juez termina dando la razón al taxista, y al final, entre recursos y más recursos, aquellos 3 o 4 euros de más, frutos del pequeño abuso de un profesional del taxi, se convierten en 5000 euros. Pero no se crea el lector que Luca piensa que se equivocó: *"No"*, me dice, *"hay que luchar contra las injusticias. Cueste lo que cueste"*.

Mientras cenamos, le espeto a Luca: *"Te llevaste muy mal con tu padre, ¿verdad?"*

Efectivamente, Luca reconoce que su progenitor, como tantos padres de su época, era un hombre chapado a la antigua, que no consentía la más mínima oposición. *Se hace lo que yo digo, y punto.* De esos hombres que poblaban en gran número el mundo entero hasta hace muy poco tiempo con sus hábitos cavernícolas. ¿Qué son 30, 40 o 50 años para la historia humana? Hoy en día, incluso a los países menos desarrollados llega una ola imparable llamada globalización, con Internet como principal herramienta, que despierta las conciencias. Si en otros lugares es posible que la mujer se emancipe, ¿por qué no habríamos de hacerlo nosotros también? Si en otras partes los niños no trabajan, ¿por qué perpetuar el trabajo infantil? La globalización puede matar la diversidad, aunque también puede ayudar a abolir muchas injusticias.

Cada vez que alguien cometía la más mínima injusticia, a Luca se le aparecía en su inconsciente ese padre castrante y violento. Y como al final logró liberarse del yugo paterno, aprovechaba la más mínima ocasión para actuar como Justiciero.

Para Luca, liberarse de ese papelón del Justiciero, de abogado de causas pobres, supondría un giro radical en su vida. De hecho, incluso sería posible que se dedicara de manera más efectiva a luchar por un mundo mejor, aunque desde la serenidad, desde el amor por la justicia, y no desde la rebeldía de un niño de 8 años humillado por su padre.

Allá donde voy me encuentro con algún Justiciero. A veces resulta divertido, aunque por lo general cansa un poco. Son personas que muchas veces protestan por nimiedades y, sin embargo, aceptan sin rechistar situaciones inaceptables. Una ensalada que no está aliñada como corresponde puede convertirse en una verdadera pesadilla para los demás comensales, que prefieren pasar por alto ciertos detalles y concentrarse en la celebración de la comida. Los camareros, las azafatas y demás servidores de la comunidad sufren lo indecible los arrebatos de los Justicieros por causas nimias. El Justiciero no pasa por alto ni el más mínimo detalle, por lo que la vida se convierte para él en una verdadera carrera de obstáculos.

La queja es el combustible del Justiciero profesional. No hay nada más saludable para estas personas que estar un mes sin quejarse. Cuando lo consiguen, les cambia realmente la vida, pues dejan de centrarse en nimiedades para cortar por fin el bacalao de la existencia.

FICHA TÉCNICA DEL REBELDE

Mensajes impulsores del papelón del Rebelde:

No acepto el mundo como es. Esto es injusto.

Mensajes liberadores del papelón del Rebelde:

Relájate y disfruta. Dos no discuten si uno no quiere.
La felicidad es más importante que tener razón.

Transmutación ideal del papelón, EL BUEN PAPEL:

Persona justa, pero que no se amargan la vida por menudencias.

Ahora pasamos a analizar una conducta que da color, entidad a muchos papelones. No es un papelón sustantivo, sino un adjetivo que se puede añadir a cualquier papelón. Nos referimos a…

EL CHANTAJISTA

"Le haré una oferta que no podrá rechazar", le decía a uno el mafioso Don Corleone, representado por ese gigante llamado Marlon Brando en la primera entrega de *El padrino*.

Chantajeando se entiende la gente

Cualquiera de los papelones antes descritos puede estar aliñado con ingredientes del Chantajista. El Chantajista es sustantivo, como papelón, y también puede ser adjetivo, como condición a añadir. Adjetivo en el caso de una Gallina Clueca Chantajista, o un Salvador Chantajista, o un Parásito Chantajista o un largo etcétera de papelones bañados de chantajismo.

Aunque puede convertirse en ideología por sí misma, como si de una suerte de Chantajismo Leninismo se tratara.

Enseguida describiremos al Chantajista en mayúsculas, como gran papelón. Pero antes conviene aclarar que es difícil encontrar a alguien que no haya sometido a otra persona a algún tipo de chantaje. Todos los niños lo hacen. Desde muy pequeños aprenden los límites en base a la capacidad de sus padres de frenar sus impulsos chantajistas.

"O me das otro helado, o dejo de respirar hasta morirme", le dice a su mamá un niño de 5 años, que también tiende a taparse los ojos para que no lo vean. La mamá, o cualquier persona presente en la escena (que como tal es teatral) no podrá ocultar una sonrisa benevolente, ya que se trata de un niño y la situación no conlleva riesgo alguno. Cualquier adulto sabe de sobra que para suicidarse es necesario algo más que la sola voluntad de no respirar.

La educación podría definirse como la erradicación del chantaje sistemático.

No es difícil que un adulto incurra alguna vez en el chantaje. Hay formas inocentes de chantaje: *"Si me das un beso, friego los platos"*.

Pero ahora no hablaremos de estas manifestaciones infantiles e inocentes, sino del chantaje puro y duro, fuente de enfermedad e infelicidad. Y como muchos lectores sufren las consecuencias de algún Chantajista y otros se pueden reconocer como chantajistas no queridos, pasemos a describir este papelón.

En su libro *Chantaje emocional*, la psicóloga estadounidense Susan Forward, hace un interesante análisis de esta gran pandemia que ha acompañado a la Humanidad a lo largo de todos los tiempos y en todas la regiones del planeta.

Forward divide a los chantajistas en 4 grupos: el castigador, el que se autocastiga, el sufridor y el seductor. Todos buscan una única cosa: ejercer poder sobre la persona chantajeada, ya sea un amigo, su pareja, un socio o quien sea.

El castigador puede, a su vez, ser activo o pasivo. El activo suele usar un lenguaje del tipo: *"Si no haces lo que quiero, te va a costar caro"*. Es clásico el ejemplo del hombre o mujer que quiere separarse, a lo que su pareja responde: *"Si te separas, olvídate de ver nunca más a tus hijos"*, o *"Si te separas, te quedarás en la calle,*

El Chantajista

como un vagabundo". O del padre o madre, sobre todo en el sistema hereditario anglosajón, en el que no existe el concepto romano de la parte legítima, que amenaza a su vástago: *"Si te casas con fulanita, te desheredaré"*.

El chantajista castigador activo tiene la ventaja de que es claro como el agua de mayo. Los lectores latinoamericanos olvídense de este dicho, ya que allí el agua no depende de mayo para ser clara. Este tipo de chantajista pone unas condiciones inequívocas, plagadas de amenazas, y si las quieres las tomas y si no, las dejas. Es, dentro de todo, sincero. Uno sabe a qué atenerse; bueno, lo sabe cuando empiezan las amenazas, que suele ser cuando uno empieza a decir no.

Sin embargo, el chantajista castigador pasivo es menos claro en su mensaje, que en muchas ocasiones no es otro que el silencio absoluto, sepulcral. El chantajeado se siente horriblemente hasta que el chantajista resucita y sale de la tumba del silencio.

El autocastigado suele decir mensajes del tipo: *"Si te vas, me tiro por la ventana"*.

Luego está el chantajista sufriente, al que le encanta hacer ver a su víctima que ella es responsable de todos sus males. *"Aquí estoy. Abandonado, no me has llamado en una semana". "Vete a la fiesta, que yo me quedaré sola"*.

El chantajista seductor trata de restregar las dádivas brindadas: *"Cariño, parece que te has olvidado de aquel viaje que pagué yo"*.

En general, el pensamiento, por lo general inconsciente, del chantajista, podría reducirse a: *Mediante el chantaje consigo lo que quiero.*

Son personas que no entienden lo hermoso que puede llegar a ser no mandar sobre nadie y que nadie mande sobre uno. La idea de vivir y dejar vivir les resulta totalmente ajena. En muchos casos, aprendieron desde pequeñitos a conseguir cosas mediante el chantaje. No les pusieron límites en sus anhelos infantiles de que les dieran, sin fisuras, todo lo que querían.

FICHA TÉCNICA DEL CHANTAJISTA

Mensaje impulsor del papelón del Chantajista:

Bueno, no te pongas así, lo haré.

Mensajes liberadores del papelón del Chantajista:

No voy a ceder a tus exigencias, aunque te pierda. Tú eres el que me pierde a mí.

Transmutación ideal del papelón, EL BUEN PAPEL:

Persona que se da cuenta de que se rodea de personas que no le permiten evolucionar si ceden a su chantaje.

No todos los papelones son tan trágicos en su escenificación. En el caso del que viene ahora, lo trágico es que no se le ve:

El NS/NC (No sabe/No contesta) o EL HOMBRE INVISIBLE

Son los peleles, los hombres (cada vez más frecuentes) y mujeres peleles y floreros que prefieren pasar desapercibidos. No les gusta discutir y con tal de no entrar en luchas dialécticas prefieren salir de la escena. Como esposos y esposas (hay más hombres que mujeres en esta categoría) dan luz verde a su pareja para que maneje todo a su gusto. Son seres invisibles, independientemente de que sean ellos los que lleven el dinero a casa. Muchas veces son los maridos invisibles de Gallinas Cluecas casadas emocionalmente con sus hijos. Éstos los desprecian, pues no cuentan en absoluto en la toma de decisiones. A veces entran en depresión, pero los demás tardan en darse cuenta, ya que son personas que no se muestran.

Los NS/NC son los colegas invisibles. No sufren *mobbing* (acoso laboral), porque no se les ve, pero es difícil que se les considere en la empresa.

Otras veces son como ositos de peluche que uno se encuentra en el pasillo. Sólo les tienen en cuenta, tanto los hijos como los colegas, cuando la rabia acumulada por tanto ninguneo explota y están dispuestos a romperlo todo. De repente, la esposa siente terror ante la posible pérdida y se da cuenta de que era un hombre bueno que cumplió con creces todas las exigencias familiares. Muchas veces ya es demasiado tarde. Los NS/NC pueden pasar a cobrar de repente todas las afrentas recibidas. Durante la infancia desarrollaron estrategias para pasar desapercibidos, muchas veces en familias desestructuradas donde lo mejor era esconderse.

Un hábitat bastante común del NS/NC-El Hombre Invisible son familias con una madre Gallina Clueca, un hijo Salvador y otro Parásito.

FICHA TÉCNICA DEL PAPELÓN DE NS/NC

Mensajes impulsores del papelón de NS/NC:

No cuento contigo para nada, para mí no existes.

Mensajes liberadores del papelón de NS/NC:

Aquí estoy, te guste o no.

Transmutación ideal del papelón, EL BUEN PAPEL:

Una persona discreta que sabe velar por sus intereses.

Aquí mostramos todos los papelones, con sus mensajes impulsores, sus mensajes liberadores y su posible transmutación

NS/NC-El Hombre Invisible

CUADRO DE LOS PAPELONES

PAPELÓN	MENSAJES IMPULSORES	MENSAJES LIBERADORES	TRANSMUTACIÓN DEL PAPELÓN - EL BUEN PAPEL
SALVADOR	*Sólo tú me puedes ayudar, sin ti no podré vivir.*	*Sálvese quien quiera. Bastante tengo con sacarme mis castañas del fuego.*	Persona empática y asertiva, dispuesta a ayudar, aunque conociendo muy bien sus límites.
ATLAS	*Si no lo haces tú no lo hará nadie. Sólo no puedo, te necesito.*	*Cada palo que aguante su vela*	Persona responsable que sabe decir no y que no hace más de lo que le toca en cada momento.
VÍCTIMA	*Pobrecito de mí, me siento solo y abandonado. La vida es un valle de lágrimas.*	*Yo puedo solo, no necesito a nadie, se acabaron los llantos.*	Persona liberada que ha decidido tomar las riendas de su vida.
CHIVO EXPIATORIO	*Tú tienes la culpa.*	*Aparta de mí este cáliz. Sólo asumiré mi responsabilidad y mi culpa.*	Persona empática y responsable que no acepta culpas ajenas.
PARÁSITO	*Anda, deja que ya lo hago yo*	*Puedo solo*	Persona que cumple con sus obligaciones sin depender de nadie.
GALLINA CLUECA (MAMÁ GALLINA)	*Hay que ser una buena madre. Si no hago lo que me piden, seré una mala persona.*	*Ahueca el ala, hijo mío. Cada uno en su casa, y Dios en la de todos*	Madre (padre) independiente, que da a sus hijos lo que necesitan, pero que los deja volar cuando llega el momento, olvidándose del síndrome del nido vacío.
REY SOL	*Tú eres lo más importante, el centro del universo. Elige lo que quieras, pide y se te dará.*	*No eres el centro del universo, aunque sí eres muy importante para mí.*	Persona con autoestima, aunque consciente de que es uno más.
PATITO FEO	*No me importas nada. No existes para mí. Tu hermano es mucho mejor que tú.*	*Eres distinto, por eso tu camino también será distinto. Acércate a la gente que te acepta tal y como eres.*	Persona que busca y encuentra un entorno nuevo en los que se siente cómoda, respetada y querida.
VINCULADOR	*Tienes que mediar por mí. ¿Por qué no hablas con él o con ella?*	*No se puede quedar bien con todo el mundo. Allá se entiendan ellos.*	Persona diplomática, pero que no necesita interceder en los conflictos ajenos.
REBELDE	*No acepto el mundo como es. Esto es injusto.*	*Relájate y disfruta. Dos no discuten si uno no quiere. La felicidad es más importante que tener razón.*	Persona justa, pero que no se amargan la vida por menudencias.
CHANTAJISTA	*Bueno, no te pongas así, lo haré.*	*No voy a ceder a tus exigencias, aunque te pierda. Tú eres el que me pierde a mí.*	Persona que se da cuenta de que se rodea de personas que no le permiten evolucionar si ceden a su chantaje.
NS/NC - EL HOMBRE INVISIBLE	*No cuento contigo para nada, para mí no existes*	*Aquí estoy, te guste o no.*	Una persona discreta que sabe velar por sus intereses.

LA INTERACCIONES DE LOS PAPELONES

Estas interacciones pueden ser infinitas. Hay papelones complementarios, lo cual no quiere decir que los dos afectados se amen y se lleven a las mil maravillas. Son como dos engranajes de una gran maquinaria neurótica, que les impide alejarse de este lado oscuro de la relación, o vivirla de manera más sana. Pondremos un par de ejemplos para aclararlo un poco más.

Papelones básicos, papelones complejos, papelones enrevesados

Los papelones son como las hamburguesas: las hay simples, con ensalada y carne, vegetarianas, aunque también podemos añadir todo tipo de ingredientes. Un papelón como el de Víctima puede ser más enrevesado, como por ejemplo una Gallina Clueca Víctima, o un Parásito Víctima, un Salvador Chantajista, un Rebelde Salvador, y todas las combinaciones imaginables.

Dado el carácter cambiante de la vida, unos papelones pueden transformarse en otros. Veamos aquí un ejemplo…

Una madre muy española

En un taller de Salud Emocional, en la última fila, se encontraba una madre con sus dos hijas. En un momento dado, empecé a hablar de la reconversión masiva de muchas abuelas (y abuelos) españoles en *baby sitters* obligados por sus hijos. Observé la cara de asombro de la madre, la complicidad de una de las hijas y el estupor de la otra. Yo estaba hablando del absurdo de que una determinada generación tuviera que cargar con los problemas de otra generación por el simple hecho de que España estuviera sumida en una grave crisis económica. No estaba hablando de algo maravilloso como la solidaridad, sino de una actitud claramente parasitaria.

Enseguida llegó la pausa del almuerzo, y parecía que las tres mujeres no volvían al taller. Al final, sólo aparecieron la madre y la hija que había reaccionado bien a mis palabras. La otra hija, dijeron las otras dos, se sentía indispuesta. Mis palabras, al menos eso creo, se le habían atragantado. Esto se vio claramente al relatar la madre, llamémosle Teresa, la sensación de angustia vital que la inundaba desde hacía ya muchos años. Teresa sentía que su función era servir, ser una madre y abuela ejemplar y no esperar otra cosa de la vida. Su asma era pertinaz: dependía de un inhalador de corticoides, y el hecho de no poder decir "no" a nadie la tenía atenazada. Le pregunté cómo se veía con 80 años (no llegaba a los 60 cuando la traté en el taller) y ella me dijo (no cabía esperar otra cosa) que muy mal, enferma, siempre al servicio de los demás. Me vi obligado a espetarle: "*¿Tú quieres a tus nietos?*", a lo que ella respondió: "*Más que a nadie en el mundo*". "*Entonces*",le dije, "*¿cómo crees que te querrán ver tus nietos: ¿feliz y llena de vitalidad, o convertida en un muerto viviente?*"

Al teatralizar su situación, toda una marabunta de personas estaban alrededor de Teresa, sin dejarle prácticamente respirar. Era una metáfora evidente de su asma. A ello se sumaba un duelo enquistado por el hermano muerto hacía ya 7 años. Todo ello la hacía sentirse enterrada en vida, sin margen de maniobra, a la espera de que la requirieran para esto o aquello, sin aire.

Como buena mezcla entre Gallina Clueca y Atlas, era complaciente y se mostraba fuerte hasta la extenuación. Sobrellevaba estoicamente la gran carga que le estaba tocando.

Cuando el superyó de un paciente es sometido a ayuno, el yo siente finalmente una gran liberación. La lealtad familiar es una pesada losa para muchas personas, incapaces de separarse de relaciones nocivas por miedo a traicionar a los suyos, a los que supuestamente les deben todo. Esta deuda, imposible de amortizar, le hace a uno ahogarse en un mar de culpa. Muchas veces, el Yo Futuro les da una perspectiva sana. Sin perspectiva, es imposible dar ese salto al vacío. Hace falta mucha valentía, pero sobre todo mucho amor para superar la incomprensión de las personas que se supone que nos quieren tanto, y a las que tanto queremos. Nos quieren mucho, pero mal.

El caso es que en cuanto Teresa ganó cierta perspectiva sobre su familia, decidió que aquello no podía seguir así. Se dio cuenta, como otras tantas personas, de que ese esfuerzo no aportaba nada a nadie. Vio que merecía la pena liberarse de esa carga, aunque ello significara tener que soportar un periodo de carencia afectiva. Aquel trabajo también le sirvió para superar la muerte de su hermano, que en el fondo era de las pocas personas que habían velado por ella desde que era pequeña. En el hospital de su ciudad, los médicos quedaron asombrados al ver que el asma (al menos los síntomas) había desaparecido de la noche a la mañana como por arte de magia. Meses después me enteré de que de pronto (algo que he visto en muchas ocasiones) descubrió a un señor que pasaba por casa y al que no tenía en cuenta: su marido. Éste se puso muy contento al ver que su mujer recuperaba el interés sexual, hasta que llegó un momento en que temió que él era el que iba a empezar a padecer problemas respiratorios, tratando de satisfacer a su solícita esposa.

Los papelones múltiples

Dependiendo de la situación en que nos encontremos, y de la persona o personas que tengamos delante, cambiaremos nuestros papelones. Puede que con una persona actuemos como Parásitos netos, y con otra seamos los Salvadores. Es la manera que tenemos de alcanzar un cierto equilibrio emocional.

Por eso los papelones no deben verse como algo rígido, no hay demasiados casos puros e inamovibles. Una Gallina Clueca puede serlo con sus hijos o incluso con sus amigos y al mismo tiempo ser Parásita con su marido o con su padre. Un Salvador a ultranza puede salvar a todo el mundo pero descargarse con su madre o su tía Gallina Clueca. Hay papelones válvula de escape. Hay

Víctimas de Víctimas y Salvadores de Salvadores. Lunes, miércoles y viernes soy el Superhéroe y martes y jueves el Parásito de mis parientes.

Lo importante es detectar nuestra tendencia principal, y ver en qué medida afecta a nuestra vida. Si alguien tiene un padre, madre, amigo, colega o amante que actúa como Parásito, lo importante es darle la vuelta al papelón, cambiar las dinámicas con respecto a esa persona, para que no nos afecte consumiendo nuestras reservas. Si uno es un Salvador, no se trata tanto de enseñar al Parásito el camino del Bien (algo tan difícil como observar la cara oculta de la luna), sino entrenarse en el sendero del *sálvese quien pueda*. Al menos durante un tiempo ello le permitirá al Salvador darse unas vacaciones de su papelón, de sí mismo, con el consiguiente vacío provisional, similar a un síndrome de abstinencia y la tan anhelada relajación ulterior del sistema vegetativo. Salvar a todo el mundo es imposible, y el que lo intente terminará más pronto que tarde exhausto y hecho añicos, sin salud.

Los papelones de la codependencia

Estas dinámicas son más que evidentes en todos los problemas de codependencia. En realidad, para mí cualquier enfermedad o asunto que afecte seriamente a un miembro de la familia tiende a hacer a los otros codependientes en mayor o menor medida. Así lo exigen las leyes no escritas del sistema familiar. Los indios Navajo entendieron desde tiempos remotos el problema: cuando un miembro del clan enferma, toda la familia acompaña a los cantores para resolver el asunto. De algún modo, si un miembro de la familia está enfermo, todos lo están, y todos participan con sus cantos en la sanación. La homeostasis personal depende de la familiar y viceversa.

Pero, ¿qué pasa si de pronto el Salvador deja de actuar como tal, y se comporta como un Parásito? Pues que el papel del Parásito se convierte en papel mojado, éste tendrá que encontrar un nuevo espacio para subsistir en el grupo.

A veces, el papelón, por ejemplo de Salvadora, nos lleva a una auténtica papeleta.

Papeleta de la Bella buscando a la Bestia

Es ruin, y es rufián y aunque a veces huele mal, es mi hombre…
Nacha Guevara

Cientos de mujeres se casan en todo el mundo con criminales peligrosos que están entre rejas. Entre estas mujeres las hay que ya mantenían una relación más o menos larga con ellos. Luego, a su pareja le dio por cometer fechorías, algunas de mala digestión como homicidios, asesinatos, violaciones, abusos de niños, etc. etc., y una, demostrando un heroico sentido del amor, hace oídos sordos a las palabras de la familia: *"Hija mía, no te cases con ese loco, con ese sinvergüenza, con ese maltratador"*. Pero una voz interna impele a la buena mujer a hacer la vista gorda: *"Julio mató a un hombre, sí, pero fue en legítima defensa"; "Manolo abusó de una niña de 7 años, pero claro, estaba borracho, y la niña quién sabe si no lo provocó..."*

Como el roce hace el cariño, no es tan difícil imaginar que una mujer siga enganchada a un hombre oficialmente catalogado como monstruo, y al que quizás le esperen largos años de irremediable cárcel. Lo que cuesta más es imaginarse cómo una mujer busca el contacto de un hombre condenado por delitos graves. La comunicación puede empezar por internet, para luego proseguir a través de innumerables cartas, un eco romántico de otros tiempos. Probablemente, las cartas de amor no han desaparecido por completo gracias a este trasiego de palabras que se regalan los presidiarios y sus enamoradas. Cuanto más graves sean los crímenes cometidos, cuanto mayor la notoriedad del monstruo, más fácil será encontrar a mujeres dispuestas a salvar a la bestia.

Es antológica la fe de algunas personas, y en especial de no pocas mujeres, en que el amor es un bálsamo de Fierabrás capaz de transformar por completo al ser amado. Te enamoras de alguien por cómo es, y luego quieres que sea de otra manera. Es difícil entender por qué una mujer se complica, aparentemente, la existencia buscando el amor entre rejas. Desde luego, si fuéramos seres netamente racionales lo normal sería que esto no ocurriera prácticamente nunca. Pero ¿quién ha dicho que somos racionales? La razón es un atributo exclusivo de la especie humana, uno más de los muchos con los que está pertrechado el ser humano. Es el que nos diferencia de las demás especies, pero ni mucho menos el que más marca nuestra existencia.

El hombre y la mujer tienden a encontrarse en una encrucijada de actitudes absurdas. La mujer muchas veces quiere a un hombre porque es de una determinada manera y luego quiere que deje de ser así para estar contenta, y cuando cambia deja de quererlo porque ya no es como era. El hombre también tiende a una actitud neurótica: quiere una mujer de una determinada manera y no quiere que cambie en absoluto, lo cual también es del todo imposible. En cuanto cambia, algo inherente a la vida, se siente defraudado. Tal para cual.

Las mujeres que buscan el amor entre rejas suelen tener una serie de cosas en común: un papelón de Salvadoras Irredentas, un pasado de maltratos recurrentes, iniciado en el hogar familiar, con padres violentos o abusadores, muchas veces alcohólicos, y parejas calcadas al padre (*"Me caso contigo, papá, para comprenderte"*), y la necesidad de tener una relación con alguien que, paradójicamente, dados sus antecedentes, no les podrá hacer ningún daño. Un recluso está, como su propio nombre indica, recluido, no puede pegar a la mujer, dada la estrecha vigilancia, ni salir huyendo, para eso están los barrotes, ni engañarla con otras, dado que las autoridades penitenciarias no están dispuestas a aceptar la poligamia, al menos de momento.

ALGUNAS HISTORIAS DE PAPELONES

Ahora pasamos a mostrar algunas historias reales, que nos ayudarán a entender mejor ciertas dinámicas por las que parecemos sentirnos extrañamente atraídos.

No toques a mi hija (aunque también es la tuya)

Bien es sabido que en la vida no pocas veces pagan justos por pecadores. Margarita vivió de niña cómo su tío intentó abusar de ella y de su hermana menor, aprovechando que su madre estaba dando a luz y las habían dejado con los tíos. Margarita pasó la noche en vela para defender a su hermana. Como suele ocurrir en estos casos, no se lo dijeron a los padres. Al menos el secreto lo guardaban juntas, con lo que aquella losa era más llevadera. Un par de años después hubo otra historia de abuso con un señor en el ascensor. Margarita volvió a proteger a su hermana, y el hombre la sometió a desagradables tocamientos. Su hermana estaba también detrás. Esta vez sí que se lo dijeron enseguida al padre (era más fácil, pues se trataba de un desconocido) y éste lo buscó para matarlo.

El primer novio de Margarita fue un maltratador. Luego conoció a su actual marido, que siempre tuvo una conducta ejemplar. Todo fue bien, hasta que la hija que tuvieron se acercó a la misma edad que tenía ella cuando sufrió los abusos de su tío, 8 años. Tal y como concluimos en consulta, ella quería ternura, y él ternera. Con respecto a la hija era una clásica Gallina Clueca. Lamentablemente, la única que se sentía a gusto en esa constelación era ella. Dormía con su hija, y el marido lo hacía en otra habitación. Era como si estuviera casada con su hija y su marido estuviera relegado a una función meramente nutricia, con el típico papelón de NS/NC. La madre se interpuso entre padre e hija, y evitó a toda costa que ambos estuvieran demasiado tiempo solos. Inconscientemente quería evitar que a su hija le ocurriera lo que le pasó a ella a su misma edad. Su imagen de los hombres, y no precisamente por el padre, que era un hombre sano en ese sentido, sino por un tío y un desconocido en un ascensor, había quedado ensuciada de modo que, al final, puede que buscara inconscientemente al maltratador que se convirtió en su primera pareja. El tío y el desconocido, dos actores en principio secundarios en la obra de su vida, le dejaron un mensaje claro con respecto a los hombres: *"No te fíes de nosotros"*. Dos episodios aislados y no recurrentes, el de su tío y el del hombre del ascensor, ensombrecieron su imagen de lo masculino.

La conciencia es, en estos casos traumáticos, la madre de la ciencia. Margarita se derrumbó al reconocerse en su papelón, al hacerse consciente del daño que hacía tanto a su hija como a su marido y a sí misma y su relación. Una heroica Gallina Clueca descubriendo atónita que es más parte del problema que de la solución. En este caso, el amor que rezumaba su marido permite que se produzca un giro radical a la situación. Años después, Margarita me habla de cómo dejó de lado sus miedos con respecto al esposo.

El Príncipe Parásito y la Esclava que no sabe que lo es

Abdulah nació en Eritrea, era descendiente de un príncipe local. Con la leche materna recibió todas las informaciones necesarias para tener conciencia de clase. Siendo muy joven llegó la guerra, lo llamaron a filas, como hicieron con muchos otros jóvenes y niños de sus país. No es necesario referir las tropelías que tuvo que vivir. El horror de la guerra es universal y en África tiene un sabor especialmente amargo.

El destino se vistió de exilio y terminó viviendo en Berlín, ese punto de encuentro mundial de exiliados políticos, económicos y familiares.

Ahora, con más de 60 años, vive de la ayuda social. De vez en cuando trabaja de traductor para organizaciones humanitarias, vive en un modesto apartamento, y podríamos decir que su tren de vida no es precisamente el que se esperaba de tan alta alcurnia.

Pero su papelón de príncipe de las *Mil y una noches* no ha dejado de actuar en él ni un solo instante. Como hay muchas mujeres con el papelón de Sirvienta entregada, Abdullah nunca ha tenido problemas para encontrar mujeres que se vuelquen en servirlo. Damas de beneficencia que aportan el dinero necesario, esclavas gozosas encantadas de limpiar su casa, vecinas que le traen los cigarrillos. Su lenguaje no verbal, su inteligencia, trabaja para nutrir ese papelón. Su poder es grande, también el que ejerce sobre los hombres, pero sobre todo con un tipo de mujer bastante más común del que uno imaginaría. Incluso mujeres más que emancipadas, como su novia Julia, una alemana muy bien situada, descubren desesperadas que se están arruinando para mantener a su Príncipe Parásito. Como el papelón de Julia es el de Sirviente Salvadora, por mucho que haya nacido en un país donde la mujer teóricamente está más liberada, se crea un vínculo fatal. La mujer, además, que en este caso ha vivido la revolución del 68, que ha sabido muy bien salir adelante, no puede entender esa ambivalencia: mujer liberada y esclava. Para salir de este papelón, que tanta infelicidad le genera, es necesario que se desparasite, que se libere de su papelón. De lo contrario, solo se sentirá realmente atraída por hombres Parásitos. De hecho, analizando casi todas las relaciones en su vida, Julia era siempre la que ejercía de pareja nutricia, podríamos decir que *cenutricia*, pues ella siempre termina sintiéndose torpe y estúpida, como un cenutrio, según confiesa. Reconocer que ella es parte constitutiva del problema, es básico para empezar esa reconversión, hasta llegar a sentir atracción por hombres "normales" o por lo menos hombres que no dependan de ella, sino que estén dispuestos a vivir una relación de igualdad.

Me caso con el que será mi verdugo, ¡vaya papeleta!

La historia de Ángela, una chilena, no deja de ser curiosa. Siendo judía, se casó con un hombre que demostró ser un auténtico nazi. En la boda de su hermana mayor, éste se encargó de grabar el vídeo del enlace. Ya apuntaba maneras.

Todos se quedaron perplejos cuando vieron la grabación: todo eran primeros planos de los platos, las bandejas, los cubiertos. Era como si en la celebración no hubiera habido personas, excepto por el hecho de que grabó pies bailando, ¡sólo los pies! Este enamoramiento por los detalles era bastante común en los nazis, que después de la guerra aseguraban que no hicieron sino cumplir órdenes, eso sí, con auténtica pulcritud.

El hombre mostró su cara más amable, aunque algo rara, hasta que se casó con Ángela. Desde el primer día del matrimonio, las cosas cambiaron por completo, pues empezó a maltratarla.

Soy independiente pero dependo por completo de ti

No pocas mujeres que se declaran manifiestamente feministas e independientes lo son solamente a nivel de córtex. Hace años tuve ocasión de traducir a Rosa Luxemburgo, una de las mujeres más apasionantes del siglo XX. Junto con Virginia Woolf es probablemente la más digna luchadora por los derechos de las mujeres. Estoy convencido de que Rosa Luxemburgo (a la que por cierto asesinaron los derechistas alemanes, antecesores de los nazis) se echaría las manos a la cabeza si me acompañara en consulta al realizar la anamnesis emocional de algunas pacientes auto-declaradas libres de ataduras del sexo opuesto.

Éste era el caso de Elisa, una mujer joven y hermosa, cuyo papelón era el de Dependiente independiente. Con los hombres tendía a repetirse siempre el mismo esquema: *si tú te enamoras de mí, yo me desenamoro*; *si tú no te enamoras, yo me enamoro.* Tenía una obsesión diríamos que compulsiva por la igualdad con el hombre. Una cosa es la equiparación de derechos entre personas de distinto sexo o raza y otra pasar con una apisonadora sobre las diferencias inherentes a todas las personas, tanto del mismo sexo como de sexos opuestos. En sí no hay ningún problema en pretender una igualdad irreal, cada cual es muy dueño de manejar sus deseos y anhelos, lo que ocurre es que a Elisa, que no es sino botón de una amplia muestra, esta divergencia entre su deseo de igualdad e independencia y la dependencia enfermiza hacia sus parejas hacía prácticamente imposible que disfrutara de una relación. Su padre biológico fue abandonado por la madre de Elisa cuando esta era muy pequeña. El segundo marido de su madre supuso toda una bendición para ella, pues era un hombre cálido y amoroso, que le dio mucho más de lo que cabe esperar de un padre no natural. Por desgracia, los vínculos de lealtad tienden a serlo con los progenitores, con los padres biológicos, más que con los putativos.

La madrastra era una auténtica bruja, según relataba Elisa, por lo que un buen día decidió dejar de ver a su padre. Su madre, una mujer amorosa, empezó bien pronto a hablar mal del padre, uno de los mayores errores y de los más comunes. Al final, quedó cincelado en la cabeza de Elisa el mensaje de que todo hombre es un monstruo.

Por un lado tenemos, pues, el mensaje:

"Hija mía, todos los hombres son monstruos, y te lo demostrarán tarde o temprano". (De nada valía la experiencia de su madre con su segundo marido, que era muy positiva).

Y por otro lado, este mensaje se mezclaba con el mensaje que recibió del padre:

"Los hombres te abandonarán como yo lo he hecho".

El padre no la abandonó directamente, pero su debilidad hacia su nueva pareja le llevó a hacerlo.

Ese mensaje del padre era la espada de Damocles que la llevaba a abandonar a los hombres o a buscar las vueltas para que éstos terminaran abandonándola.

El mensaje final:

"Los hombres son monstruos y te abandonarán" la llevaba a buscar el poder total sobre la pareja. Solo un pelele podía aguantar una situación así, pero ella era del tipo de mujer que tampoco quería un pelele. En cuanto un hombre normal, por miedo a perderla, se *apelelizaba*, ella le daba un firme puntapié en el trasero y lo expulsaba de su vida.

Una vez vistos los papelones, sólo nos queda decidir a qué juegos queremos jugar.

Escena Sexta

Juegos de rol

La vida es un gran juego, salpicada de multitud de juegos menores, algunos banales o inocuos, otros divertidos, y otros gravemente perjudiciales. En esta escena el lector comprenderá mejor los juegos peligrosos en los que se ve envuelto. Esta conciencia le permitirá liberarse de todos los juegos que atentan contra su integridad y merman su salud y su felicidad.

¡A jugar!

En *Los juegos en que participamos*, más conocido como *Los juegos de Berne*, el psiquiatra estadounidense Eric Berne describe toda una serie de juegos neuróticos recurrentes. Es una obra muy útil para entender las tendencias a las que sucumbimos las personas ante determinadas situaciones. Una obra completada por otro libro magistral, *Los guiones que vivimos*, escrito por Claude Steiner, su alumno predilecto.

Estos juegos que describe Berne a mediados del siglo pasado son más habituales de lo que uno quisiera creer. Jugamos entre hermanos, entre amigos, en el trabajo, y por mucho que intentemos liberarnos de estos jueguecitos, muchas veces nos resulta poco menos que imposible. Los papelones nutren a los jueguecitos, y los jueguecitos a los papelones. Los mensajes de la paloma son el combustible de unos y otros.

Berne describe con mucho acierto un número importante de juegos universales. La ventaja de reconocer los juegos que jugamos o que juegan las personas de nuestro entorno es que ello nos permitirá decidir conscientemente si nos interesa o no el juego en cuestión. Ya dijimos anteriormente que en el teatro de la vida no se puede hacer otra cosa que actuar, *to play* en inglés, que no significa otra cosa que jugar.

Pongamos que el juego que juegan unas señoras acomodadas consiste en meterse con sus maridos. Si llega al club de golf una nueva pareja formada por dos personas que se llevan de maravilla, el grupo de mujeres esperará que la nueva se sume a las quejas maritales. Pero ¿qué pasa si Margarita, la nueva socia, contradice la opinión imperante, *el dogma de fe*, de que *"todos los hombres son egoístas y abominables"*? Pongamos que empieza a hablar de su esposo como de alguien respetuoso y atento, siempre dispuesto a ayudar en casa y que la trata como a una reina. Se imaginará el lector que esto no va a hacer mucha gracia a las demás mujeres, pues rompe con el *leit motiv* del grupo. La buena mujer será considerada más pronto que tarde como una bruja abyecta, una engreída mentirosa que se niega a aceptar una verdad de carácter absoluto y universal, al menos para las buenas señoras: *todos los maridos son terribles*.

Lo mismo ocurriría si todos los hombres reunidos en el mismo club de golf concluyeran que todas las mujeres son frígidas, o que lo mejor era siempre tener una amante. Imaginemos al flamante miembro del club asegurando que su esposa no es frígida, que es la mujer de su vida y que no tiene ninguna gana ni necesidad de buscarse una amante. Los demás no lo escucharán con agrado.

Sirva este ejemplo para mostrar a las claras que cuando nos dispongamos a romper con los juegos maléficos que arruinan o dificultan nuestra vida, lo normal es que los demás jugadores quieran vengarse, pues para ellos nos estaremos comportando como auténticos aguafiestas. Los alemanes tienen para ello una palabra muy precisa, *Spielverderber*, que viene a significar algo así como destruye-juegos, un auténtico aguafiestas.

Juegos inocuos-Juegos inicuos

Aunque no todos los juegos son negativos. Hay juegos sociales muy útiles para la comunicación, como por ejemplo los juegos de la coquetería: yo te digo que estás muy guapa y tú me contestas que no para que yo te lo diga otra vez más y con más contundencia. Es una forma de flirtear. Estamos, eso sí, hablando de un flirteo sano, y no de una manera más o menos sutil de acoso. Deja de ser inocuo cuando sirve de manera clara a apuntalar el narcisismo, o con el objetivo de manipular a la otra persona. Una paciente decía que cada vez que su novio le decía que estaba muy guapa, ella se sonrojaba y le pedía que no la molestara con mentiras. Fue importante practicar en este caso las estrategias del *Game over*, que veremos más adelante. La joven tuvo que soportarme durante diez minutos diciéndole cosas agradables, a lo que ella solo podía contestar: *"Gracias"*. Le resultó realmente difícil. Pero lo consiguió, y su pareja se sintió realmente feliz de poder expresar lo que sentía por su amada. ¿Qué sacaba ella de su actitud anterior? Que el novio intentara tapar un agujero sin fondo.

El ser humano necesita de ciertos preludios para comunicarse. Cuando dos amigos quedan para hablar de algo grave, o unos colegas se reúnen para discutir una nueva estrategia de negocio, suelen comenzar con un *small talk*, un hablar de cualquier fruslería que rompa el hielo. Esto no deja de ser un juego: tú y yo sabemos que hablar del tiempo es una estupidez, que no nos interesa a ninguno lo más mínimo, pero no te preocupes, en un ratito afilamos los dientes y vamos al grano. Sería inusual y de mal gusto desenvainar las espadas nada más iniciar el encuentro. Luego, cuando termina la reunión, con la batalla ya más o menos ganada o perdida, se pasa a los juegos de colofón, se pregunta por la familia, se habla de comida (en España o Italia, por ejemplo, la comida es el tema estrella, antes, durante y después de comer) o de algo que nos haga sentir que los cuchillos están definitivamente guardados.

El pavo real muestra ufano sus plumas para conquistar a la pava. Es un juego esplendoroso, que busca un objetivo claro. Durante la berrea, los ciervos se la pasan golpeándose la cornamenta. Bueno, esto lo hacen los machos alfa, porque como me comentó una vez un guardia forestal, a veces uno de los machos más endebles aprovecha el tiempo en que los machos dominantes se enfrentan para consumar el acto con las hembras. Este dato estaría en contra de las teorías darwinistas de la evolución, aunque la vida es ya de por sí demasiado compleja como para que una sola teoría desentrañe sus secretos.

Los rituales del cortejo no dejan de ser juegos. Muchas veces, las dos personas involucradas están deseando que el otro dé el paso y se deje de jueguecitos. Antes, cuando el mundo era, al menos en apariencia, un mundo heterosexual donde el hombre estaba condenado a dar el primer paso, las damas tenían que jugar a ser puras como el algodón blanco. Si una mujer decía a las claras que deseaba al hombre, rompía la baraja, se convertía en terrible aguafiestas y ya no había un juego de cortejo, sino otro de sexo fácil. Esto no podía en ningún caso terminar en buen puerto para la mujer, que se convertía automáticamente en una *fulana.*

Juegos para todo

Berne da nombres bastante singulares a los juegos. Uno de ellos es el juego de "*¿Por qué no...? Sí, pero...*". Es difícil que no hayamos jugado nunca a este juego, en uno u otro de los papeles. Pongamos que un amigo o amiga adscritos a su papelón de Víctima nos habla de un determinado problema. El problema de turno, el que toca ese día, ya que debido a sus papelones esta persona no puede evitar que siempre le pase algo malo, como si una fuerza extraña se cebara en ella. Hemos cometido el error fatal de preguntar a nuestro amigo cómo está, lo que le habilita para robarnos energía durante horas. Nosotros buscamos la manera de solucionar sus problemas. Da igual cuál sea la espinosa cuestión. Nosotros le diremos una y otra vez: "*¿Por qué no intentas esto, o lo otro, por qué no haces aquello, por qué no pides ayuda a aquella instancia?*" Algo a lo que nuestro interlocutor responderá incesantemente con un: "*Sí, pero...*". De ahí que Berne le dé al juego el nombre de "*¿Por qué no? Sí, pero*".

"*¿Por qué no pides dinero a tu padre? Sí, pero ya me prestó dinero hace un mes*". "*¿Por qué no te separas de ese hombre que te pone los cuernos, te roba el dinero y encima habla mal de ti? Sí, pero todavía no es el momento. Ayer me demostró que quería cambiar*".

¿Por qué no?

Una vez, una paciente me pidió consejo. Quería que le ayudara a buscar una solución para traer a Inglaterra a su marido africano (se había casado con él a las dos semanas de conocerlo en un viaje de placer), al que las autoridades británicas ponían muchas trabas para entrar al país.

Al cabo de una hora, terminé realmente exhausto. "*¿Por qué no hace esto? Sí, pero... ¿Y lo otro? Sí pero...*"

Al final, llegue a la conclusión, que quedó refrendada en consulta, de que en el fondo, ella no quería que su flamante marido llegara a Inglaterra. Aparentemente sí que quería. Él era mucho más joven que ella, que acababa de jubilarse. Se suponía que estaba encantada de que llegara a su país para vivir con ella un hombre con 20 años menos y mucha vitalidad. Decía que era un joven atractivo del que estaba profundamente enamorada. Ella no mentía, se la veía enamorada y en principio cuando alguien está enamorado lo único que quiere es reencontrarse con la persona amada. Esto es válido en el nivel del córtex, de la mente racional. Y el sistema límbico lo normal es que nos motive a anhelar a nuestro enamorado. Pero en un nivel más profundo e inconsciente, de supervivencia reptiliana, algo le decía que en el momento en que su marido llegara a Inglaterra empezaría el principio del fin de la relación. Mientras estuvieran separados, era evidente que el hombre mostraría su amor (verdadero o fingido) sin fisuras, sobre todo porque dependía por completo de esta mujer para lograr su gran meta de entrar en Europa. Una mujer, dicho sea de paso, con un papelón de Salvadora de hombres pobres, refrendado a lo largo de numerosas relaciones descompensadas donde ella se sentía poderosa al poder hacer y deshacer gracias a la influencia del dinero.

Pero volvamos a su amado. Miles de personas intentan cada año llegar a Europa desde África, y muchas de ellas mueren en el intento. A ello se suman ahora cientos de miles de refugiados sirios. Es, como decía el Papa Francisco, una de las grandes vergüenzas de nuestro tiempo. No caeremos, por tanto, en la tentación de juzgar a aquel africano. Tampoco podemos saber a ciencia cierta qué habría pasado de haber venido el hombre a Europa. Puede que mis más que fundadas sospechas fueran falsas y ambos hubieran conformado un felicísimo matrimonio hasta el final de sus días. Aunque esto no es lo interesante, sino el hecho de que la mujer contestó con estoicismo inglés a todos mis *Why not...?* con un implacable *Yes, but.*

Ella no quería, en lo más profundo de su ser, instancia a la que no tiene en absoluto acceso la mente racional, perder ese estado de enamoramiento y, sobre todo, arriesgarse a que una vez en Europa se terminara aquel cuento de hadas. Un hombre joven y atractivo que, una vez logrados los tan anhelados papeles de residencia, dejaría de ser dependiente de ella. Y ya se sabe que la libertad asusta, en especial la de los otros en relación a nosotros. Mi paciente estaba convencida, en el nivel inconsciente, de que este hombre, en cuanto llegara a Londres y tuviera todos los papeles en regla, se convertiría en una bomba de relojería. La probabilidad estadística de que, una vez asegurada su situación, la abandonara era demasiado alta como para caer en la ingenuidad de obviarla.

Todos los juegos tienen un objetivo más o menos inconsciente. En este caso, se trata de robar toda nuestra atención, de chuparnos la energía. Este juego se da mucho en la constelación de papelones Salvador/Víctima-Parásito.

La solución, en este y los demás casos, pasa por aceptar que no hay solución. *Si tus problemas tienen solución,* dicen los chinos, *¿de qué te quejas?, y si no la tienen... ¿de qué te quejas?*

La dinámica de juegos es muy interesante a la hora de no tomarnos las cosas de manera demasiado personal.

Todos los juegos tienen su sentido. Pueden tener un sentido primario y claro, o bien uno soterrado y siniestro. Cuando unos niños juegan al escondite, buscan no ser encontrados, o mejor dicho, no ser encontrados de inmediato. Esto es algo que saben muy bien los padres: un niño se esconde en una habitación, nosotros sabemos perfectamente dónde está escondido, pero evidentemente no le vamos a aguar la fiesta. Mantendremos la tensión durante un tiempo lo suficientemente largo para que tenga emoción, pero no tan largo como para anular la tensión. Si lo encontramos de inmediato el niño se sentirá frustrado; si tardamos demasiado, se aburrirá.

Esto ocurre con todos los juegos jugados conscientemente: los juegos de cartas, los deportes, todas las actividades recreativas tienen la función de hacernos pasar el tiempo libre de la manera más agradable posible. Y como la vida es un teatro lleno de juegos, mejor que éstos sean divertidos.

La ventaja de conocer el sentido de los juegos y en especial de identificar los diferentes juegos, es que uno puede decidir cortar con ellos. Y si te resultan beneficiosos, al menos tu actitud será menos discrepante.

Pasemos a observar algunos juegos habituales.

Empezaremos con un clásico:

El triángulo dramático de Karpman

Stephen Karpman se basó en las ideas de Berne, su maestro, para diseñar un modelo psicológico que ha recibido el nombre de *Triángulo dramático de Karpman.*

Este modelo propone tres roles clásicos que se repiten ante cualquier situación:

-El papel de víctima

-El perseguidor o verdugo

-El salvador

Entre los profesionales sanitarios y aquellas personas que se dedican a ayudar de alguna manera a los demás, como trabajadores sociales, educadores, profesores, etc. es muy importante tener en cuenta este triángulo, pues resulta fácil que incurran en uno de los tres roles. Alguien que se dedica de cuerpo y alma a ayudar a otra persona es posible que lo haga para subir la propia autoestima, nutrir el ego, para sentirse útil, y darle incluso un sentido a su existencia. Aunque si tenemos en cuenta el tiempo de crisis en que vivimos, donde hacen falta altas dosis de solidaridad, no resulta difícil malversar esta solidaridad. Por eso podemos hacer extensivo el problema a todos los segmentos de la población.

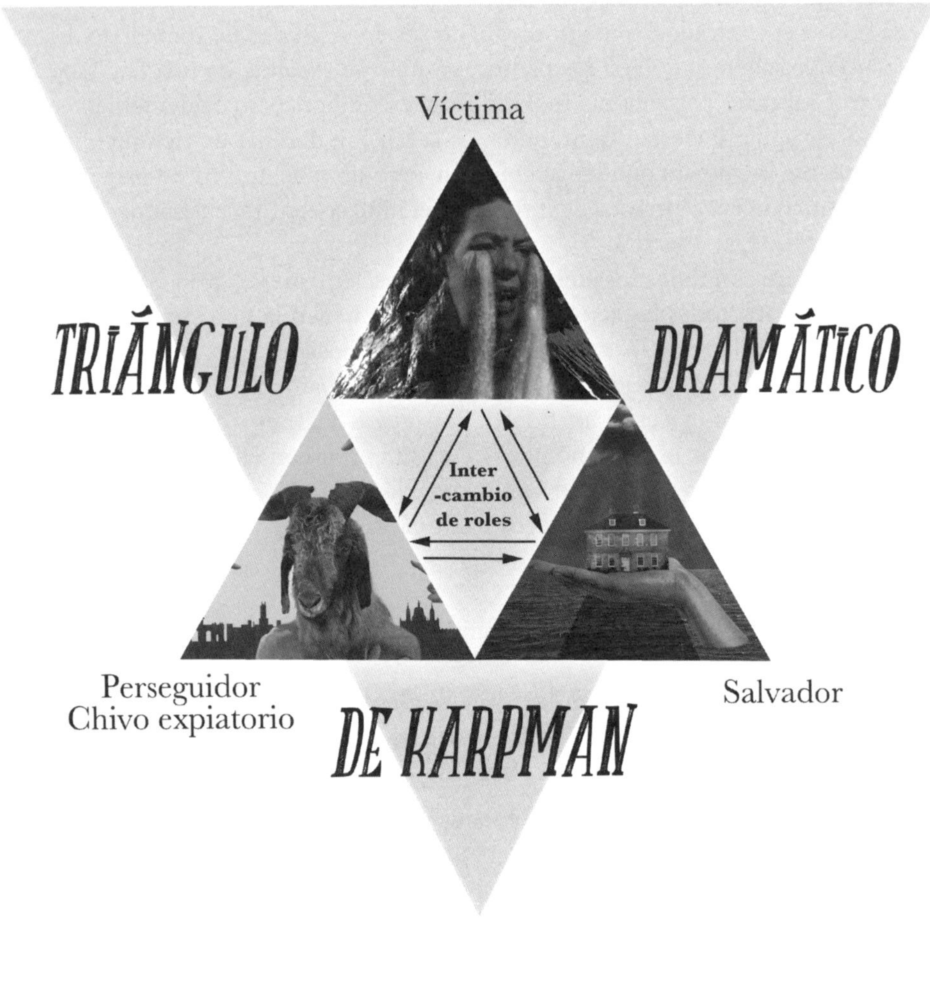

El Triángulo Dramático de Karpman

Ya dijimos antes que todo tiene su precio, y que todo el mundo tiende a pagarnos lo que nos debe. Y si no nos puede pagar con una buena moneda, lo hará con otra envenenada. El salvador ayuda a la víctima, creando una relación de dependencia absoluta. Al final, termina exhausto y empieza a castigar a la víctima, convirtiéndose en perseguidor. Aunque también puede que la víctima se sienta en profunda deuda con el salvador y termine persiguiéndolo.

Ante este triángulo dramático, también llamado de la supervivencia, ya que todas estas conductas neuróticas no son sino un intento de subsistir, sobre todo emocionalmente, tenemos un triángulo alternativo y deseable, que es el *Triángulo del ganador*, donde el perseguidor se convierte en una persona asertiva, que persigue sus objetivos sin maltratar a los demás; el salvador pasa a ser un ayudador empático, consciente de que no puede salvar a nadie *(¡Sálvese quien quiera!)*; y la víctima se convierte en alguien vulnerable que asume su responsabilidad. Muchas víctimas sienten una suerte de síndrome de Estocolmo hacia sus victimarios. Es el vacío que queda tras el demoledor maltrato, que aunque sea doloroso ocupa toda la energía de la persona.

La diferencia principal entre este modelo y el modelo de los papelones es que el papelón describe la tendencia existencial general de una persona, mientras que es más fácil que alguien sea salvador de una persona o situación, víctima de otra, y perseguidor de una tercera. O que en una dinámica determinada varíe su papel en el Triángulo de Karpmann.

Una mujer con el papelón de Gallina Clueca, sin embargo, tenderá a serlo en todo momento. Unas Gallinas Cluecas serán más víctimas, otras más perseguidoras y otras más salvadoras, o incluso puede que realicen los tres papeles a la vez. El papelón está más hecho a medida. El Salvador como tal también es un papelón, lo mismo que la Víctima, pero papelones como el del Rebelde Justiciero, la mencionada Gallina Clueca y otros muchos puede que toquen más la fibra vital de la persona y nos permitan con mayor facilidad cambiar facetas importantes de nuestra vida al dar un giro a nuestro papelón.

No me dejes hacerlo, mi amor, eres un ogro

Una joven, Sandra, se casa con un hombre posesivo y celoso, que no le deja salir a bailar. En realidad, buscó a este hombre para que la protegiera de su fobia a salir. La excusa es perfecta, la mujer interpreta un gran papelón de Víctima-Mártir cuando en realidad debería estarle agradecida al hombre por sus servicios protectores. La mujer habla con sus amigos y familia de lo horrible que es su situación con su marido.

Uno de los juegos que juega es: "*Sí no fuera por él…*". O sea, que él es el culpable de todos sus males, algo que le permite vivir en un estado maravilloso de conciencia tranquila. Todos le dicen que por qué no lo deja, y ella entra en el juego "*¿Por qué no? Sí, pero*". Si algún amigo le dice a las claras que ya está harto de su jueguecito, la mujer se sentirá ofuscada y ofendida y probablemente recurrirá al chantaje emocional: *"Si fueras un buen amigo, me comprenderías, pero ya veo, no puedo contar para nada contigo"*. De nada sirve advertir a la mujer de que el amigo ha estado siempre a su lado como un fiel compañero. No hay nada que le produzca más pánico que el fin del jueguecito.

Este tipo de matrimonio es bastante más habitual de lo que uno se imagina. La pareja es una de las principales fábricas de juegos neuróticos. Y estos juegos muchas veces se nutren de los juegos del pasado.

Muchas veces se produce una crisis de juegos que conduce al final de la relación. Uno de los dos cónyuges conoce a otra persona, o se produce una situación de violencia o similar, y una de las dos partes (pocas veces llega una decisión meditada por ambos) decide que no aguanta ni un minuto más y deja al otro. En no pocas ocasiones uno deja un clavo para juntarse con otro clavo que, con un poco de suerte, será más o menos igual, y si no hay suerte es muy probable que sea todavía peor. A no ser que detectemos el juego nocivo y decidamos romper esa baraja que tantos quebraderos nos produce.

En ese caso se producirá una situación que muchos sitúan en el ámbito de lo esotérico, pero que no deja de ser increíblemente lógica. Se basa más en la lógica del sistema límbico y reptiliano que en la lógica racional del córtex. Pero a fin de cuentas, no deja de ser previsible lo que ocurrirá una vez cambiemos nuestros registros emocionales, lo que incluye nuestros mensajes de la infancia, nuestros papelones y nuestros juegos.

En cuanto cambiemos nuestro mapa emocional, en cuanto el hombre cartel que todos llevamos puesto cambie su luminotecnia, ocurrirá el milagro: dejaremos de atraer, a nivel inconsciente, a personas tóxicas, y empezaremos a ser interesantes para otras más nutritivas. Otro efecto importante es que nos dejarán de atraer los personajes siniestros y los psicópatas. Y aquellas personas normales que antes se nos antojaban tan aburridas empezarán a resultarnos realmente interesantes.

Como de todos modos me vas a dejar, mejor te dejo yo. De perdidos, al río

Guillermo llevaba casado con su mujer desde hacía más de 15 años. Una mujer, según sus propias palabras, bellísima, de la que siempre estuvo muy enamorado. Tuvieron 4 hijos. Según comenta Guillermo, la frecuencia amatoria de los cónyuges no distaba mucho del número de vástagos. Tardó varios años en hacer el amor con ella por vez primera. Y cada vez que se quedaba embarazada pasaban casi dos años hasta que volvían a tener relaciones sexuales.

El sexo es uno de los juegos que más gustan a la gente, junto con la comida. Probablemente se le dé un valor excesivo, pero así es la vida. Muchas personas pierden la razón cuando caen en las redes de Venus. Y otras no quieren saber nada de Venus. Ambas actitudes son legítimas. En no pocas ocasiones, sin embargo, el sexo se convierte en una excusa ideal para ocultar luchas de poder.

Aquí tenemos a un hombre vital y con mucha energía sexual como Guillermo que pasa su juventud con una mujer que no solo parece frígida, sino que además quiere convencer a su pareja de que el único que tiene problemas es él. *"Yo estoy bien, tú estás mal"*. Y el poder lo tiene, claro está, el que está bien.

Guillermo empieza a visitar a una psicóloga, que poco a poco le hace ver que es normal que un hombre joven quiera hacer el amor con cierta frecuencia con su mujer. Le convence de que lo raro sería lo contrario. Cuando los deseos no van de la mano, tarde o temprano llegará la frustración. Y esa frustración se confunde luego con una baja autoestima.

Poco a poco recupera Guillermo la sensación de autoestima, se va dando cuenta de que no es tan raro lo que desea de su esposa (que por cierto es la única mujer con la que se ha acostado en su vida).

Aquí es donde la mujer capta a nivel inconsciente que Guillermo empieza a poner en peligro el juego conyugal de *te domino a través del sexo* (todo un clásico, por cierto, en las transacciones de poder). En muchos casos, cuando el cónyuge, hombre o mujer, harto de la sequía sexual, busca por otros lares lo que no encuentra en casa, ocurre con frecuencia que el inapetente empieza a tener ganas de sexo. Al menos durante un tiempo. Esto es lo que le podría haber ocurrido a Virginia, la esposa de Guillermo.

Pero como ella misma debe de tener sus propios traumas relacionados con la sexualidad, considera a nivel inconsciente que el precio que pagaría es demasiado alto y decide poner cartas en el asunto. Antes de que Guillermo busque satisfacer sus apetitos por otro lado, algo que iba a ocurrir tarde o temprano, en el momento en que él dejara de culpabilizarse por desear lo que no se le daba, ella da el paso y lo abandona. *Te abandono antes de que lo hagas tú.* Todo ello coincide con una época de gran inestabilidad para la familia, ya que uno de los hijos tiene leucemia. Es el momento más inoportuno para una crisis familiar, lo ideal sería que todos los miembros del clan cerraran filas por el bien del pequeño (que de algún modo ha asumido el papelón de Chivo Expiatorio). Pero no abandona a su esposo de una manera tranquila y pausada, no, sino que le tiende una trampa para castigarlo por romper con el juego. Dice que va a la farmacia a por unas aspirinas, y al rato aparece la policía nacional en el domicilio familiar para llevarse al cónyuge detenido. La mujer lo había denunciado en la comisaría. Por malos tratos a ella misma y a los 4 hijos. Incluso lo acusará de haber maltratado al hijo enfermo.

Guillermo pasa la noche en el calabozo. En España, hay una ley que permite encerrar de inmediato, al menos una noche, de manera cautelar y a la espera de un juicio rápido, a los hombres acusados de maltrato de género. Es cierto que esta medida ha protegido a muchas mujeres acosadas por verdaderos monstruos. Aunque por desgracia también lo es que algunas mujeres se han aprovechado de esta ley para defenestrar a hombres inocentes. Las leyes especiales pueden tener sentido por un espacio de tiempo reducido, y ante situaciones excepcionales de fuerza mayor, pero a la larga no se debería negar un derecho fundamental de toda persona como es la presunción de inocencia. Un derecho, por cierto, que solo se da en países democráticos. Al final, la mujer de Guillermo accede a retirar la denuncia, pero siempre que él esté dispuesto a renunciar a la custodia, al 70% de su sueldo, que quedaría para alimentos de los vástagos comunes, así como a olvidarse de la casa familiar, y a todo lo material que en ella hay. Por fortuna para Guillermo, la jueza del caso consideró que él era inocente, al detectar muchas incoherencias en las declaraciones de Virginia. Eso sí, Guillermo estuvo a punto de ir a la cárcel.

Dejar de jugar nos sale muy caro. Sirva, eso sí, de consuelo, saber que seguir jugando juegos nefastos muchas veces tiene un precio altísimo, para las dos partes, llamado enfermedad.

En cuanto Guillermo ve en consulta que ella no había hecho sino anticiparse al inevitable divorcio, puede ahorrarse incluso el odio hacia su ex. Una vez trabajamos los mensajes de sus padres, y su papelón de Bueno de la película que traga con todo, sale de la consulta transformado. Días más tarde me cuenta extrañado cómo se quedó sorprendido de no sentir odio hacia su ex al encontrarse con ella para recoger a los niños.

Aquí hemos mostrado algunos ejemplos reales de juegos nocivos. Pasemos ahora a desvelar cómo podemos liberarnos nosotros mismos, paso a paso, de nuestros mensajes de la paloma, de nuestros papelones y de los juegos que nos amargan la vida.

Escena Séptima

Game Over: Desactivando la bomba

No hay pacto entre leones y hombres;
entre lobos y corderos no hay concordia
Homero

El que domina a los otros es fuerte; el que se domina a sí mismo es poderoso.
Lao Tse

¿Aceptas el reto del cambio?

¿Cómo voy a querer cambiar si se dice *"Sufrir" un cambio?*

El verbo "cambiar" genera sensaciones encontradas. Cuando llega el final del año, casi todo el mundo se propone cambios de cara al año nuevo. Aunque lo que buscan son cambios del resultado final: bajar de peso, un nuevo trabajo, una mejor relación con el hijo de uno, en fin, cosas lógicamente deseables. Si alguien llegara con una varita y provocara esos cambios todos estaríamos felices. El problema es que todas estas cosas que queremos cambiar suelen venir acompañadas de esfuerzo, no poca dosis de sufrimiento y férrea voluntad. Nos apetece ver un cambio en nuestra figura, nuestras relaciones o nuestra capacidad económica, pero no nos gusta nada la idea de tener que cambiar los cimientos de nuestras estrategias vitales para llegar a consumar tales cambios.

Es curioso que en castellano el verbo empleado para los cambios y las transformaciones sea *sufrir*. Nadie dice *gocé un cambio*. En estos pequeños detalles vemos cómo eso de *mejor malo conocido que bueno por conocer* está muy anclado en nuestra idiosincrasia de hispanoparlantes. En otras lenguas no se *sufren* los cambios: en inglés se dice *undergo a change*, que en rigor sería algo así como pasar por debajo de un cambio, o sea experimentarlo. En español también se puede decir experimentar un cambio, pero es menos habitual. Además, al español no le gustan demasiado los experimentos, y quizás sea ésta la razón de que no hayamos sido nunca una potencia mundial en ciencia, como Inglaterra o Alemania, pero sí en literatura, pintura y en las artes en general. Los alemanes dicen *"eine Veränderung herbeiführen"*, que viene a ser algo más activo, algo así como "conducir un cambio". Los franceses, con su expresión *subir un changement* siguen los cambios, transitan por ellos, y según cómo, hasta los sufren, al contrario que los dramáticos italianos. Se ve que para los descendientes de los latinos, el cambio no es muy recomendable (de hecho, el gran cambio que se produjo en el Imperio Romano fue su ocaso).

De ahí que los deseos de cambio para el año siguiente se mantengan un año tras otro. A nadie le gusta sufrir. Nos gustan los cambios buenos, si no nos cuestan nada. Otra cosa es la tendencia que tienen bastantes personas a intentar por todos los medios que cambien los otros.

No nos produce tanto miedo el cambio de los otros, sobre todo si ese cambio se ajusta a nuestra tendencia al inmovilismo.

En el terreno de lo emocional hay de todo, como en botica. Sin embargo, sí que he observado una cierta tendencia a la hora de buscar el cambio ajeno (es una observación, y por tanto no una verdad absoluta).

Las mujeres tienden más a encontrar una pareja que les gusta por una serie de valores y luego intentan por todos los medios que cambie. Si el hombre (o la mujer, según los casos) cede a esta presión, luego se da la paradoja de que podría dejar de interesarle, ya que ha perdido puntos al no ser como era al principio. Es irracional, pero bueno, ¿no habíamos dicho que somos seres con mayor componente irracional que racional?

Los hombres tienden a encontrar una pareja que les gusta y luego hacen lo posible para que ésta no cambie. Esta actitud es igual de injusta y neurótica que la de las mujeres, ya que el cambio es constitutivo de la vida. La muerte es la ausencia de cambios. Al juntarse, en el caso de las parejas heterosexuales, una persona que quiere que el otro cambie a toda costa y otra que se niega a que el otro cambie, esto genera una gran frustración mutua.

En mi consulta trato muchas veces este problema.

Una vez llegó Elvic, una venezolana, que estaba indignada por la actitud de su marido:

> *"Me casé con él en segundas nupcias porque era un hombre bueno, pero cada vez me cansa más que no tenga iniciativa propia. Se pasa muchas horas en su despacho trabajando y le cuesta salir de casa.*
>
> *Una cosa que me molesta especialmente es que me trae el desayuno cada mañana a la cama. No se da cuenta de que al principio me emocionaba, pero que ya me cansa. Preferiría desayunar en la cocina".*

Yo le dije que por qué no se lo decía a las claras. Ella contestó que esperaba que él se diera cuenta. Se trata de una actitud bastante extendida, consistente en exigir al otro que tenga capacidades telepáticas.

Le argumenté que su conducta era como la de alguien que comenta: *"Hay un cúmulo grisáceo en el cielo azul"* y espera que su interlocutor coja la indirecta y se vaya inmediatamente a El Corte Inglés a comprar un paraguas negro con mango amarillo.

Al querer cambiarle obstinadamente, lo único que consiguió es que el hombre se cerrara más y más. No veía todo el apoyo económico que le brindaba, el respeto que tenía hacia ella y hacia sus hijos, la manera que tenía de intentar hacerla feliz, por mucho que se limitara a hacerle el desayuno todos los días.

¡Cuánta gente sueña con que le hagan el desayuno y se lo lleven a la cama!

Cuando cambiamos descolocamos el puzle de nuestra existencia. Si perdemos esos kilos antiestéticos e insanos puede que nuestro entorno no reaccione con la alegría esperada. Puede que generemos envidias, e incluso estupor. Encajonados en nuestras limitaciones no generamos tanto miedo, pero al salir de éstas ponemos en evidencia a propios y extraños, que se sienten no pocas veces atacados por el miedo al cambio propio. Una paciente volvió a recuperar los 20 kilos que había perdido después de ver que volvía a gustar a los hombres, con lo que se ponía en peligro su matrimonio. Muchas veces queremos la parte agradable de los cambios, pero no las consecuencias finales de los mismos. Ernest Hemingway escribía en sus famosas crónicas de los años 30 que los comunistas italianos eran comunistas de boca hacia fuera, y no de boca adentro. Les gustaba la agradable sensación de que el mundo había que cambiarlo, aunque en el fondo nadie quería renunciar a los valores tradicionales que tanto denostaba el comunismo dogmático. Asambleas, sí, grandes palabras, sentir la adrenalina revolucionaria por las venas, pero luego, por favor, volvamos a casa, en familia, todos alrededor de la mesa, y que no nos quiten la sala de baile. Como decía el príncipe de Lampedusa en *El Gatopardo*, *"Hay que cambiarlo todo, para que todo siga igual"*.

Por todo ello debemos ser conscientes de que si anhelamos cambios en nuestra vida, nos encontraremos con resistencias propias y ajenas. Puede que en el nivel consciente estemos convencidos de querer cambiar ciertas cosas, nuestros papelones, por ejemplo. Pero el nivel inconsciente va por libre, y no le gustan en absoluto los experimentos.

Al inconsciente conviene engañarlo, como a un niño, tal y como hace él con nosotros tantas veces. Y ¿qué hacemos por ejemplo cuando un niño de 2 años se empeña en llevarse algo peligroso a la boca? Podemos explicárselo racionalmente, *"Mira hijo mío, no lo hagas, pues te atragantarás, y habrá que hacerte una traqueotomía para salvarte in extremis, y como yo no soy médico, no podré hacerla y te morirás al cabo de unos pocos minutos, pues aunque no lo sepas, el cerebro sucumbirá a la hipoxia, que, para que nos entendamos, es falta de oxígeno"*. Evidentemente, el niño nos mirará rabioso y se empeñará más todavía en llevarse a la boca el objeto en cuestión. Lo ideal sería cambiar su foco de atención, como hacen los magos o prestidigitadores: *"Mira, mira aquí, mira allá..."*. Cambiamos su foco de atención, por uno que no sea peligroso, y listos.

O jugamos con nuestro inconsciente, o él jugará con nosotros. Que no se nos olvide que, parafraseando a Calderón,

La vida es juego y los juegos, juegos son

Y lo mismo vale con el inconsciente de los demás, sobre todo en el caso de personas poco o nada conscientes.

Para establecer nuevas pautas de comportamiento que realmente tengan que ver con nuestro ser profundo, que lleguen a las honduras de nuestro inconsciente y que nos liberen de nuestros papelones y juegos, de los vínculos mórbidos de lealtad, debemos pasar por...

LAS 4 ETAPAS DEL APRENDIZAJE

Todo proceso de aprendizaje tiene una serie de pasos inevitables. Cuando una persona decide aprender una lengua de las más de 4000 que hay en el mundo pasa del nivel

Inconsciente incompetente

O sea, que antes de saber que existía, por ejemplo el suajili, una lengua africana, nuestro amigo era inconsciente (no sabía que existía tal lengua) y por supuesto es incompetente, ya que no la habla.

Una vez que se enfrenta a la realidad de que existe esta lengua, y hasta que no cumpla con un cierto tiempo de adiestramiento en la misma, pasa al nivel

Consciente incompetente

Sabe de la existencia de la lengua, pero no la habla.

Luego, tras haberla estudiado llega al nivel

Consciente competente

Si bien la habla, tiene que pensar cada cosa que dice, ya que no es un nativo.

Solo después de mucho tiempo y práctica llega al nivel

Inconsciente competente

Puede poner el piloto automático y la habla sin tener que pensar lo que dice, incluso puede llegar a pensar en esa lengua.

Es la diferencia que hay entre una tortuga (inconsciente incompetente), un conductor neófito (consciente competente) y otro experimentado (inconsciente competente).

A la hora de establecer nuevas estrategias vitales, llegado el momento de liberarnos de nuestros papelones y de los jueguecitos que tanto nos complican la existencia, no queda más remedio que pasar por estos 4 pasos.

Primero no sabemos cuál es nuestro papelón (ni siquiera sabemos que existe tal cosa) y estamos en el plano inconsciente y, por supuesto, sufrimos las consecuencias de actuar siguiendo los guiones impuestos por tal papelón, con lo que nos podemos declarar incompetentes.

Una vez que seguimos las pautas descritas a continuación, que conllevan un determinado tiempo de carencia, pasaremos a ser conscientes incompetentes, primero (somos conscientes de lo que nos pasa, pero no somos todavía capaces de cambiar la situación), para acceder al nivel consciente competente. Este nivel nos hace sentir un importante subidón en la energía vital, ya que el papelón o papelones eran como una fuerte hipoteca que nos robaba parte importante de nuestros recursos. Aunque, todo hay que decirlo, este tercer nivel es un tanto incómodo, pues nos hace estar constantemente con las señales de alarma puestas, para no incurrir de nuevo en nuestro papelón. Pasado un determinado tiempo de carencia accederemos, por fin, al nivel deseado, el inconsciente competente. Sin saber cómo dejamos de emitir señales contrarias a nuestros intereses. La vida se hace muchísimo más ligera. Seguirá habiendo momentos buenos y malos, ilusiones y enfados, seguiremos vivos en toda la extensión de este término tan ilimitado. Pero la diferencia será que el margen de maniobra que tendremos sobre nuestro engranaje emocional será mucho mayor. Dejaremos de sentirnos como pollitos desplumados a los que en cualquier momento llevarán a la brasa.

EL CAMBIO SÍ ES POSIBLE

Hemos hablado hasta ahora de las inercias familiares, de los papelones y de los mensajes de la paloma. Ahora llegó el momento de decir basta, dando un golpe firme sobre la mesa para que todo el mundo se entere (consciente o inconscientemente, eso no es tan importante) de que la realidad no es como nos la vendieron, de que hay margen de maniobra. La tierra no es plana, por mucho que más de uno acabara en la hoguera por afirmar que era redonda. Se acabó el juego, *the game is over*. Nos espera un cierto tiempo de carencia, aunque merece la pena. Dejamos parajes yermos a nuestra espalda y nos encaminamos donde más nos plazca. La vida, tan dadivosa, ya se encargará de ponernos los límites, que se ahorren tal trabajo los que nos rodean, pues dejará de estar remunerado. Las personas importantes se quedarán, y las que dejen de serlo desaparecerán probablemente de nuestra vida, a ser posible sin grandes aspavientos ni desencuentros. Es importante para ello el cambio interno, mucho más que someternos a discusiones sin fin para intentar arreglar el mundo.

Nuestro amigo Eric Berne volvió locos a sus colegas de la época (mitad del siglo XX), con argumentos como éstos:

-La gente nace sin problemas. Las personas nacen como príncipes y princesas, son sus padres los que los convierten en ranas. Su lema era: *"Tú estás bien, yo estoy bien*". O sea, que el terapeuta no tiene por qué mirar al paciente por encima del hombro.

-Las personas con dificultades emocionales no dejan de ser seres humanos inteligentes con capacidad de comprender sus problemas y la manera de liberarse de ellos.

-Todas las dificultades emocionales tienen cura, si se las trata de manera adecuada. Se negaba a aceptar que determinadas enfermedades eran incurables. El hecho de que yo no encuentre la solución no quiere decir que no la haya.

El lector del siglo XXI pensará que no es para tanto. Pero si tenemos en cuenta que hasta 1973 la Asociación Americana de Psiquiatría (APA) no decidió eliminar la homosexualidad del 'Manual de Diagnóstico de los Trastornos Mentales' (DSM) o que los electroshocks han sido el tratamiento habitual durante decenios para tratar problemas mentales (incluida la susodicha homosexualidad), sí que podemos imaginar el revuelo generado por Berne entre sus colegas psiquiatras. Y es que Berne, sin duda, creía que el cambio era posible.

No se trata, ni mucho menos, de considerar a los padres culpables de todo. En este juego de la vida no hay culpables e inocentes, sino más bien un reparto actoral más o menos descompensado. Además, se ha demostrado que ciertos criminales lo han sido por cuestiones orgánicas, por lo que sería bueno atenuar la generalización de Berne. Tampoco se justificaría que haya dos hermanos de los mismos padres con rumbos vitales radicalmente distintos. Sin embargo, si las palabras de Berne cayeron tan mal a sus colegas fue porque éstos muchas veces confundían su incapacidad de solucionar los problemas de sus pacientes con la incurabilidad de sus afecciones. Para Berne, el objetivo de una sesión terapéutica era rehabilitar al paciente para una vida sana en sociedad. Y si no lo conseguía en la primera sesión, debía preguntarse para el siguiente encuentro por qué no lo había logrado.

Para tratar al paciente como una persona inteligente lo que hizo Berne es cambiar el lenguaje con él empleado. Esto es algo que coincide con las premisas de Antoniowsky y su Sentido de Coherencia (SOC, en sus siglas en inglés). Una persona que es capaz de explicarse lo que le pasa mejorará su SOC y con él su salud subjetiva (algo que viene a traducirse en los parámetros objetivos de salud). En vez de hablar de conceptos y categorías ininteligibles (algo habitual entre muchos profesionales de todos los campos) para ponerse por encima de los que no lo son, hablaba de caricias, de juegos y de otras cosas que entiende todo el mundo.

Estaba tratando de tejer yo mismo una teoría que me explicase esos roles añadidos, cuando tuve la suerte de toparme con la obra de Berne. Esta obra suya me fascina por su capacidad de hacerse entender por cualquiera, pero sobre todo por lo práctico que resulta el conocimiento de los juegos a los que juega nuestra especie a la hora de decidir qué juegos nos interesan y cuáles no. A la hora de dar el salto de siervos a señores de nuestra propia existencia.

Cuántas veces no habré visto en consulta la cara de asombro de mis pacientes tras descubrir cuál era su papelón. El alivio al liberarse de las cadenas de sus mensajes de la paloma. La felicidad con que volvían cuando habían sido capaces de deshacerse de los juegos infernales en los que les habían metido sus familias, con su implícita anuencia. No siempre es fácil, pero seguir atrapados en las cárceles de los papelones nos convierte en seres irracionalmente oprimidos e incompetentes.

En su afán por la sinceridad, muchos especialistas se olvidan de que los paradigmas cambian de tanto en tanto, y por tanto lo que le diga hoy a mi paciente puede no tener ninguna validez en cuestión de meses o años, cuando deje de formar parte del paradigma del momento. Los especialistas juegan en este sentido muchas veces con el beneplácito de los propios enfermos, encantados de que nutran sus papelones con diagnósticos nefastos y creencias demoledoras. Espero que llegue un buen día en que los pronósticos médicos dejen de tener un valor tan lapidario y aterrador. Pronósticos como *"usted morirá en tres meses"* (siempre hay excepciones) o *"su enfermedad no tiene cura ni tratamiento"* (un diabético tampoco tenía tratamiento hace solo 80 años) sólo benefician a los Rebeldes compulsivos, que con tal de llevar la contraria son capaces de rebelarse ante ellos.

A la hora de cambiar estos juegos y papelones, es importante aprender a comunicarse correctamente con nuestro entorno. Y en este sentido, la comunicación verbal tiene un valor relativo. Si aprendemos a manejar los resortes del inconsciente de las personas que nos rodean, mejoraremos la comunicación profunda y será más fácil salir de nuestros papelones. Para ello es importante que nos repitamos eso de que:

Sólo comprendiéndolo todo podremos perdonarlo todo, pero sólo si nos dejan de hacer daño tenemos expedito el camino del perdón.

Si quieres cambiar tu papelón y los juegos nocivos, cambia tu lenguaje

Normalmente, el que está dispuesto a tratar en consulta los problemas que le ocasiona su papelón no es el Parásito, sino más bien el Salvador, que un buen día se da cuenta de que no puede más con la carga. Muchas veces necesita tener la espalda destrozada, sufrir un *burnout* y no ver más sentido a la existencia para asumir que ese beneficio secundario que saca de sus esfuerzos (reconocimiento familiar y social, sentirse moralmente cómodo, ser el bueno y no el malo, una fabulosa inyección de autoestima para el ego) no compensa en absoluto. Son muchos los héroes que he tratado en consulta. Y prácticamente siempre se quedan atónitos cuando contemplan desde la platea esa obra de teatro que es su familia. De pronto les entra una suerte de vértigo, una sensación de malestar estomacal, incluso náuseas. No solo ven que están haciendo el primo, sino que además descubren que no son la solución, sino parte constitutiva del problema. *"Muchacho, bájate del escenario"*, se dicen de pronto, *"que tú eres el problema"*. Todo el constructo vital se desmorona de pronto. Fuera diplomas y títulos nobiliarios, a la porra con charreteras, insignias y medallones. Más vale emprender el vuelo, y para eso conviene librarse de una vez por todas de esa chatarra inmunda.

Esto es lo que ocurrió con Juan y Antonio, dos hermanos de los que uno, Juan, era el bueno, el santo varón, el Salvador, el que siempre protegía a la madre Víctima de los desmanes del padre y del hermano, mientras que Antonio era el Parásito, la garrapata que no sabía sino chupar la sangre a su madre, a su hermano, a su novia, y a los amigos que iba encontrando (pues siempre hay un alma cándida dispuesta a socorrer a un Parásito). Muchos salen de escena al cabo de un tiempo, pues sienten el desagradecimiento en propia piel, pero enseguida aparecen nuevas almas de cántaro para mantener la trama.

Cuando Juan se dio cuenta de que él no hacía sino acrecentar el problema de Antonio, cambió de rol. Un buen día, su hermano lo llamó para pedirle dinero, y Antonio cambió el lenguaje. Dejó de lado el vocabulario heroico y digno, y se sirvió de un lenguaje más bajo y ruin, más descastado: *"Ay, estoy muy mal, no tengo dinero, me gustaría ayudarte, pero en el trabajo me han bajado el sueldo, es posible que lo reduzcan más, quién sabe, quizá me quedaré sin empleo, ay ay ay"*.

Cuando Juan volvió a consulta al día siguiente, me dijo:

-No te lo vas a creer, pero la conversación no duró ni tres minutos.

-Claro, le dejaste descolocado en su papelón. ¿Y cómo te sentiste?

-Pues la verdad que un poco raro, como si no fuera yo.

-Es cuestión de costumbre, aunque no te olvides de que tú no eres tu papelón. Éste es como una coraza protectora de quién sabe qué.

-La verdad es que si le hubiera seguido prestando dinero creo que al final habría roto con él.

Meses después, Juan me confesó que incluso su hermano le había ofrecido ayuda para pintar la casa. Y que cuando Juan le preguntó cómo estaba, este le contestó: *"Aquí, luchando"*. Era, según me dijo, la primera vez que le oía emplear ese verbo tan heroico.

El verbo "luchar" es totalmente ajeno al vocabulario de un Parásito. Tal y como ocurre con dos polos opuestos, al encontrarse dos Parásitos, se repelen mutuamente como la peste. Nunca se habrá visto a una garrapata enganchada a otra para chuparle el sanguinolento botín.

Sorprende a tu adversario. La conducta paradójica

Una paciente alemana, Manuela, me comenta el resultado de su particular *Juego de Tronos* con su hermana menor. El papelón de la hermana menor es el de Parásito, y el de la mayor, el de Proveedora Universal. Después de comentarme ella cómo su hermana llegaba a su casa cada año por vacaciones para darse la gran vida, algo que le generaba un enorme malestar, le dije, en tono empresarial: *"Si tu estrategia no te funciona, cambia de estrategia"*.

Si Manuela hubiera intentado mantener una conversación seria con su hermana menor, del tipo *"Hermana, tenemos que hablar, he observado que desde siempre tienes el papelón de Parásito, ah, ¿que no sabes lo que es un papelón?, yo te lo explico, verás, querida hermana…*". Si hubiera intentado hablar con ella como personas adultas solo habría conseguido una cosa: su hermana la habría tomado por loca.

Manuela pasó a la acción, para desactivar su papelón de Proveedora Universal, que por cierto le estaba generando un estrés contumaz. Así fue el resumen de su conversación por Facebook justo en el momento en que la hermana amenazaba con colarse de nuevo en la casa de Manuela por Semana Santa. Manuela cambió conscientemente su lenguaje. En vez de Salvadora Proveedora, se expresó con el lenguaje habitual de una Víctima Desamparada. Lo hizo de manera fría y calculadora, aunque con una intención amorosa: terminar con esa relación enfermiza con su hermana y dar paso, si acaso, a una relación más sana (una no-relación era, en este caso, mejor que una relación parasitaria).

-*Hola hermanita, ¿cómo estás?*

-*Bueno, más o menos.*

(La hermana menor no suele preguntar a la mayor cómo se encuentra. El Parasito suele ser bastante egocéntrico y solo tiene interés en su propio estado).

-*Te quería pedir un favor* (era la primera vez que le pedía un favor en toda su vida).

-*Ah, bueno, mmmummm.*

-*Verás, tengo que hacer un examen importante justo después de Semana Santa y quería pedirte que me ayudes con los niños. Estoy desesperada. ¿Podrías venir y ocuparte de ellos un par de días?* (la hermana de Manuela quería ir a toda costa a darse la gran vida por Semana Santa en casa de su hermana, a varias horas de distancia: *"Hazme la comida, límpiame la ropa, escucha mis problemas, pobrecita de mí, y ya de paso préstame algo de dinero, que soy tu hermana menor y yo no he tenido tanta suerte como tú").*

-*Ay, vaya, lo siento, pero…* (silencio)… *pero…* (silencio), *es que verás, este año lo tengo un poco más complicado con las vacaciones de Semana Santa. El jefe me ha dicho esto y aquello, creo que lo voy a tener bastante difícil.*

Si quieres desmontar a un Parásito, invéntate un favor y pídeselo.

Manuela me comentó al día siguiente que se había quedado de piedra. Me dijo que yo era adivino, pues le había avisado de que la conversación sería exactamente así. La verdad es que en este caso no hacen falta dotes adivinatorias, sino una mínima comprensión de la teatralidad de la naturaleza humana.

Hay Parásitos secundarios, que terminan siéndolo por sobreprotección del entorno (es el caso de cientos de miles de jóvenes españoles y de otros países sobreprotegidos por sus madres Gallinas Cluecas), y otros primarios, que lo son por pura esencia parasitaria. Los primeros tienen solución en cuanto el corruptor emocional cambia su actitud y rompe con su papelón. Los segundos forman parte del paisaje urbano y es prácticamente imposible que cambien. En general, es más fácil que cambie el que da que el que recibe. Al que da le cuesta recibir, pero al que recibe le supone un triple salto mortal empezar a dar.

El salto al vacío que dio Manuela con su hermana no solo la liberó de esta relación parasitaria, sino que la hizo consciente de que en todas las esferas de su vida tendía a caer en ese papelón de Proveedora Universal. Su espalda *sufrió* una mejoría notable.

La estrategia *marxista*

Groucho Marx recibió en su camerino la visita de un antiguo compañero de colegio, que se había convertido en abogado. Éste había asistido indignado a una función cómica de Groucho en el teatro (eran los comienzos de los hermanos Marx) y le espetó al genio: *"Querido amigo, siento decirte que me ha dado mucha pena verte haciendo el payaso. Te propongo que dejes todas estas estupideces y que empieces a trabajar en algo serio, como yo, que tengo un puesto fijo en un bufete de abogados, y gano tanto dinero a la semana"*. Groucho Marx ganaba muchísimo más, pero escuchó a su amigo con atención. Al cabo de un rato, le dijo: *"Gracias por tus sabios consejos, me has iluminado, te haré caso"*. Cuando por fin se fue el amigo, Groucho pensó, y así lo describe en su magistral libro *Groucho y yo*:

"Y por fin se fue aquel imbécil".

El hecho de que Groucho no proteste, no diga a su amigo *"Pero escucha, no creas, lo que hago tiene sentido, estoy triunfando, cree en mí…"* etcétera, hace que no pierda energía en intentar complacer a alguien que tiene una idea preconcebida de las cosas, que se considera una mente preclara, o sea clara antes de que le dé tiempo a gozar de claridad. Una mente preclara es tan absurda como una *preoscura*. En definitiva, la actitud de Groucho es una actitud empoderadora.

Las corazas de la identidad

Es fácil pensar que nuestro papelón es nuestra identidad. Somos como el elefante atado desde pequeñito a un árbol mediante una cuerda ridícula. Puede pasarse la vida atado a ese árbol, pues ni en lo más remoto de su ser sospecha que posee una fuerza descomunal, capaz de arrancar el árbol de cuajo de una dulce arremetida.

Pero no, el papelón es un pesado envoltorio que nos separa del exterior. Creemos que nos protege, y lo que hace es asfixiarnos, como una bolsa de plástico que nos impide respirar.

Cuando salimos del papelón es fácil que nos sintamos perdidos, sin rumbo, como el bolero. *"¿Y ahora qué?"*, nos preguntamos. De pronto nuestro entorno nos resulta raro, nosotros mismos no nos reconocemos, como si en un ritual satánico nos hubieran metido a alguien en el cuerpo. Creemos que no somos nosotros, cuando en realidad recuperamos una identidad que nos fue (con nuestro permiso) robada al iniciar nuestros afanes en la infancia.

Nos vemos raros, y nos ven raros. *Éste no es mi Juan, que me lo han cambiado*, se dice en Castilla. Precisamos, como los seguros, de un tiempo de carencia, de recolocación. Una vez superada esta transición ya nunca querremos volver al papelón.

Al Salvador no se le perdona nada

En una familia al uso suele haber miembros a los que se les perdona todo, y otros que por mucho que se empeñen nunca terminan de ser aceptados, ni perdonados, por mucho que no haya nada que perdonar. O precisamente porque no hay nada que perdonar. Y no es un simple juego de palabras. Si una persona asume que su papelón es el de Salvador pluscuamperfecto, tarea de titanes por lo demás imposible de cumplir, será más fácil relajarse y aceptar que mientras a su hermano o primo todos le aplauden cuando por fin hace algo medianamente aceptable, a él nunca le premiarán la mayor de las proezas.

No hay que confundir papelón con identidad

Cuando cambiamos la dinámica de nuestros papelones, el sistema se recoloca automáticamente. De nada sirven los discursos y sermones, es mucho más útil cambiar con plena conciencia nuestras actitudes. Los demás no tendrán más remedio que recolocarse, cuales vasos comunicantes que nunca pueden actuar con plena independencia. Nosotros no somos realmente independientes, pero los otros tampoco lo son. Cambiemos, pues, la estrategia, y cambiará el panorama.

Y lo más importante: la dinámica de los papelones es como la relación entre las galaxias y la materia oscura, que las envuelve en su manto. Si dejara de existir la materia oscura, ¿qué sería de la vida?

Despídete del maltrato emocional, pero con mucho cariño

Ya hemos dicho que nuestro sistema límbico lleva mal los grandes saltos emocionales. Estamos programados para la lealtad, de ahí que incluso el hecho de hablar con un amigo o con un terapeuta de la conducta absurda de nuestros padres nos resulte difícil y comprometido. Nos sentimos como auténticos traidores. A no ser que empecemos agradeciendo de corazón todo lo que nos han dado.

La fórmula empleada por el psicoterapeuta Bert Hellinger en sus *Constelaciones familiares* me parece muy útil:

Eres mi padre y yo soy tu hijo, y te agradezco profundamente la vida y todo lo que me has dado, que es mucho.

Una vez dicho esto, el sistema límbico se relaja. Estamos siendo leales a lo más importante, que es el agradecimiento. Una vez hemos formulado estas palabras ya resulta más fácil romper con la lealtad a mensajes y juegos dañinos:

Sin embargo, este mensaje que me diste me ha hecho mucho daño y me lo sigue haciendo, por eso te lo devuelvo para siempre, con todo mi amor.

Empezamos el diálogo interno con nuestro progenitor agradeciéndole la vida y lo terminamos con mucho amor. Esto hace que nuestro sistema límbico dé luz verde al cambio. Al amigo que nos ha hecho un regalo que no nos gusta ni nos sirve se lo devolvemos, sí, pero de buenas maneras y llenos de agradecimiento. *Gracias, Tomás, por los bombones, es todo un detalle, pero resulta que soy diabético y no me sientan bien.*

Sobre todo teniendo en cuenta que, por mucho que los mensajes sean terroríficos, la mayoría de las veces nos han hecho entrega de ellos con todo el amor.

Sorpréndete a ti mismo

A un amigo que tenía muchas hernias de disco le atracaron una noche dos delincuentes. Uno de ellos le puso una navaja en el cuello y le dijo:

-*O nos das todo lo que tienes, o te rajo.*

A lo que mi amigo, ni corto ni perezoso le respondió:

-*Tengo 6 hernias de disco, no puedo soportar más el dolor. Ni la morfina ni ningún calmante me relaja. Clávame la maldita navaja, mátame de una vez, que no quiero sufrir más.*

Los dos ladrones se quedaron de piedra, intentaron consolarle, le animaron a que no pensara en la muerte y lo llevaron a la casa de uno de ellos a comer, donde la madre, como buena Gallina Clueca, lo trató a cuerpo de rey.

Esta historia, real por cierto, muestra a las mil maravillas la importancia de cambiar las conductas habituales, que son las que nos conducen a los papelones habituales y a los juegos habituales.

Cuando por ejemplo un Chantajista nos diga:

-*Claro, como siempre me dejas solo.*

Podemos contestar algo absurdo, del tipo:

-*Este año está lloviendo mucho en Oklahoma.*

En cuanto nuestro interlocutor no se comporta como se espera, nos deja descolocados.

Cuanto antes empecemos a dejar descolocada a la gente que nos descoloca a nosotros, sacándonos de nuestro eje existencia, antes saldremos de nuestro papelón.

¿Recuerdas el caso de Raquel, la madre Gallina Clueca con su hijo esquizofrénico, de la que hablamos en la "Escena Quinta: El gran papelón"? Para empezar, la madre se había comprometido en dejar de lado por un tiempo (el período de carencia) el papelón de Gallina Clueca. Le costó reconocer que si se solucionaba el asunto de su hijo, se quedaría huérfana de su gran problema. Muchas personas piensan que cuando se termine el gran problema de su vida serán felices para siempre. Esto es un error fatal. ¿Qué hacer con toda la energía sobrante? Mucha gente entra incluso en una extraña depresión cuando se resuelve su gran problema existencial, ya sea económico, emocional, o del tipo que sea. Además, Raquel estaba a punto de prejubilarse, por lo que la solución del asunto del hijo (no la esquizofrenia, que estaba controlada y tratada, sino su mala educación y su carácter egoísta e insoportable), con la probabilidad de que saliera de casa, implicaba un síndrome de nido vacío. O sea, que se le podía juntar la crisis del jubilado con la crisis del nido vacío. La crisis del jubilado no hay que menospreciarla ya que, según las estadísticas, el 20% de las personas que se jubilan mueren a lo largo del primer año. Y es que el vacío existencial que se provoca es enorme.

Lo malo es cuando no tenemos en cuenta estas cosas, la vorágine de las circunstancias nos devora. Y es fácil que por mucho que una madre quiera a su hijo, el instinto de supervivencia la lleve a actuar con egoísmo.

Le pedí a Raquel que, durante un mes, no le hiciera la cama (¡tenía casi 40 años!) y que no tampoco le preparara la comida, en la medida de lo razonable, o sea, sin que se notara una clara intención. La hermana del enfermo aceptó empezar a pedirle ayuda de manera sistemática, y la madre buscó una excusa tras otra para dejar durante un mes las labores de criada de su hijo casi cuarentón: *"Ay, hijo, me duele la espalda. Vaya, he quedado con Fulano o con Mengana para comer, ¿te importa si te haces algo tú mismo? Perdona, ay, soy un desastre, pásalo bien, cariño, te quiero mucho"*. ¿Quién gana una partida de ajedrez explicándole al adversario los pasos que va a dar, revelándole la estrategia?

Es deber de los padres ayudar a crecer a sus hijos, aunque también lo es no retenerlos en una jaula de oro, dejarles emprender el vuelo.

Raquel estaba convencida de que todo lo hacía por su hijo. Al ser una mujer profundamente generosa, en el momento en que comprendió el daño que le hacía, habida cuenta de su enfermedad mental, sintió que se le caía el mundo encima. Además, el marido hasta entonces no había contado más que como instrumento para mantener el orden establecido por ella. En cuanto cambiara la situación podía, perfectamente, producirse una crisis de pareja de gran calado. ¿A quién le apetecen tantos cambios? Ya lo decía San Ignacio: *"En tiempo de tribulación, no hacer mudanza"*. El jesuita quería decir con ello que era mejor dosificar los cambios.

Aunque no hay que olvidar que sacar ese papelón de su vida era su gran oportunidad para liberarse de fantasmas del pasado y vivir con mucha más plenitud.

Al cabo de varios meses, Raquel realizó un largo viaje para venir a mi consulta. Hasta entonces, habíamos trazado la estrategia por email. Vi a una mujer llena de sufrimiento, pero con una enorme energía vital dispuesta a liberarse. Le pregunté que cómo le había ido con su hijo. Me comentó: *"Tal y como me dijiste, empecé a no hacerle la cama ni la comida. Iba buscando excusas. Al principio me costaba más, luego cada vez menos. Pero el caso es que a las dos semanas, vi a mi hijo refunfuñando como siempre por el pasillo y me salió del alma decirle: «Mañana mismo te vas de casa. Puedes quedarte en el apartamento que tenemos en tal sitio, pero ésta ya no es tu casa. No te aguanto más»"*. El hijo, a regañadientes, terminó por aceptar la orden de la madre. No debemos olvidar que el chico estaba recibiendo medicación, tenía un excelente psiquiatra, pero que esa medicación no era para contrarrestar la mala educación favorecida por la madre.

Si yo le hubiera dicho a la madre algo que de todos modos pensaba, *"Lo mejor es que tu hijo se vaya de casa, pues su verdadera enfermedad no es la esquizofrenia sino la mala educación"*, la madre en ningún caso habría echado a su hijo de casa. El hecho de permitirse cortar temporalmente con el papelón hizo que su inconsciente se liberara de la culpa inveterada y le permitiera actuar con libertad y sentido común. Lo mejor, para todos, era que el hijo se fuera. Además, no estaba en ningún caso desasistido.

Al verla le dije: *"Bueno, pero la ropa te la sigue llevando a casa, ¿verdad?"*

Se sonrojó, pues la había pillado. *"Lo mejor"*, continué, *"es que no le hagas la colada, que se la haga él"*. (La colada de los hijos es de las cosas que más les cuesta abandonar a las Gallinas Cluecas. Como si poner la lavadora fuera una labor imposible para un señor que pronto podrá ser abuelo).

El cambio radical en la vida de aquella familia se produjo en el momento en que la Gallina Clueca decidió que era mucho más que eso.

El cambio en su papelón produjo un cambio inesperado y rapidísimo: su hijo se fue de casa solo un mes después de que ella aceptara que era parte del problema, y no solamente víctima de la enfermedad de su hijo.

A veces, cambiar nuestro papelón exige mayores dosis de audacia, aunque es sorprendente lo efectivo que resulta dar un simple golpe de timón a nuestra estrategia.

El timo de la baja autoestima- ¿Deprimido o deprimente?

Lo de la baja autoestima es uno de los grandes fraudes de nuestro tiempo. Sinceramente, estoy harto de que los pacientes repitan sin cesar estas dos cosas: *"Estoy deprimido, tengo baja autoestima, estoy deprimido, tengo baja autoestima"*.

Claro que hay gente que está deprimida, pero curiosamente, las personas que están deprimidas de verdad lo están hasta tal punto que ni siquiera tienen fuerzas para decir que están deprimidas.

Por eso, ya tengo una contestación estándar para estos pacientes pseudodeprimidos:

-No estás deprimido, estás deprimente.

o

-No estás deprimido, tu situación es deprimente.

Y con respecto a la autoestima, les suelo explicar el problema en términos matemáticos. Es cierto que hay gente con muy baja autoestima, pero si vemos la autoestima como una renta vitalicia, veremos que la cosa cambia.

Si alguien recibe una pensión emocional de, pongamos, 1000 Emos (unidades emocionales), no podemos decir que sea mucho ni poco, a no ser que contabilicemos también los gastos emocionales de la persona en cuestión. Una persona que gane 100.000 dólares al mes y gaste 200.000 tendrá menos dinero que una que gane 1.000 dólares y gane 800.

Si Amanda tiene, por sus características personales, una alta autoestima, puede que sus ingresos emocionales asciendan a 5.000 o 6.000 Emos. Ahora, si sus gastos emocionales superan estos 6.000 Emos, por ejemplo a causa de una familia hostil, un trabajo hostil y falta de buenos amigos, puede que tengamos un déficit. Ingresa 6.000 Emos, y gasta, pongamos, 8.000 Emos mensuales.

Otra persona, Eva, puede que tenga menos ingresos, por ejemplo, 1.500 Emos, pero al final tenga un superávit de 500 Emos. Eva tendrá una alta autoestima, mientras que la autovaloración de Amanda dejará mucho que desear.

Si nos quitamos los mensajes nocivos, los papelones y los juegos peligrosos la consecuencia inevitable será **una mejora de nuestra autoestima real**.

Un caso evidente era el de Josefa, que recibía tratamiento psiquiátrico por depresión. Sin entrar a valorar la necesidad de la medicación que recibía, que en muchas ocasiones puede ser imprescindible, mi trabajo consistió en desmontar la creencia de Josefa de que su autoestima era muy baja. Con una madre que la ninguneaba desde niña, y que ahora vivía con ella, sin pagar nada, pero molestando mucho, con un marido NS/NC y unos hijos Parásitos, ¿cómo iba a sentirse a gusto en la vida?

No frecuentaba a la única gran amiga que tenía porque a su madre no le gustaba que lo hiciera. Y a su hermano, un gran hombre, no lo quería molestar porque tenía cosas más importantes que hacer. Le dije que como su hermano había tenido la misma madre que ella, por mucho que a él, por machismo, lo hubiera dejado más en paz, eso no quería decir que no la hubiera sufrido. Por eso les haría bien a los dos poder hablar en confianza de la infancia, la familia, etc. Así lo hizo, de modo que su hermano se convirtió en su principal terapeuta. Cuando dos hermanos sienten plena confianza uno en el otro se da una de las relaciones más bellas que se pueden conseguir en la vida. A la madre la *jibarizamos*, tal y como mostraremos en la "Escuela de nuevos actores", de modo que al cabo de un mes ya no tenía prácticamente peso, y Josefa dejó de hablar con tanta recurrencia de su baja autoestima.

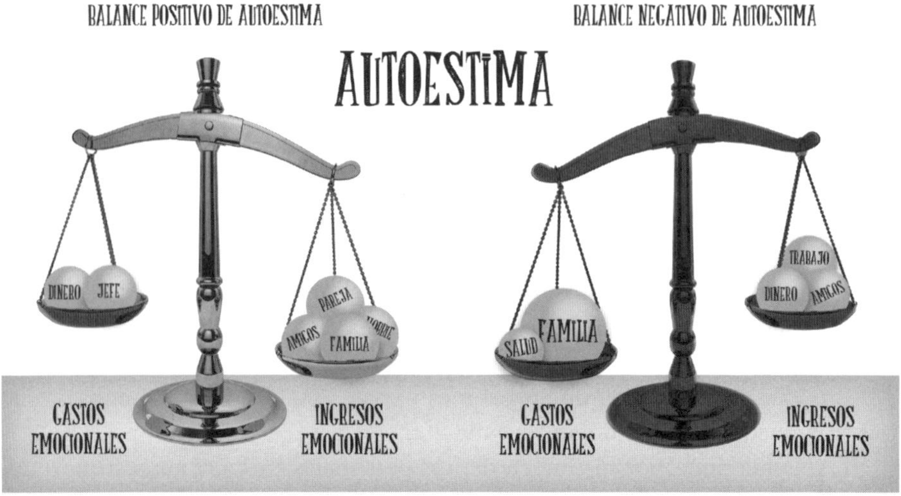

La carta de la liberación

Entre las cartas escritas a los progenitores, hay una que destaca sobre todas las que conoce la Historia: *Der Brief an den Vater*, la *Carta al padre* de Kafka. Esta misiva, que al final tendrá más de 100 páginas, fue escrita en 1919, hace casi ya 100 años y marca, a mi modo de ver, el tránsito de la vieja escuela de las emociones a la nueva, caracterizada por un desgarro sin límites para definir una situación desgarrada. Así comienza:

Querido padre:

No hace mucho me preguntaste por qué te tengo tanto miedo. Como siempre, no se me ocurrió respuesta alguna, en parte por ese miedo que en mi provocas, y en parte porque son incontables los detalles que lo generan, muchos más de los que podría expresar cuando hablo. Por ello sé que este intento de contestarte por escrito resultará del todo incompleto.

En 100 páginas hay mucho espacio para el reproche. En este caso, como en otros muchos, el destinatario de la misiva nunca llegó a saber de la misma. Kafka se la entregó a la madre, para que se la diera al padre, pero ésta, consciente de que el progenitor no estaba preparado para tanto voltaje emocional, no se la entregó. La carta fue publicada a título póstumo, a mediados del siglo XX, 30 años después de que fuera redactada.

Pero lo importante es que con la carta Kafka dio un paso de gigante a la hora de liberarse del fantasma paterno. Dio forma literaria al miedo, lo trascendió, lo de menos era que llegara al destinatario, ya que éste no estaba, como no lo estaba casi nadie en su tiempo, preparado para recibirla.

En la "Escuela de nuevos actores" te invitamos a escribir cartas a personas que no están preparadas para recibirlas. Pero el solo hecho de redactarlas ya supone una importante liberación para el inconsciente. Dependiendo de la edad emocional de la persona en cuestión estará o no preparada para recibir la misiva. También descubriremos la edad emocional de las personas que nos rodean, algo muy importante a la hora de no hablar de física nuclear con bebés, o de temas complejos de psicología con un niño de 8 años.

El Yo Futuro – Un consejero de excepción

Dentro de unas pocas páginas, estableceremos un contrato con nuestro Yo Futuro. Será un compromiso de cambio del que él será testigo. Pero, ¿qué es eso del Yo Futuro?

En mis consultas con pacientes que sufren enfermedades graves, he realizado infinidad de veces esta pregunta: ¿Cómo te ves con 80 años?

No es una cuestión baladí, ya que las personas con enfermedades graves a los 30, 40 o 50 años me contestaban casi sin excepción, unos *"Me veo mal, mucho peor que ahora"* y los otros *"Veo que ya no estaré"*.

Se trata de una profecía auto-cumplida. Y el problema de las profecías auto-cumplidas es que tienden a cumplirse, sobre todo cuando son negativas. Si yo me veo con 80 años como presidente de Estados Unidos sería realmente raro que esto ocurriera. A no ser que hubiera un cataclismo y solo hubiera un par de supervivientes, lo encuentro más que imposible. Mucha gente se ha centrado en las enseñanzas de *El secreto*, un libro que a mi modo de ver ha hecho mucho daño, pues se basa en la premisa de *"Pide y se te dará"*. Pero ¿dónde quedan el esfuerzo y la disciplina necesarios para lograr lo que nos proponemos? Mucha gente piensa que por el mero hecho de visualizar una casa magnífica aparecerá como por arte de magia. Visualizar lo que nos proponemos es fundamental, como paso previo al logro de nuestro objetivo, aunque en el caso de las realidades negativas, como las enfermedades o la miseria, resulta mucho más fácil que ocurran, y para ello (algo muy importante) lo mejor es no hacer nada. Si yo me imagino que moriré joven, como mi padre, porque él murió, pongamos que de cáncer de pulmón, y era fumador, conviene que me visualice en el futuro, siendo bastante mayor que mi padre cuando murió, y dándome las pautas a seguir para llegar a esa edad. Nadie me garantiza que viviré más que mi padre, pues no se trata de un concepto esotérico, pero si me programo para morirme a la edad de mi padre, todo mi ser trabajará inconscientemente para cumplir tal pronóstico.

¿Recuerdas a Thobias, cuyos padres le habían dado toda una batería de mensajes del miedo y la falta de confianza? Su papelón de Complaciente era su manera de encontrar un sitio más o menos cómodo en la existencia. Tenía un butacón para él solo en el teatro, pero él no estaba actuando en la obra de su vida.

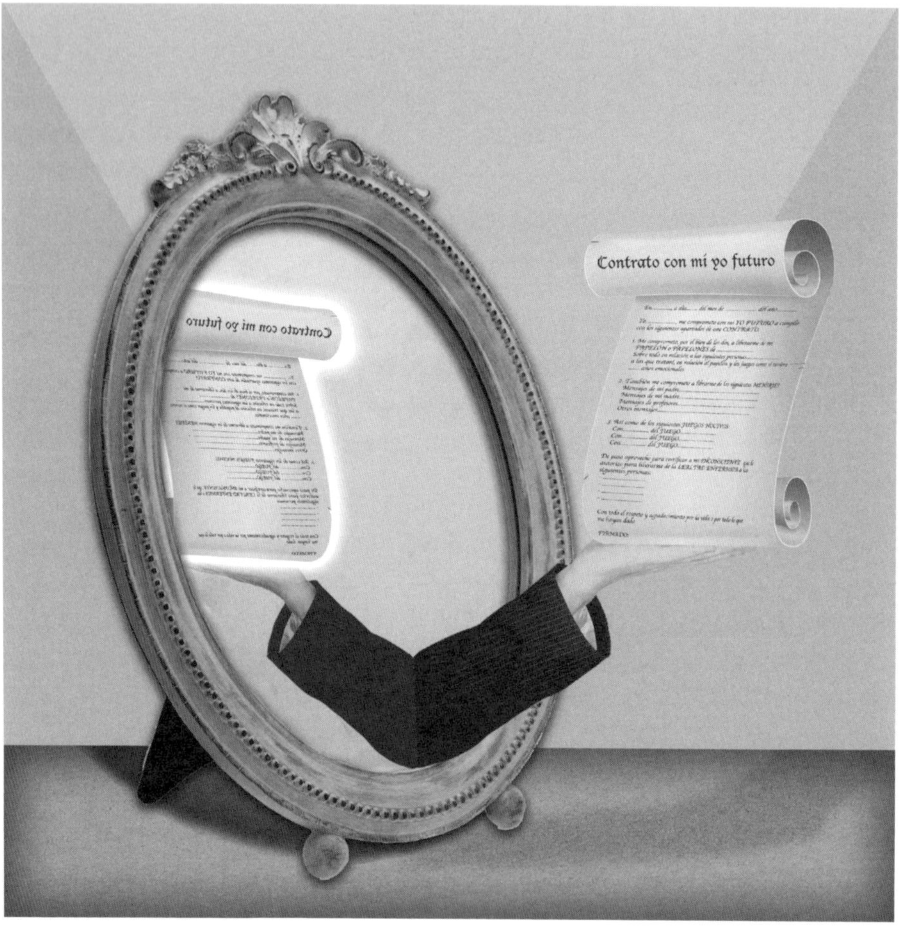

El Yo Futuro

Le pregunté a Thobias que cómo se veía con 80 años:

"La verdad, si tengo en cuenta que a mis 35 años tengo la sensación de que no he hecho nada realmente valioso en mi vida, me imagino que a los 80 será como si tuviera 40 a nivel de evolución personal".

Esto es como él se veía. Ahora venía la siguiente pregunta. ¿Cómo te gustaría ser a los 80 años? Ya sabemos que la felicidad tiene más que ver con el ser que con el tener:

"Me gustaría ser un hombre maduro, equilibrado, experimentado, de algún modo sabio, con un ambiente social intacto".

Ahora se trataba de poner a ambos Thobias en contacto. ¿Qué te dice el Thobias de 80 años de todo lo que has conseguido?

En este punto, es fácil que uno confunda la opinión del Yo Futuro con la del yo presente. Conviene sentir ese mensaje desde la distancia:

"Creo que está orgulloso de mí".

Bien podía estar orgulloso de sí mismo, pues él era el primer eslabón de la cadena familiar que se atrevía a romper con la lealtad al miedo y a la insatisfacción, y que estaba dispuesto a dejar de ser un Santo Complaciente infeliz, devolviendo con todo su amor los mensajes tóxicos que recibió de niño.

Es muy importante tomar contacto con ese hombre o mujer que seremos, que se convertirá en el mejor de nuestros consejeros, especialmente si no tenemos padres o madres nutricios, ni buenos ejemplos de personas mayores en nuestro entorno íntimo.

En *Los tres pilares de la salud* (Edaf) abundo en la figura del Yo Futuro.

Allí podrá conectarse con su Yo Futuro, para que resulte más fácil establecer las bases contractuales que aparecen en la próxima escena.

21 - 40 -66 días. Los períodos de carencia para establecer nuevos hábitos

Todo hombre puede ser, si se lo propone, escultor de su propio cerebro
Santiago Ramón y Cajal

Al principio del libro hemos hablado de los tres cerebros, de los tres niveles del yo (adulto, infantil y paternal), así como de los niveles freudianos del yo, el superyó y el ello. Todo esto nos sirve para entender mejor cómo funcionamos a nivel inconsciente. Ahora entramos en otra fase, que consiste en cambiar nuestra conducta para establecer nuevos hábitos. En la "Escuela de nuevos actores" de la próxima escena estableceremos las pautas conductuales concretas, paso a paso, para salir de nuestros papelones y juegos nocivos.

En el momento en que cambio mi modo de actuar durante un determinado tiempo, irán estableciéndose nuevas sinapsis cerebrales que me harán sentirme a gusto en mi nueva piel.

Si yo le digo a un paciente que se comporte a partir de ahora mismo y para siempre de una manera no aceptada por su nivel inconsciente, ello no servirá de nada. Sin embargo, el inconsciente sí está dispuesto a que cambies tus hábitos emocionales durante un periodo limitado, te permite tomarte unas vacaciones de ti mismo. La cuestión que se plantea ahora es: ¿cuánto tiempo necesitamos para que se establezca un nuevo anclaje conductual?

Hasta hace no mucho se consideraba que un nuevo hábito precisa al menos de 21 días para cimentarse. Esto puede servirnos, por ejemplo, para ser más ordenados, para practicar deporte o para lo que sea. Este concepto de los 21 días se hizo muy popular a partir de la campaña iniciada tras la publicación del libro *Un mundo sin quejas*, de Will Bowen, un pastor estadounidense que pregonaba la idea de lograr estar 21 días seguidos sin quejarse. Es una práctica bastante recomendable, que no resulta tan fácil como uno podría imaginarse. En el momento en que uno se queja debe volver a empezar de nuevo, por lo que esos 21 días se pueden perpetuar *sine die*.

Cortar con un papelón, aunque solo sean 21 días, nos va a liberar en gran medida del papelón en el nivel límbico, que es el que nos interesa.

En realidad, lo ideal sería cambiar los hábitos *papelónicos* durante unos tres meses, que es el período de carencia habitual de las aseguradoras. Cuando uno contrata un seguro, por ejemplo un seguro de Odontología, deben pasar unos meses de carencia hasta que podamos servirnos de él. Así, las compañías de seguros evitan que la gente solo recurra a ellas en situaciones de emergencia. Mal negocio sería (para la aseguradora) que alguien contratara una póliza de hogar justo el día en que tiene unas goteras en la casa.

Recientemente se publicó un estudio del University College de Londres, publicado en el *European Journal of Social Psychology*, en el que se aseguraba que para que cristalizara un nuevo hábito necesitábamos 66 días.

Por eso me parece interesante establecer tres etapas, como si escaláramos el Everest: de 21, 40 y 66 días.

Con la primera etapa de 21 días podemos romper el hielo, que es lo más difícil. Es llegar al campamento base. Son 5360 metros, no está nada mal. La de 40 días nos permite entrar en el terreno profesional, puede que pasemos ciertos momentos de soledad, ya que el entorno nos encontrará un poco raros. El aire a esta altura es bastante frío, por cierto. 40 días duraban las cuarentenas establecidas por las autoridades venecianas cuando se desataban hace siglos las epidemias de peste. 40 días estuvo Cristo en el desierto. Los 66 días serían equivalentes a alcanzar la cima de la montaña más alta de la Tierra. Después de haberlo conseguido, ya nada será igual. Nos habremos liberado para siempre de nuestro papelón. Mantendremos ciertos rasgos de identidad, pero dejaremos de actuar desde la compulsión del papelón. La Gallina Clueca, por ejemplo, no tiene por qué convertirse en una madre fría y nada amorosa. Es más, en cuanto se libere del papelón, los hijos (y su entorno general) la sentirán más cercana y auténtica. Y lo mismo ocurrirá con todos los demás papelones.

Escena Octava

Escuela de nuevos actores

En esta escena el lector adquirirá una serie de herramientas útiles, fáciles y altamente efectivas, que le permitirán transformar el universo de sus mensajes, papelones y juegos. Mediante una serie de test veremos dónde nos encontramos, y nuestro contrato con el Yo Futuro nos vinculará a donde queremos llegar. Aquí vamos a aprender nuevas fórmulas de actuación en el teatro de la vida.

Establecer un protocolo de emergencias para cortar el Papelón

Cuando los servicios de emergencia se encuentran a un herido, siguen un protocolo muy estricto para evitar males mayores y conseguir que la persona se recupere en la medida de lo posible y lo antes posible.

Primero ven si está consciente. Si no está consciente, comprueban si mantiene las constantes vitales. Si no las mantiene hay que reanimarlo, etc. Sería absurdo reanimar a alguien que respira correctamente y cuyo pulso es normal. Como un anciano chileno muy elegante que cuando veía pasar a una mujer hermosa hacía que se desmayaba para que lo reanimaran. Debía de ser todo un número verlo.

Lo mismo se puede hacer con nuestros juegos neuróticos y nuestros papelones.

Aquí tenemos un esquema de conjunto del protocolo que seguiremos para liberarnos de todos estos lastres.

Primer paso: Establezco un contrato vinculante con mi Yo Futuro

Segundo paso: Detecto mi papelón, los juegos nocivos en los que me veo involucrado y los mensajes que nutren estos papelones y juegos. Detecto qué personas nocivas me atraen por su papelón complementario. Desactivo la trama.

Tercer paso: Estrategias para cortar con los juegos y los papelones

Cuarto paso: Me preparo para la resistencia y el chantaje de las personas que me rodean

Quinto paso: Disfruto de mi verdadera identidad, ya alejado de juegos y papelones.

Empecemos…

PRIMER PASO. Contrato de futuro

Ya hemos hablado de la importancia del Yo Futuro. Ahora vamos a establecer con él un contrato singular. El contrato por el que nos comprometemos a salir de los papelones y de los juegos nocivos para nuestra vida. Este Yo Futuro, de 80 años o de la edad que consideremos oportuna, nos mira con indulgencia. Ya explicamos que no se trata de una cuestión esotérica, puede que no vivamos tanto tiempo. Pero también explicamos que una visualización errónea, la convicción de que nuestro futuro será aciago, facilitará el auto-cumplimiento de la profecía.

Visualízate
Si quieres, puedes escuchar el audio de conexión con el Yo Futuro (www.alejandrolorente.com, o mira en google: Alejandro Lorente, Yo Futuro)

En el contrato sería bueno comprometerse a lograr una serie de metas. No se trata de metas laborales o del tipo que sean (eso lo puedes hacer en una segunda fase), sino de un contrato para cortar con los papelones, los chantajes y los juegos nocivos.

Aquí tenemos un modelo universal.
Puedes rellenarlo y usarlo como contrato. Pueden figurar nombres ficticios, por si el interesado pudiera descubrir el documento. Si no sabes todavía cuáles son tus papelones y mensaje, rellena el contrato cuando termines este cuadernillo de la "Escuela de nuevos actores".

Este contrato con el Yo Futuro mandará una señal a tu inconsciente de que el cambio sí es posible.

SEGUNDO PASO. Detecto mi papelón, los juegos nocivos en los que me veo involucrado y los mensajes que nutren estos papelones y juegos. Detecto qué personas nocivas me atraen por su papelón complementario. Desactivo la trama.

Contrato con mi yo futuro

En................, a día....... de .... del año...............

Yo, ..., me comprometo con mi **YO FUTURO** *a cumplir con los siguientes apartados de este* **CONTRATO**.

1. *Me comprometo, por el bien de los dos, a liberarme de mi* **PAPELÓN** *o* **PAPELONES** *de* ....
   Sobre todo en relación a las siguientes personas.......................................
   a las que trataré, en relación al papelón y los juegos como si tuviera .... años emocionales.

2. *También me comprometo a librarme de los siguientes* **MENSAJES**:
   Mensajes de mi padre...
   Mensajes de mi madre..
   Mensajes de profesores..
   Otros mensajes..

3. *Así como de los siguientes* **JUEGOS NOCIVOS**:
   Con............................... del juego...............................
   Con............................... del juego...............................
   Con............................... del juego...............................

4. *De paso aprovecho para certificar a mi* **INCONSCIENTE** *que le autorizo para liberarme de la* **LEALTAD ENFERMIZA** *a las siguientes personas:*
   - ....
   - ....
   - ....
   - ....

Con todo el respeto y agradecimiento por la vida o por todo lo que me hayan dado

Firmado:

1. ¿Cuál es mi Papelón/mis Papelones?

A lo largo de las páginas de este libro, el lector ya habrá intuido cuál es su papelón. Unos casos le habrán tocado más, otros menos. Puede que ese papelón sea un papelón puro, como el de Gallina Clueca, o más mezclado. El papelón en cuestión lo incluiremos en el contrato con el Yo Futuro, para liberarnos de él.

Llegó la hora de desenmascarar al papelón.

TEST DE PAPELONES

Contesta, por favor, el siguiente cuestionario. Intenta hacerlo sin pensar demasiado, siguiendo el primer impulso.

La valoración será la siguiente:

La afirmación me describe

- **1** Casi en absoluto
- **2** Bastante poco
- **3** A veces
- **4** Con frecuencia
- **5** Casi siempre

EMPIEZA EL TEST DEL PAPELÓN

1. Me cuesta mucho decir NO .... ☐

2. Me cuesta mucho delegar en otros.
Si lo puedo hacer yo, para qué lo van a hacer los demás............ ☐

3. Siempre me desvelo por los demás y nadie me lo agradece............ ☐

4. Al final todo el mundo termina señalándome............ ☐

5. No doy más porque no puedo............ ☐

6. Siento más amor por la gente que me rodea que por mí mismo............ ☐

7. A la gente le suele molestar que brille............ ☐

8. No me suelo sentir querido............ ☐

9. Creo que todo el mundo tiene, de alguna manera, razón............ ☐

10. No acepto cómo son las cosas... ☐

11. Siento una gran inseguridad cuando no consigo lo que creo que me merezco ☐

12. Mi lema es: *¿Para qué complicarse la vida?* ☐

13. Para mí, las necesidades de los demás siempre están por encima de las mías ☐

14. No me cuesta sacrificarme, soy una persona abnegada ☐

15. Mis parejas se han portado mal conmigo, sin merecérmelo ☐

16. Lo normal es que me lo reprochen todo ☐

17. Es normal que los que tienen más den más ☐

18. En la entrega me siento feliz ☐

19. Soy una persona muy especial ☐

20. Siempre fui el raro de la familia ☐

21. Siempre me usan de intermediario, pues soy muy diplomático ☐

22. Pase lo que pase, no me quedo callado ☐

23. Todo el mundo va a lo suyo, el que lo niega es un hipócrita ☐

24. A enemigo que huye, puente de plata ☐

25. Ser buena persona es para mí lo más importante ☐

26. En la vida hay que esforzarse mucho si quieres conseguir algo ☐

27. En general, la vida me ha tratado mal ☐

28. Me cuesta sentirme aceptado ☐

29. Una buena relación se basa en el apoyo ☐

30. Las necesidades de mi familia están por delante de las mías ☐

31. Me molesta que los demás no reconozcan mi talento ☐

32. Me cuesta que me acepten ☐

33. Mi lema es: *Hay que entenderse cueste lo que cueste* ☐

34. No me cuesta nada protestar si algo no es como debe ser ☐

35. El fin justifica los medios ☐

36. Prefiero no discutir ☐

37. Quiera o no, soy imprescindible para la gente de mi entorno ☐

38. Hay que aguantar lo que le echen a uno ☐

39. Soy muy desgraciado ☐

40. Mi familia nunca me ha aceptado como soy ☐

41. Lo he pasado mal y es normal que pida ayuda ☐

42. Soy muy maternal con todo el mundo ☐

43. En las fiestas tengo que ser el centro de atención… ☐

44. Poca gente me entiende ☐

45. No me cuesta nada tender puentes entre posiciones enfrentadas ☐

46. Si alguien me ofende, se lo hago saber de inmediato… ☐

47. La vida es un negocio, me gusta ganar ☐

48. Nunca velo por mis intereses ☐

49. No me cuesta sacrificarme, soy una persona abnegada ☐

50. Mi lema es: Apretar los dientes… ☐

51. Todo lo malo me pasa a mí ☐

52. No sé cómo lo hago, pero siempre me echan la culpa de todo… ☐

53. Es normal que me ayuden, lo necesito… ☐

54. Necesito tener cerca a la gente que quiero… ☐

55. No soporto sentirme frustrado… ☐

56. Me suelo sentir excluido con frecuencia... .... ☐

57. No me gusta nada que dos personas discutan... .... ☐

58. No puedo con las injusticias... .... ☐

59. Sé cómo manejar a los otros para conseguir mis objetivos... .... ☐

60. Suelo pasar desapercibido... .... ☐

Ahora rellena las puntuaciones que has puesto en cada pregunta:

El Salvador

1 ☐ **13** ☐ **25** ☐ **37** ☐ **49** ☐ **TOTAL** ☐

El Atlas

2 ☐ **14** ☐ **26** ☐ **38** ☐ **50** ☐ **TOTAL** ☐

La Víctima

3 ☐ **15** ☐ **27** ☐ **39** ☐ **51** ☐ **TOTAL** ☐

El Chivo Expiatorio

4 ☐ **16** ☐ **28** ☐ **40** ☐ **52** ☐ **TOTAL** ☐

El Parásito

5 ☐ **17** ☐ **29** ☐ **41** ☐ **53** ☐ **TOTAL** ☐

La Gallina Clueca (Mamá Gallina)

6 ☐ **18** ☐ **30** ☐ **42** ☐ **54** ☐ **TOTAL** ☐

El Rey Sol

7 ☐ **19** ☐ **31** ☐ **43** ☐ **55** ☐ **TOTAL** ☐

El Patito Feo

8 ☐ **20** ☐ **32** ☐ **44** ☐ **56** ☐ **TOTAL** ☐

El Vinculador

9 ☐ **21** ☐ **33** ☐ **45** ☐ **57** ☐ **TOTAL** ☐

El Rebelde

10 ☐	22 ☐	34 ☐	46 ☐	58 ☐	TOTAL ☐

El Chantajista

11 ☐	23 ☐	35 ☐	47 ☐	59 ☐	TOTAL ☐

NS/NC (No sabe/No contesta) El Hombre Invisible

12 ☐	24 ☐	36 ☐	48 ☐	60 ☐	TOTAL ☐

PUNTUACIÓN:

Podemos hablar de que has encontrado tu papelón si tienes más de 17 puntos.

Ligero Papelón: Más de **17 puntos**
Importante Papelón: Más de **19 puntos**
GRAN PAPELÓN: Más de **22 puntos**

MI PAPELÓN:

Nota: Puedes tener varios papelones, que constituyan un Papelón mixto. Céntrate en los papelones en los que tienes la máxima puntuación.

2. ¿Cuáles son los mensajes de la paloma que nutren mi papelón/mis papelones?

....
....

Si quieres, vuelve a leer el apartado del mensaje de la paloma. Estos mensajes de los que nos queremos librar son siempre limitantes. Por eso sentirás como una especie de malestar en el estómago o de angustia en el plexo solar cuando te los repites.

Mensajes de mi padre:
....
....

Mensajes de mi madre:
....
....

Mensajes de otros familiares o parientes:

....

....

Mensajes de mis profesores o mensajes:

....

....

Otros mensajes (amigos, canciones, religión, sociedad):

....

....

3. Determina qué juego/juegos estás jugando: a nivel familiar, laboral, afectivo

JUEGO a nivel Familiar..
Personas involucradas ....

JUEGO a nivel Laboral...
Personas involucradas ....

JUEGO a nivel Afectivo..
Personas involucradas ....

4. Detecta la edad emocional de las personas que te meten en papeletas

TEST EDAD EMOCIONAL

Éste es un test en el que no vamos a valorarnos a nosotros mismos, sino más bien a las personas que nos rodean y nos afectan de algún modo. Aunque también puedes hacerlo para ti mismo.

Contesta a las siguientes preguntas dándoles una valoración del 1 al 10 (1 Nada / 10 Mucho)

La persona en cuestión:

1. Tiende a tomarse las cosas de manera personal… .... ☐

2. Suele responsabilizar a los demás de todo lo que le ocurre… .... ☐

3. Su lema es: *Consejos vendo que para mí no tengo*… .... ☐

4. Es cariñoso solo cuando se hace lo que quiere... ☐

5. Es un chantajista emocional... ☐

6. Le cuesta dialogar ☐

7. Le gusta tener razón a toda costa ☐

8. Tiene una capacidad de frustración muy baja ☐

9. En cuanto se le lleva la contraria se pone a gritar ☐

10. Enseguida monta en cólera ☐

TOTAL ☐

Valoración:

Más de 75 puntos: Emocionalmente puede decirse que es un niño de 8 años

Más de 60 puntos: Emocionalmente puede decirse que se trata de un adolescente

Menos de 50 puntos: Puede decirse que se trata de una persona adulta, aunque con ciertas carencias emocionales.

Menos de 30 puntos: Emocionalmente puede decirse que se trata de una persona adulta.

En este test no estamos valorando la fortaleza del Yo Niño, que es un nivel importantísimo para ser creativos, sino la presencia del Niño Malhumorado, que es el que realmente nos afecta a nosotros y a los que nos rodean.

TERCER PASO. Estrategias para cortar con los juegos y los papelones

Libérate del mensaje de la paloma que más te afecta, para ello recurre a la visualización. Cierra los ojos, imagínate proyectado en una pantalla de cine y siente cómo te comunicas con la persona que te entregó el mensaje.

Agradécele la vida, las enseñanzas y devuélvele amablemente el mensaje. Si la persona en cuestión ha fallecido, le puedes llevar unas flores a la tumba y establecer un diálogo con ella en esta línea.

Recuerda la frase liberadora:

Tú eres mi padre, te agradezco la vida y todo lo que me has dado, pero este mensaje me hace mucho daño y te lo devuelvo con todo mi amor.

POSIBLE VISUALIZACIÓN:

Es importante que ajustes las palabras a lo que sientes realmente. Si te cuesta decir *"Te agradezco profundamente la vida"*, puedes decir simplemente: *"Te agradezco la vida"*. Aunque cueste, el agradecimiento es básico para liberarnos de los mensajes, que no dejan de ser regalos emponzoñados. Da igual si la persona en cuestión está viva o muerta. A veces, en el plano inconsciente, resulta más fácil lograr una buena comunicación con un muerto que no con un vivo que persiste en una edad emocional de niño.

Ejemplo: *Tú eres mi padre y yo soy tu hija, y te agradezco profundamente la vida, y todo lo que me has dado, que es mucho.*

Sin embargo, este mensaje (estos mensajes) que me transmitiste, consciente o inconscientemente me ha hecho mucho daño y me lo sigue haciendo.

Por eso te lo devuelvo para siempre, con todo mi amor.

Siente ahora cómo reacciona en tu imaginario el padre, la madre o la persona en cuestión al transmitirle tú estas palabras. Está abierto a que le devuelvas esa carga (pues a veces no es otra cosa el mensaje de la paloma). No se trata de algo esotérico, sino de reconducir los conductos del incosnciente.

Repite este ejercicio de cuando en cuando, hasta que sientas que te has liberado totalmente del mensaje. Sería positivo hacerlo 21 días seguidos, durante el periodo de carencia. Ello reforzará a tu inconsciente para llevar mejor el tránsito a una situación sin papelones ni juegos.

Estrategias para cortar con los juegos y los papelones

1. Cambiar el lenguaje/Sorprender al enemigo (enemigo hablando en términos ajedrecistas, claro) Cambiando el lenguaje se desfigura el papelón y se rompe con los juegos (peros y demás partículas limitantes, fuera). Una vez detectado el papelón, no resultará difícil modificar el mensaje que caracteriza a nuestro papelón en un determinado juego.
   Una Víctima *(pobrecito de mí)* habla de manera bien diferente que un Atlas *(yo puedo con todo)*, o una Gallina Clueca *(estoy para todo lo que necesites, hijo mío)*.

Por ello es importante detectar qué palabras y expresiones son más habituales a la hora de comunicarnos con la persona o personas con las que hemos establecido un determinado juego tóxico, y estar pendientes de ello durante el periodo de carencia de al menos 21 días.

Ejemplo: en el juego con el Parásito, el Salvador suele hablar de arriba abajo. *Yo te salvo*. Pues no hay nada que vaya a modificar tanto el juego como que el Salvador empiece a hablar en plan miedoso, dudoso e implorante de ayuda al Parásito, que quedará totalmente descolocado.

2. Estrategias de Visualización: me imagino en el futuro liberado del papelón
Cada día, durante todo el periodo de carencia, conéctate al menos 5 minutos con el Yo Futuro.

3. Si tengo miedo de alguien (familiar, amigo, colega), en especial a la rabia que sentirá cuando empiece yo a cambiar mis mensajes, papelones y juegos, me serviré de la

Técnica de la caja – *Jibarizando* (con cariño) a las personas tóxicas

No se trata de castigar a nadie, sino de impedir que las personas tóxicas tengan poder sobre nosotros. Como nuestro inconsciente es muy plástico, no nos costará esquivar los golpes del adversario.

Busca una cajita pequeña, puede ser una caja de cerillas, e imagina que la persona ante la que tienes tanto miedo va reduciendo su tamaño hasta caber en la caja. Imagínatela como un pitufito gruñón que intenta salir, pero que no puede sin tu permiso. Imagínatela así todos los días durante unos minutos. A través de la comunicación no verbal le llegará pronto el cambio de actitud por tu parte.

4. Sorprende a tu adversario. La conducta paradójica

Por ejemplo, no haciendo lo que se espera de ti durante el tiempo de carencia (de 21 a 66 días).

Si por ejemplo haces siempre algo que no te gusta para no discutir (limpiar la casa, sacar al perro), sencillamente no lo hagas, poniendo todo tipo de excusas. No entres a discutir, recuerda que estás modificando tu estrategia.

5. Carta al yo superior (esa persona despojada de las ataduras mundanas, si pensamos en San Agustín) de las personas que más te afectan. La carta no debe ser enviada, como si fuera el mensaje de una paloma. Lo mismo que hizo Kafka con su padre.

CUARTO PASO: Me preparo para la resistencia y el chantaje de las personas que me rodean

1. Aceptar el tiempo de carencia. Aquí iremos liberándonos de las culpas y la mala conciencia. Piensa en lo que te diría tu Yo Futuro de lo que estás aguantando en el presente. Seguramente sería algo parecido a lo que tu yo presente le diría a tu yo pasado en relación a sufrimientos quizás demasiado perpetuados en el tiempo.

2. Durante este periodo, y al menos durante 21 días:
Dedicaremos al menos 5 minutos al día a conversar internamente con el nivel superior, con el adulto integrado de las personas que nos desgastan emocionalmente. De este modo irá afianzándose nuestro poder interno. Las personas nocivas tendrán cada vez menos capacidad de dilapidar nuestra cuenta bancaria emocional. Podemos dedicar ese tiempo a la devolución de mensajes negativos.

3. Dedica también unos instantes al día para conversar con tu Yo Futuro.
Si es una relación que quieres mantener, como una pareja, un hermano, los padres o un socio, resulta muy útil imaginar una conversación con esa persona desde el futuro.

Si la persona en cuestión es muy infantil, imagínatela de bebé y tú tomándola en brazos. Casi todo el mundo siente compasión y ternura por un bebé (sobre todo si solo lo tenemos en brazos unos instantes).

QUINTO PASO: Aquí iremos aceptando nuestra nueva identidad (para los demás es nueva, aunque en realidad se trata de nuestra verdadera identidad). Es necesario tener paciencia, pues es muy posible que las personas involucradas en nuestros juegos nocivos reaccionen en contra nuestro. Estar alerta, con las alarmas puestas (nivel consciente) hasta que nuestro inconsciente acepte plenamente la nueva situación como deseable. Nuestro inconsciente es como un buen amigo que solo quiere lo mejor para nosotros. Ya sabes, solo cuando los niveles límbico y reptiliano acepten la nueva situación, nos sentiremos realmente libres y llenos de energía.
Mantendremos contacto fluido, y diario, con nuestro Yo Futuro

Nuevas formas de relacionarse

Al salir de tu papelón y de los juegos nocivos es posible que algunas personas de tu entorno se sientan descontentas y te lo hagan saber o sentir. Si se trata de tu pareja o alguien muy importante y es una persona emocionalmente madura, podrás recurrir al

Diálogo semanal de hora y media

Una técnica muy simple, que consiste en acordar una cita con la persona en cuestión (es especialmente recomendable para parejas). Durante esta hora y media, se establecerá una comunicación con espacio para la escucha. Uno habla, el otro escucha, y solo lo interrumpe si no entiende algo. Se puede hablar de todo, pero sin enjuiciar al otro. Por ejemplo, en vez de decir *"Me hiciste daño con tu actitud horrible"*, podemos cambiar por *"Aquello que hiciste me hizo sentir mal"*. No conozco mejor terapia de pareja.

Si se trata de alguien emocionalmente inmaduro, conviene que sepas que poco es lo que conseguirás por la vía racional. Utiliza, pues, estas nuevas herramientas para darle la vuelta a la situación. No te olvides de usar globitos mentales para cambiar de tema.

Estar alerta, con las alarmas puestas (nivel consciente), hasta que nuestro inconsciente acepte plenamente la nueva situación como deseable. Nuestro inconsciente es como un buen amigo que solo quiere lo mejor para nosotros. Solo cuando los niveles límbico y reptiliano aceptan la nueva situación, nos sentiremos realmente libres y llenos de energía.

Podemos repetir de cuando en cuando los pasos anteriores, hasta que el nuevo andamiaje emocional quede completamente establecido. Cuando esto ocurra será como si hubiéramos logrado declarar la independencia de nuestra nación interna, de nuestro Estado individual, con la consiguiente aprobación de una Carta Magna propia que debemos respetar. Las relaciones con las demás personas se basarán en ese código interno por nosotros establecido, y no en remotos mensajes inhabilitadores, grandes papelones ni peligrosos juegos emocionales.

Querido lector, deseo que este libro te haya resultado útil. Si quieres contactar conmigo, no tienes más que dirigirte a mi página web: www.alejandrolorente.com

Se aceptan sugerencias y comentarios

¡SUERTE Y ÁNIMO!

Se cierra el telón
Yo también salí del drama

Nací en Madrid, en los estertores del franquismo. Soy el sexto de 6 hijos. Siento un gran agradecimiento por el amor que recibí siendo niño por mi madre, mis hermanos y hermanas (que al ser ellas bastante mayores fueron un apoyo fundamental, tan maternales y dulces), mis tías, mis abuelas y también por Pepa, aquella mujer de formas toscas y baja educación que me cuidaba y me enseñó a respetar a todo el mundo, independientemente de su clase social. Esto me ha ayudado a aprender también de todo el mundo y a guiarme más por el corazón que por el intelecto. Además, fui testigo de que tanto mi madre como mi padre, al que no vi tantas veces, pero al que recuerdo como un hombre entusiasta y cariñoso, mostraban respeto y no eran altaneros con las personas humildes. Pepa se casó cuando yo tenía 6 años. Fue el primer día aciago que recuerdo, pues se fue una segunda mamá.

Qué puedo decir de mi madre. Pues que era puro amor. Luchó lo indecible por sacarnos adelante. Y lo consiguió. Tenía mucho mérito, pues era una trabajadora infatigable que había sido educada para ser una señora acomodada. Mi agradecimiento hacia ella, y mi admiración hacia todas las mujeres que luchan por sacar adelante a sus hijos son inmensos.

Mi afición por la medicina se la debo a ella. Probablemente también mi papelón de Salvador. Era enfermera. Trabajaba en un ambulatorio que estaba cerca de casa, en la calle Modesto Lafuente. Todavía resuenan en mi mente las palabras de mi madre, llenas de orgullo: *"Soy enfermera de Modesto Lafuente"*. La mezcla de orgullo y modestia quedaban incrustadas en la frase.

Yo acompañaba tardes enteras a mi madre en el ambulatorio. Permanecía en silencio, durante horas, observando al doctor de turno y a mi madre. El ojo clínico de mi madre era proverbial, muchas veces ella era más médico que el propio médico. Un ojo clínico que nacía de un amor inmenso. En cierta ocasión, un paciente salió de la consulta con un diagnóstico y un tratamiento erróneos del doctor; ella lo siguió y le dijo que no dijera que se lo había dicho ella, pero que a todas luces tenía un problema más grave y debía ir de inmediato a Urgencias de la Cruz Roja. Mi madre le salvó la vida. Desde su muerte, hace ya 5 años, se han revuelto en mis entrañas las historias de la infancia. Es mucho lo que la echo de menos, aunque debo decir que su presencia me resulta bastante real.

Lamentablemente mi padre se fue muy pronto. De casa, nada más nacer yo, pero sobre todo de la vida, siendo aún bastante joven. Era diplomático y hombre de izquierdas. Pero sobre todo fue un gran poeta. De hecho, mi nombre se lo debo a él, que había escrito una novela costumbrista titulada *Los de Alejandro*.

Mi padre estuvo destinado en la India, poco después de la independencia del gigante asiático y más tarde en París, donde en plena época franquista terminaron por llamarle *el cónsul rojo*.

En París llegó incluso a impulsar una idea rocambolesca y valiente como era la declaración de la Tercera República en Fernando Poo, provincia española en Guinea Ecuatorial hasta 1969. En cierta ocasión conocí al escritor Juan Goytisolo en Berlín, quien me habló con fascinación de mi padre, al que se refiere en su obra *Reinos de Taifas*.

Alumno predilecto de Tierno Galván, el viejo profesor, el alcalde más querido por los madrileños, mi padre siempre estaba desfaciendo algún entuerto. Que si promoviendo la campaña por el No a la OTAN, que si luchando contra los molinos de viento para desentrañar los misterios de las bombas de Palomares (mi padre fue testigo presencial del accidente de un avión nodriza estadounidense en la costa de Almería, en el sur de España). No había una cuestión política en la que no estuviera metido. Cuando el golpe de Estado de Tejero, en 1981, tuvo que ocultarse en un hotel de Madrid con Cristina, su segunda mujer y la cantante Mercedes Sosa, a la espera del desenlace final, que como sabemos apuntaló por fortuna la democracia en España.

Era amigo de muchos políticos. Aún recuerdo cómo se reía cuando yo imitaba a Carrillo y a otros políticos de su época. Mi imitación de Felipe González le producía verdaderos ataques de hilaridad. Su vida era un imán de aventuras. Una vez me fue a buscar a Almería para ir al médico y al final terminé yo encontrándome a un amigo suyo ahorcado. He heredado de él la atracción por las situaciones inverosímiles.

A mi padre no lo veía con frecuencia, pero aún recuerdo sus besos múltiples en ambas mejillas, que yo ahora replico en las mejillas de mi hijo (ahora caigo en la cuenta del tic epigenético). Como era un generador de energía, sí puedo decir que los pocos encuentros con él me marcaron la vida en gran medida: *"Haz lo que quieras, pero hazlo bien, con pasión"*, me decía. Era un hombre muy culto, con varias carreras, pero más centrado en el hacer y el ser que en el tener. En ese sentido iba a contracorriente. La pasión que siento por lo que hago tiene mucho de la pasión de mi padre. Muchas veces, en consulta, me comentan la presencia hostil de un progenitor. La de mi padre fue más bien una ausencia que yo he podido compensar con varios padres elegidos y, sobre todo, con mi hijo. No hay nada mejor para suplir carencias que darle a otra persona lo que no recibiste, en especial de padres a hijos. Ahora, cuando pienso en mi padre sale una sonrisa de mi corazón.

Como no crecí con mi padre ya me encargué de ir buscando figuras paternales protectoras y nutricias. Tuve la inmensa suerte de que mi primer profesor, Don Luis, tutor que me acompañaría durante bastantes años, fuera una suerte de padre. En el aula había tres clases juntas, como en las antiguas escuelas de los pueblos. Probablemente, era uno de los últimos reductos humanos de los colegios de Madrid. Tenía la ventaja de que siempre escuchabas lo que te llegaría al año siguiente, y repasabas lo del año anterior. Los dictados, por ejemplo, eran para todos. No había clases como ahora, de 45 minutos, y pase el siguiente, sino que Don Luis, un hombre culto y entretenido, se pasaba horas hablando de Historia de España, o dedicaba un día entero a las Matemáticas, de modo que uno entraba en una profunda relajación espacio-temporal.

Don Luis y Doña Carmen, su esposa, me adoptaron prácticamente. Aquel colegio fue para mí un remanso de paz y orden. Casi todos los días comía con ellos. Una de las cosas que más me llamaban la atención era que cada día, cuando se terminaban las clases, Don Luis ponía el retrato de Franco, rigurosamente obligatorio en cada escuela, de cara a la pared, como si lo castigara. Recientemente se lo recordé a Don Luis, que hace ya mucho dejó de ser mi profe para convertirse en Luis, mi amigo, y él no podía creer que me acordara de aquello, pues yo tenía unos 4 años. Aquel germen de rebelión diaria me enseñó mucho para la vida: Rebélate siempre que puedas, y a ser posible que sea una rebelión interna, sin grandes aspavientos.

La verdad es que no sé qué habría sido de mí sin esa presencia paternal y buena.

En aquella época, justo antes de la muerte de Franco, el barrio de Perón, cercano al estadio Santiago Bernabéu, era testigo de un mar de grúas que apuntalaban el complejo AZCA, una especie de *skyline* de urgencia para un Madrid provinciano. Aquella obra perpetua fue un escenario ideal para mis juegos de infancia. Con Miguel, Toni y los demás amiguetes de la primera hornada disfrutamos del gran premio que fue ser perros callejeros. Era un ambiente no exento de peligro. Las pandillas de delincuentes afloraban por doquier. La droga acabó en la década de los 80 con la vida de muchos jóvenes en Madrid. Vi como se fueron no pocos compañeros de colegio y de juegos.

Perro callejero, superviviente, son dos calificativos que describen mi trayectoria. Formé parte de una de las últimas generaciones de muchachos que tuvieron la cruda calle como parque de atracciones.

Otra figura paterna importante fue Pablo, quien siendo catedrático de Español en Estados Unidos, optó por volver a España para disfrutar de la vida. Pablo fue compañero de escenas perrunas en el barrio. Las conversaciones sobre filosofía, psicología, Historia y todo lo divino y lo humano con este hombre cultísimo se prolongaban durante largas horas. Un amigo, un confidente y un maestro peripatético.

Mi perro Krom era la excusa perfecta para salir al ágora de Perón. Por cierto, Krom, con el que conviví 16 largos años, es para mi la prueba evidente de que un perro puede ser amigo, hermano, padre e hijo. Con Krom me hacía el ciego para poder ir en el metro de Madrid.

A los 8 años decidí dejar de ir a misa, porque el cura de mi barrio era un fanático que irradiaba inautenticidad, un rasgo que ya entonces me resultaba bastante irritante. Sin embargo, por lo general me siento bien en las casas de oración, ya sea una catedral, una mezquita, una sinagoga o un templo hinduista. Mi orientación es más espiritual que religiosa. No creo ni en las religiones, ni en los partidos políticos, por la tendencia que suelen tener a partir la realidad. Partido viene de partir. Y los correligionarios tienen su punto de legionarios religiosos. En cierta ocasión, traté a un alto directivo del sistema de salud venezolano, que al parecer quedó muy contento: *"Hacía al menos 20 años que no me sentía tan bien. ¿De qué partido eres?"*

Me pareció realmente absurdo el comentario. ¿Qué tiene que ver un partido político con un tratamiento de acupuntura? Por eso le contesté: *"No estoy partido, estoy bastante completo"*.

De algún modo, cultivo cierto papelón de Inadaptado.

Empecé a trabajar de camarero con 14 años, para sufragar los gastos que genera un muchacho de esa edad. Todos los fines de semana, durante varios años, los dedicaba a las bodas, comuniones y banquetes. Sin duda supuso un buen ejercicio de paciencia y disciplina. Debo reconocer que desde entonces siento una cierta alergia por este tipo de festejos.

Me dio por el deporte de competición, primero la natación y el atletismo y después el remo. Era una buena forma, seguramente, de encontrar orden en aquel caos de perro callejero. Además, un médico me dijo a los 14 años que tenía que llevar un corsé metálico de por vida y yo me puse ese mismo día a nadar. Nunca volví a tener problemas de espalda. Como deportista tenía una extraña capacidad para ser el mejor de lo que no tocaba. Cuando corría, por ejemplo, era el mejor nadador, y cuando remaba el mejor corredor. Al deporte, no obstante, le debo dos cosas: me enseñó a tener metas y a ser disciplinado.

Y como estaba bastante entrenado, pude dar el paso del trabajo de camarero al de guardaespaldas en conciertos. Solía estar debajo de los cantantes, en primera fila. Un 8 de agosto de 1988 pude contemplar a Michael Jackson a dos metros de distancia, yo estaba justo debajo de él. Nunca olvidaré aquella impactante manera de bailar en *Thriller*. También tuve ocasión de acompañar de cerca a Sting y a otras muchas estrellas.

En aquellos conciertos y festejos aprendí el arte de la hipnosis. Durante tres años conseguí que no me pegara nadie, y no golpear tampoco a nadie. Fue un máster de comunicación no verbal. Y sin duda uno de los principales logros de mi vida, habida cuenta de la violencia de esos ambientes. Allí me familiaricé con navajas y pistolas. También aprendí que aprender a manejar el miedo era mucho más importante que dárselas de valiente.

A los 19 años, una serie de operaciones innecesarias truncaron mis sueños de deportista. Debo decir que eran eso, sueños, pues viéndolo con perspectiva estaban bastante alejados de la realidad. He necesitado media vida para reponerme físicamente de aquel trance. Y es este proceso el que ha hecho posible que me dedique a la salud.

Ahora llevo más de la mitad de mi vida fuera de España. Llegué a la RDA, la Alemania comunista, justo antes de la caída del Muro de Berlín, con un objetivo absurdo: remar, como ciudadano de un país capitalista, en Berlín Oriental. Empecé Filología Alemana con la única meta de poder entrenarme con los mejores remeros del mundo. Un objetivo que no podía ser más inviable: ni tenía el nivel de aquellos deportistas de élite, ni aunque lo hubiera tenido me habrían dejado remar con los alemanes orientales viniendo yo como venía de un país capitalista. De hecho, la única vez que entré en un club de alto rendimiento me tuve que hacer pasar por polaco. De haber habido algún polaco allí tendría que haber mostrado por señas que era un polaco mudo.

Conocí el Berlín Oriental de la época comunista. Aquello fue una experiencia inolvidable. Mi amiga Charo y yo éramos los únicos estudiantes españoles de la Universidad Humboldt. En las numerosas fiestas a las que íbamos tuve ocasión de conocer a gente para mí inaccesible en España. Estudiantes chinos e indios, personas de todos los rincones de la aún existente Unión Soviética. Estudiantes gitanos, cosa que hoy en día es más normal en España, pero que en aquel entonces no lo era. La mente se tuvo que abrir por pura ósmosis. Maurilio de Miguel, el biógrafo de Joaquín Sabina, me pidió que fuera a ver en la *Dimitroff Strasse* a una pareja de titiriteros que querían huir del país. Debía decirles que Sabina estaba dispuesto a invitarlos a hacer una gira por España. Yo tenía entonces unos 20 años, era bastante iluso, y no entendí por qué la mujer, que me recibió con cierta amabilidad, no se dirigía hacia mí sino mirando a las paredes. Al cabo de un rato, le pregunté directamente si querían o no querían huir del país (en la RDA nadie que no fuera de algún modo afín al régimen podía soñar con salir del país). A lo que de manera abrupta me espetó, como si estuviera en el teatro: *"No nos queremos marchar. Estamos muy bien aquí"*.

Años después entendí que había micrófonos en las paredes. Aunque al menos Sabina y Maurilio lo intentaron. Esa experiencia me sirvió a mí para entender que hay personas en todo el mundo sometidas a regímenes generadores de grandes miedos.

En Berlín Oriental me convertí en improvisado bailaor flamenco.

Yo no tenía ni idea de bailar flamenco, y tampoco pretendía tenerla, pero el caso es que, sin comerlo ni beberlo, quizás por nostalgia, siempre terminaba montando un espectáculo en cada fiesta. Llegué incluso a bailar en una boda árabe, ante 600 personas, que quedaron extasiadas ante mi interpretación de Lole y Manuel. Dios me perdone, destrozaba las baldosas, no tenía la menor idea de este arte, pero era capaz de provocar el paroxismo entre los presentes. Un buen día, una rusa me dijo en un aparte que yo no tenía ni idea de bailar flamenco (algo que yo nunca había osado ni tan siquiera pensar), y de un plumazo llegó la vergüenza, y con ella el fin de aquel despropósito que tanta alegría (y energía) generaba. Después conocí a muchos flamencos de primer nivel, y la cordura me ha hecho no volver a bailar.

Después llegó la caída del Muro, y tras un inciso español volví a vivir en la parte oriental, cuando llegó la reunificación alemana. Me hice fotógrafo y periodista por necesidad. Necesitaba dinero y no se me daba mal hacer reportajes. Aquel periódico, El Independiente, tuvo una vida corta, pero fue un inicio. Aprendí bien alemán traduciendo un libro de perros, pues me acordaba de que Carlos V había dicho que hablaba español con los hombres, francés con las mujeres y alemán con los perros. Aquella traducción de 9 horas al día durante 3 meses me permitió pasar el examen de acceso a la universidad y manejarme en este idioma con cierta soltura. El inconveniente es que solo podía hablar con propiedad de la cría de perros. Cuando conocía a una chica en una fiesta, la primera pregunta era si tenía perro.

Los primeros años en la Alemania unificada fueron muy duros. Una vez estaba en mi apartamento de un edificio destartalado de Berlín Este, justo después de la caída del Muro. Era un edificio ocupado, muchos lo eran en aquel periodo en que se produjo el cambio del régimen comunista al capitalista. A través de un amigo, me enteré del nombre de la última inquilina del apartamento, Frau Naujak, y yo empecé a pagar un alquiler a la sociedad municipal que se encargaba de los arriendos. Lo hacía bajo el nombre de Naujak-Lorente. Mi idea era que al final, el arriendo, que era una suma ridícula, pasara a mi nombre. De hecho así fue. A la señora Naujak no la había visto en mi vida, seguramente se había marchado al oeste con la apertura de las fronteras. Pero el caso es que cuando llevaba sólo un año en el apartamento, pagando el equivalente a unos 50 euros mensuales, un buen día llamaron a primera hora dos señores. Yo estaba medio adormilado, y uno de ellos, el más bajito, me preguntó: "*¿Quién es usted?*" En vez de preguntarle yo a él que quién era él, le contesté: "*Soy Herr Lorente, el amigo de Frau Naujak*". Él me dijo: "*Yo soy el señor Naujak*". Me encontré en toda una papeleta. Aparecía, a los ojos de este señor, como el amante de una mujer que nunca había visto. Me acordé de David Niven, y les dije: "*Pasen, ¿quieren tomar el té?*"

Con Claudio Lange, otra figura paternal, trabajé durante varios años como asistente en un proyecto relacionado con el antisemitismo en el arte románico. Este período fue importante para entender la Historia de España, que no dejaba de ser mi historia. Una época muy leída y muy sufrida, pero que recuerdo con mucho cariño. También está presente en este libro.

Los imperativos económicos me llevaron a trabajar en todo tipo de oficios, hasta que entré como traductor y redactor en la Deutsche Welle, la televisión exterior alemana, en la que permanecí durante 14 años. Hoy en día sigo siendo consejero de salud del programa *En forma*.

Las secuelas de las 12 operaciones perpetradas a mi pie me impedían andar, el dolor era intenso. Cada paso era un sufrimiento extremo. Por eso no tuve más remedio que indagar en el trabajo energético, en la acupuntura y en todo aquello que pudiera ayudarme. Un gran cirujano, el Dr. De Haro, me ayudó en la fase final del problema. Después de intensos años de dedicación a la medicina natural (paralelamente a mi trabajo periodístico en la televisión) obtuve el título de *Heilpraktiker*, que otorga potestades médicas dentro de la Medicina Natural.

Así, aquella idea rocambolesca de ir a remar fue el principio de todo un sendero de vida.

La idea de ir a remar era el objetivo aparente, formulado por mi nivel racional. Con el tiempo he ido viendo que aquella decisión no era sino una estratagema de mi inconsciente para huir de una situación inasumible: mi papelón de Salvador me había llevado a un callejón sin salida. El cuerpo dijo basta.

Aquel exilio al que me vi abocado no era ni económico ni político, sino existencial. Era una huida hacia delante, una huida que se ha repetido y se repite en el caso de miles de personas familiarmente exiliadas, a muchas de las cuales he tenido ocasión de tratar y de vivir muy de cerca en consulta. Sigo residiendo en Berlín, es mi hogar, el cuartel general desde el que planeo mis viajes por el mundo. El nido en el que nació mi hijo, ese gran regalo de la vida.

En este libro he hablado de teatro y de papelones. Para mí ha sido un gran regalo escribirlo, en un proceso de más de 3 años, porque me ha servido para terminar de sacar de mi vida el papelón de Salvador.

Este papelón del Salvador me resulta muy familiar. Porque lo he visto en mucha gente, y porque me ha guiado gran parte de mi vida, como un fiel e insoportable compañero de viaje.

La primera vez que entendí que eso de ser Salvador no podía ser bueno fue cuando, hace ya cerca de 10 años, una mujer que trataba en Chile se persignaba cada vez que le ponía agujas para aliviarle ya no sé qué problema. Por si fuera poco, me prometió que pondría una imagen mía en una hornacina. Aquello me produjo una angustia enorme, pues tengo cierta tendencia a la claustrofobia. Como además me gusta mucho la libertad, ésta se convirtió en un antídoto contra el veneno del papelón. Mi propia experiencia liberándome, al menos en gran parte, de este papelón, es la base de mi confianza en que es posible salir de roles nefastos. Aunque este libro no está escrito desde un talante de *"Te voy a salvar, Salvador"*, sino de *"Sálvese quien quiera"*, pues muchas veces querer es poder.

Debo confesar que, de vez en cuando, tengo recaídas de Salvador. Como en el reciente vuelo de una compañía de Low Cost, que al pronunciarlo a la española se convierte en compañía de Lo Cos, o sea de locos, lo cual se ajusta bastante al trato que suelen dar a sus clientes. No sé cómo lo hacían, pero resultó que los viajeros de la parte delantera del avión dejaban las maletas en la parte trasera y los de la trasera en la delantera. Todo un logro. Parecía una película de los hermanos Marx. Me recordaba aquella escena del vestidor, donde los trajes parecían tener vida propia. Antes de despegar había un trasiego constante de gente yendo de un lado a otro, con maletas que volaban y se arrastraban como podían. Yo tuve la previsión de pagar 10 euros más para que me dejaran entrar primero con un poco más de espacio para las piernas. Aunque eso no me libró de múltiples golpes y hematomas, ya que había elegido pasillo y eso en una compañía de este tipo se paga caro.

Cuando por fin despegamos, vi que una azafata llevaba una bombona de oxígeno para la parte trasera. Un anciano estaba fuera de sí, parecía que le había dado un infarto. Me acerqué a ver qué pasaba y asistí al anciano, que a todas luces tenía el Síndrome de Lo(w)Cos(t). Tanto estrés antes del despegue le produjo una tremenda lipotimia. Además, el personal de vuelo pensó que lo mejor para ayudar al señor era bajar la temperatura del avión, con lo que prácticamente estaba helado el buen hombre. Antes de ponerme manos a la obra, le pregunté a la esposa: *"¿Quiere usted a su marido?"* *"Sí"*, me contestó. *"Llevamos 50 años juntos y somos muy felices"*. *"Ah, bueno", le dije, "entonces le ayudaré"*. Y es que yo no estaba dispuesto a salvarle y que luego me lo recriminara una esposa harta de su marido. Saqué mi chaqueta, se la puse, le coloqué los pies convenientemente para arriba, le apliqué digitopuntura, le di azúcar, en fin, cosas que suelen funcionar, y al terminar, una señora se me acercó y me dijo: *"Oiga, ¿es usted médico?"* Le dije que era *Heilpraktiker*, o sea, especialista en Medicina Natural, y ella me dijo que su marido se había quedado sin voz y tenía que hacer al día siguiente una oposición en Madrid. En este caso no se trataba de una emergencia, pero igual asistí al buen hombre, que al terminar el vuelo había recuperado la voz gracias a las agujas de acupuntura. Al día siguiente me llamaron para darme nuevamente las gracias. Le pregunté cómo tenía la voz: *"De maravilla"*, respondió. Y la oposición, ¿cómo le fue? Un desastre, pudo hablar sin problemas ante el tribunal, pero no pasó la prueba. Ahí me di cuenta de que quizás habría sido mejor no ayudarle a recuperar la voz. Habría podido ir al médico a que le hiciera un certificado y quizás le hubieran retrasado la prueba, y a lo mejor hasta habría estudiado algo. En fin, una vez tratado el hombre, vino otra mujer para preguntarme si podía consultar algo sobre su espalda.

En el fondo me resultó divertido aquel vuelo. Fue de los pocos que se me han pasado volando. Atendí durante unas horas a mi papelón de Salvador, pero ya con más distancia, riéndome un poco de mí mismo, yendo de un lado a otro, observando en mi pantalla interior una suerte de *Aterriza como puedas*.

Otra situación que me mostró lo fatal que puede llegar a ser ir salvando (o mejor dicho, creer que uno va salvando) a propios y extraños, ocurrió en el Caribe. Paseando por la playa después de un curso vi que había un pez muy grácil que se estaba ahogando (bueno, en este caso podríamos decir que se estaba aterrando, ya que estaba fuera del agua). Yo, el gran Salvador (en este caso sí que era grande en relación al minúsculo pececito) me dispuse a meterlo en el agua. Tras varias intentonas, al querer sujetarlo, el pez me dio un tajo con su cola que por poco me rebana un dedo por completo. Tardó casi un mes en cerrarse la herida.

La paz

Cuando alcanzamos la paz familiar, este adjetivo, "familiar", sirve de llave para todas las demás paces sustantivas. Las paces con la profesión, con la vocación de uno, que a ratos nos muestra caras menos amables. La paz con los imponderables de la vida: desempleo, enfermedad, etc. La paz con los amigos que desaparecieron de tu vida por imperativos de los mutuos guiones existenciales. La paz con los amores que han apuntalado la vida de uno. Personas que parecía estarían eternamente a tu lado y que en un requiebro del camino se alejan (o tu propia evolución te hace alejarte de ellas). A las mujeres que han acompañado mis pasos les agradezco profundamente todas sus enseñanzas. Espero que algún día puedan perdonar mis deficiencias. Sólo les diré que me siento en paz con ellas. No es una paz regalada, de fábrica, sino trabajada, de brazos arremangados. Pero paz, al fin y al cabo. Sirvan estas letras para mostrarles mi más profundo agradecimiento.

La paz con las muertes precipitadas: qué difícil es estar en paz con el abandono de esos seres que ya no están, dejándote huérfano, sumido en el magnetismo del abandono.

Meses antes de terminar el libro se fue un ser muy importante en mi vida, mi querido hermano mayor. Rafa se fue como arrancado por un rayo presuroso, sin previo aviso. Yo estaba en el Perú, y recibí la noticia incrédulo, como cuando uno despierta de un mal sueño. Allí escribí estas líneas en las que busqué el consuelo:

"Sufriste como pocos, fuiste genial como pocos, siempre rodeado de ajedreces, de poemas brevísimos escritos en cuartillas deshilachadas: "Como el ascua del cigarro de mi vida, así eres tú mi amor". Me lo regalaste en aquel verano de Níjar. Había tanta pasión en la entrelínea de aquellos versos. Eras un romántico quijotesco, un antihéroe salido de un cuento de Borges. No te faltaban rasgos de Funes el memorioso".

(...)

"Cuando me enteré de tu muerte no pude llorar, me quedé helado, detenido en el tiempo. Se sucedían las conferencias, los cursos, los tratamientos en el Perú, y noté que una parte mía se había ido, sin espacio para el duelo.

Afortunadamente llegó la catarsis en la selva de Tarapoto. Un chamán me conectó contigo, con nuestros padres, con nuestros abuelos, con el destino de esta familia compleja (¿qué familia no lo es?) y genial (todas lo son, aunque no lo sepan). En la ceremonia selvática te sentí, no cerca, sino sencillamente presente. Un llanto de horas, que bien podía haber sido eterno, me acarició el alma. Sentí una compasión y un amor sin límites, que me siguen acompañando hasta el día de hoy. Quiero que sepas que te amé mucho, como a pocas personas he amado, quizás por tu vulnerabilidad, quizás por tu genialidad, o por ambas cosas. También porque eras, eres mi hermano, que no deja de ser un grado. Y en la selva, donde el tiempo es circular, me conecté con ese amor antiguo, que ya siento presente y futuro.

Te deseo un feliz viaje, mi hermano querido. Dios te bendiga".

La muerte de mi hermano me conectó aún más con esa paz que tanto buscaba. La paz con mis ancestros, que es el origen de la paz con la vida. Una paz sólo posible desde la compasión: si lo comprendo todo, lo perdono todo.

Visito la tumba de mis padres. En el madrileño cementerio de La Almudena está la de mi padre. Es curioso, un hombre que me fue tan desconocido en vida se ha convertido en un fiel compañero de viaje. La relación es buena, estamos en paz. Al final no éramos tan diferentes. Nuestras motivaciones se parecen demasiado, por mucho que me haya costado reconocerlo. Es increíble sentir ese estremecimiento que recorre la espalda justo cuando uno encuentra la tumba en ese mar de lápidas que es La Almudena. Mi querido amigo Albert me acompaña.

Desde hace poco mi hermano mayor habita también esta última morada.

Un día de julio, al mediodía, llego al cementerio de Carabanchel, también en Madrid. Allí está enterrada mi madre, con sus padres y varios hermanos. El calor es abrasador, contrasta con el frío granito de la tumba. Siento paz, mucha paz. Mi madre se fue hace ya cinco años. Cómo no echar de menos a alguien con un corazón tan inmenso.

Su presencia la percibo muy cercana. Está dentro de mí, en mi ADN, en mi imaginación y quién sabe en qué sitios más. Es hermoso sentir su sempiterna sonrisa amable.

A pesar de todas las cargas que han cargado todos los que habitan ese lecho, a pesar de todo, ¡cuánto amor irradia el solo hecho de sentirme observado y querido por ellos!

Entonces recuerdo una historia que me hace ver que mientras haya memoria la muerte no existe. Una historia que me relató mi tía Lis, aquella fiel compañera de viaje que también decidió emprender el vuelo el pasado año. Yo mantengo el testigo de la historia. Mis pensamientos se dirigen a mi abuelo.

Hay personas que marcan a fuego nuestro destino, por mucho que solo nos alumbren durante pequeños instantes, mientras que otras, colocadas como árboles perennes que nos dan sombra durante toda una vida, se nos antojan menos importantes. Muchas veces, estas personas no pertenecen a nuestra familia, pero cuando esto ocurre con un familiar resulta singularmente bello. Mi abuelo materno era un hombre bueno y valiente, con un corazón grande. Fue de los primeros aviadores de España, uno de aquellos intrépidos tripulantes de aviones de madera. Era un hombre muy elegante, siempre vestido de punta en blanco, y con un sentido del humor socarrón e inteligente. Fuerte con los fuertes, y suave con los débiles.

Fue un niño grande, como ese otro aviador que era Antoine de Saint-Exupéry, el creador de *El principito*.

Sin uno de nuestros abuelos, paternos o maternos, no existiríamos, como tampoco existiríamos si hubiera fallado una sola de las piezas de ese ensamblaje genealógico que hace posible el milagro de la vida. No existiría, pues, como persona, de haber fallado uno solo de los eslabones que hicieron posible la vida de mis padres. Pero a mi abuelo Joaquín le debo algo más que la vida, que no es poco. Le debo la conciencia de una masculinidad sana en mi estirpe, le debo el hilo conductor que ha acompañado al lector a lo largo de las páginas de este libro.

Mi abuelo estuvo en la guerra de África, fue compañero de armas de Franco, al que despreciaba. Era un hombre elegante al que no gustaban los modos ni la vulgaridad de aquel señor que terminaría gobernando los destinos de España durante 40 largos años. Al igual que ocurrió con otros muchos durante la guerra civil, mi abuelo no quiso participar en una lucha cainita de hermanos contra hermanos. Mi madre me contó cómo se negó a bombardear el Cuartel de la Montaña, que había sido tomado por los sublevados. Para evitar hacerlo se pegó un tiro en una mano, en presencia de mi madre, que entonces debía contar unos 11 años (eso sí, lo hizo con astucia, sin provocar secuelas futuras). No quiso estar con unos ni con otros. Solía decir, socarronamente, que era católico, apostólico y republicano. No se casó con nadie, ni mató a nadie en la guerra civil.

Dejó el ejército siendo un joven coronel. A Franco, que era mucho más bajito que él, le dijo un día mirándole la incipiente calva: *"Métete tu ejército donde te quepa"*. El Caudillo no tomó más represalias (algo que a mí me sigue asombrando y que por lo que toca a mi propia vida agradezco sobremanera, pues el hombre se las traía) y mi abuelo se dedicó, entre otras cosas, a sus palomas mensajeras. ¡Qué curioso, mi otro abuelo, que era médico dentista, visitó en más de una ocasión a Franco, que era de pocas palabras y no solía dignarse a abrir la boca! O sea, que uno fue como un dolor de muelas para el Caudillo y el otro quien se lo quitaba.

Mi abuelo Joaquín murió cuando yo sólo tenía 4 años. Sin embargo, a él pertenecen mis primeros recuerdos de la infancia. Después, con el paso de los años, me dediqué a ir rellenando en mi memoria algunas piezas del puzle de su vida, que no deja de ser la mía.

Mi abuelo tenía las mejores palomas mensajeras de España. Incluso era presidente de la Sociedad Colombófila. En aquel tiempo, las palomas mensajeras eran de vital importancia para los ejércitos. Fue una paloma la que envió, por ejemplo, la orden del desembarco de Normandía. Incluso hoy en día sigue habiendo unidades de palomas mensajeras en todos los ejércitos, por si hubiera un colapso en las comunicaciones. Por eso, varios generales le pidieron a mi abuelo que les vendiera sus palomas en tiempos de la posguerra. Mi abuelo era bondadoso, pero bastante testarudo: si decía un precio no le gustaba que le regatearan. Los generales insistieron en bajar el precio que, todo hay que decirlo, era bastante alto, pues alto era el servicio que prestaban aquellas aves en tiempos en los que no había satélites, ni antenas de telefonía.

Como insistían tanto, mi abuelo convocó a los generales y no sé si a un ministro franquista a la casa de campo familiar de Villalba, cerca de Madrid. Todavía tengo gratos recuerdos de los veranos en aquel lugar que olía a musgo y hiedras.

Les ofreció un vino español y al cabo de un rato uno de los generales le preguntó a mi abuelo: *"Bueno, don Joaquín, ¿qué hay de las palomas?"*

Mi abuelo dio una palmadita aristocrática dirigida al servicio, que trajo las palomas de inmediato... en escabeche. Las bandejas con palomas preparadas en escabeche dejaron estupefactos a los militares, que comprendieron que nunca más podrían regatear nada a mi abuelo.

Esta historia llega a mi presente volando desde una de aquellas palomas.